SUNLANDS BOOK
尚德图书
助您轻松考取名校学历

公共政策

GONGGONGZHENGCE

◎主　编：尚德机构学术中心
◎编委会：欧　蓬　刘通博　夏　俊　程昕辉
◎编　者：郭烨宏　孙　涛　冯子栋　任丽丽

（2020年版）

课程代码：00318

企业管理出版社
ENTERPRISE MANAGEMENT PUBLISHING HOUSE

图书在版编目（CIP）数据

公共政策 / 尚德机构学术中心主编 . -- 北京：企业管理出版社，2019.1（2020 重印）

（尚考通）

ISBN 978-7-5164-1872-7

I. ①公… II. ①尚… III. ①公共政策 IV. ①D035-01

中国版本图书馆 CIP 数据核字（2019）第 012984 号

书　　名：公共政策

主　　编：尚德机构学术中心

责任编辑：于湘怡

书　　号：ISBN 978-7-5164-1872-7

出版发行：企业管理出版社

地　　址：北京市海淀区紫竹院南路17号　　　邮编：100048

网　　址：http://www.emph.cn

电　　话：编辑部 (010) 68701661　发行部 (010) 68701816

电子信箱：1502219688@qq.com

印　　刷：河北宝昌佳彩印刷有限公司

经　　销：新华书店

规　　格：787毫米 × 1092毫米　16开本　17印张　350千字

版　　次：2019年3月第1版　2020年7月第2次印刷

定　　价：49.00元

前 言

知己知彼——了解《公共政策》

公共政策学是全国高等教育自学考试公共管理学类行政管理学专业（独立本科段）必考的课程，是为培养和检验自学应考者掌握公共政策学的基本知识、理论和方法以及应用能力设置的一门专业课程。

公共政策学是一门新兴的交叉学科，有很强的应用性和操作性，同时又是进行理论探讨的一个重要领域。公共政策是沟通理论与实践的桥梁，是公共权力机关贯彻自己的意志、改造自然和社会的基本工具。本课程认真研究公共政策系统及其运行过程的一般规律，总结我国党和政府在领导社会主义现代化建设的过程中制定政策与执行政策的丰富经验，提出了实行科学决策和民主决策、不断地改进公共政策系统和提高公共政策质量的途径与方法。

本课程设置的目标是：让自学应考者比较全面系统地掌握公共政策学的基本理论、基本知识和基本方法，认识公共政策学的学科要素，认识公共政策的类型、功能、本质与特征，认识政策工具的类型与选择，认识公共政策系统的内部结构及其与政策客体、政策环境之间的互动和能量交换，认识政策过程的诸阶段、诸环节、诸因素的相互联系及其对政策结果的影响，了解和掌握中华人民共和国成立以来，特别是党的十一届三中全会以来党和政府制定政策与执行政策的理论与方法，以及政策过程的一般特点，以更好地理解和执行改革开放的总政策、基本政策和各项具体政策。

全书思维导图

全书思维导图为我们呈现了本书的整体知识脉络，通过导图可以清晰地看出每章所需要掌握的主要知识点。学习的过程是对框架充实的过程，犹如亲手为树干添加一片片绿叶，是树干的收获，也是我们的收获。同样，对于考前复习来说，导图也功不可没。沿着框架，以点带线，由线及面，能够帮助我们快速将知识点串联起来，一本书由厚变薄，知识点就都装进我们的脑子里了。

- 公共政策
  - 第一章　公共政策学的学科要素
    - 什么是公共政策学
    - 公共政策学的产生、发展与中国化
    - 为什么学习公共政策学
  - 第二章　公共政策与政策工具
    - 公共政策的含义、类型与功能
    - 公共政策的本质与基本特征
    - 政策工具
  - 第三章　政策系统与公共决策体制
    - 政策行为者与政策系统
    - 公共权力与公共决策体制
    - 非政府政策行为者与公共政策
  - 第四章　政策过程及其理论模型
    - 政策过程与理论模型构建
    - 基于西方经验的政策过程模型
    - “上下来去”——基于中国经验的政策过程模型
    - 公共决策的科学化与民主化
  - 第五章　政策问题与议程设定
    - 政策问题的概念、属性与分类
    - 公共问题的提出
    - 问题认定与政策议程
  - 第六章　政策方案的规划与抉择
    - 公共政策目标的确定
    - 公共政策方案的规划
    - 公共政策的抉择与合法化
  - 第七章　公共政策执行
    - 公共政策执行的意义、特点与模型
    - 政策执行者与政策执行力
    - 影响政策执行的主要因素
    - 公共政策执行偏差及其矫正
    - 公共政策的无效执行与有效执行
  - 第八章　公共政策的评估与监控
    - 公共政策评估的作用、主体与类型
    - 公共政策评估的过程、标准与影响因素
    - 公共政策评估的方法
    - 公共政策监控
  - 第九章　公共政策的稳定、变动与终结
    - 公共政策的稳定和变动
    - 公共政策的调整与接续
    - 公共政策的终结
  - 第十章　公共政策学知识的应用
    - 政策学知识应用与政策分析
    - 应用性政策研究组织与政策分析师

目录

第一章　公共政策学的学科要素

公共政策学既是政治科学的一个重要分支学科，也是公共管理学的一个重要分支学科。它作为纯理论研究和纯操作性研究之间的一个过渡性研究领域，既具有重要的理论探索价值，也具有广泛的社会应用价值。因此，公共政策学现在在众多的社会科学研究的学科中是一门"显学"。

历年考情直击

考点	考纲要求	考试题型	重要程度
公共政策学的基本概念	识记、领会	单选、多选、简答	★★★
公共政策学的产生与发展	领会	单选、多选、简答	★★★
公共政策学的中国化	领会	单选、多选	★
学习公共政策学的目的	领会	简答、论述	★

第一节　什么是公共政策学

本节内容提要

本节内容主要介绍公共政策学的定义、研究对象、研究方法和概念体系。

知识点 1

政策研究、政策分析与公共政策学☆

1. 政策研究

（1）研究的主体是学术取向的职业学问家。

（2）研究活动关注的重点和研究范围是政策内容、政策过程和政策产出，发现和验证政策与其主体和客体之间、与有关社会和自然环境诸因素之间的因果联系。因此，政策研究是一门科学。

（3）研究的目的或目标是构建政策理论，创设研究方法，推动科学发展。

（4）对研究成果的社会反响的期待是获得学术界同僚的肯定。

2. 政策分析

（1）提出者："政策分析"作为学术术语是由美国耶鲁大学教授林德布洛姆于 1956 年出版的《政策分析》一书中首先提出的。

（2）政策分析的具体内涵：①研究的主体或者政策分析者是应用取向的政府机构和其他公共组织内部的专业人员，以及民间智库的政策研究人员。②研究活动关注的重点或研究范围是"为了政策而分析"。政策分析是一种科学与艺术结合的活动。③政策分析的目的或目标是为了公共组织特别是公共权力机关的决策者规划解决社会现实问题的政策蓝图。④对研究成果的社会反响的期待是被决策者采用并达到预期的效果。

3. 公共政策学

定义	内涵
公共政策学是这样一门学科：它尽可能地运用科学方法研究公共政策的内容、过程与产出，探索其固有规律，形成系统性知识，并运用这种知识进行政策分析，进而通过公共权力机关将研究结果转化为政策实践。	（1）研究对象是公共组织，尤其是公共权力机关制定和执行的公共政策，也就是公共决策。 （2）这门学科具有准科学的特征；具有跨学科或多学科交叉、渗透、综合的特征。 （3）学术研究与应用研究相结合、理论与实践相结合、知识创造与权力运作相结合，是这门学科的又一显著特征。

知识解读

本知识点一般考查选择题和简答题。

公共政策是随着公共权力机关的产生而产生的。政策研究和政策分析的内涵是本知识点的重点，需要重点记忆。了解与政策分析首次提出相关的人物和书籍，可答出选择题即可。

真题小练

单选题

（2017年4月全国）最早把“政策分析”作为学术术语提出的学者是（　　）

A. 洛克　　B. 科勒曼　　C. 林德布洛姆　　D. 梅伊克尔扎克

答案及解析：C。本题考查政策分析的提出。“政策分析”作为学术术语是由美国耶鲁大学教授林德布洛姆于1956年出版的《政策分析》一书中首先提出的。

简答题

1.（2015年10月全国）简述政策分析的内涵。

答案及解析：（1）研究的主体或者政策分析者是应用取向的政府机构和其他公共组织内部的专业人员，以及民间智库的政策研究人员。（2）研究活动关注的重点或研究范围是“为了政策而分析”，即基于政策、政策目标之间的关系，研拟备选方案并从中选择能最大限度地实现该目标的最优方案，以对政策结果进行科学评估，以期改进政策系统、提高政策质量的过程。（3）政策分析的目的或目标是为了公共组织特别是公共权力机关的决策者规划解决社会现实问题的政策蓝图。（4）对研究成果的社会反响的期待是被决策者采用并达到预期的效果。

2.（2017年4月全国）简述政策研究的内涵。

答案及解析：（1）研究的主体是学术取向的职业学问家。（2）研究活动关注的重点和研究范围是政策内容、政策过程和政策产出，发现和验证政策与其主体和客体之间、与有关社会和自然环境诸因素之间的因果联系。（3）研究的目的或目标是构建政策理论，创设研究方法，推动学科发展。（4）对研究成果的社会反响的期待是获得学术界同僚的肯定。

知识点 2

公共政策学的研究对象☆☆

1. 公共政策学的学科要素有三个

（1）研究对象。（2）概念体系。（3）研究方法。

2. 公共政策学的研究对象

（1）就行为取向而言，公共政策学的研究对象主要是公共权力组织的决策行为，涉及一部分非政府公共组织的公共性强的决策行为。

（2）就结果取向而言，公共政策学的研究对象就是公共政策。

小提示

并非所有组织的决策行为都属于公共政策学的研究对象，只有公共组织的决策行为才是公共政策学的研究对象。所谓公共组织，就是以管理公共事务、提供公共服务、协调和增进公共利益为目的的组织。

3. 公共政策学的研究内容

（1）公共政策。

①作为公共政策学的研究对象的公共政策，指的是公共权力机关建立起来的包括立法、行政、司法三权在内的所有国家机构，以及一定类型的政治体制内的执政党制定和实施的政策。

②可以区分为三个层次：具体的个别政策；政策群和政策链；政策一般。

<table>
<tr><th>层次</th><th>含义</th></tr>
<tr><td>具体的个别政策</td><td>任何一个单个的公共政策都可以成为公共政策学的研究对象，正是这种单体研究才使公共政策学充满活力。</td></tr>
<tr><td rowspan="2">政策群和政策链</td><td>政策群指国家、政府和一定类型的政治体制中的执政党在某一较长时间内制定和实施的内容各异但理念同源、导向相近的政策的聚合体。如自 1978 年党的十一届三中全会以来中国实行改革开放政策，涵盖了各个阶段、各个领域、各个方面的成千上万项政策，中国特色社会主义理论为所有这些政策提供了共同的理念，这些政策的共同的导向是实现中国特色社会主义现代化。因此我们就可以把所有这些政策视作“改革开放政策群”。</td></tr>
<tr><td>政策链指国家、政府和一定类型的政治体制中的执政党，为解决同一政策问题而先后制定的在内容上具有一致性、在形态和功能上具有差别性的一系列政策。</td></tr>
<tr><td>政策一般</td><td>从无数项具体的个别的政策和众多的政策群、政策链中，抽象出所有的政策的共同的本质和属性。公共政策的概念、命题、理论，通常都是建立在对政策一般的认识之上的。公共政策学中的政策过程，是对政策一般的反映和摹写，是对政策制定和执行的一般规律的阐释，因此它只能是一种逻辑过程。</td></tr>
</table>

（2）政策系统。

①对政策系统的研究应重视的四个突出问题。

a. 直接的政策制定系统中决策者的类别差异。

b. 公共政策的直接主体系统与对象系统的地位的相对性。

c. 公共政策的直接主体系统与政策支持系统的地位的相对性。

d. 公共政策制定系统内部的结构。

②政策制定系统的内部结构有以下四种类型。

a. 线性结构：即下层决策者直接接受某一上层决策者的决策，上下界限分明，隶属关系严格。

b. 职能结构：即下层决策者同时接受上层若干决策者的决策，而上层决策者每人负责某一专项问题的决策，下层决策者必须根据不同的专项问题接受不同的上层决策者的决策，也就是俗话讲的“上面千条线，下面一根针”。

c. 线性—参谋结构：即下层决策者面对多个上层决策者，其中某一上层决策者是下层决策者直接的、必须服从的上级，其他上层决策者的决策对该下层决策者仅起“参谋指令”的作用。

d. 矩阵结构：即下层决策者接受多个上层决策者的决策，其中某一上层决策者的决策具有经常性和主导性，其他上层决策者负责某一专项问题的决策。

难点解读

1. 直接的政策制定系统中决策者有三种类别

在当代实行代议制民主的政治体制中，直接决策者可以区分为个人、团体与组织三种类别。其中，个人决策，在面临封闭的、可计划的、可计算的情境时，最佳决策路径是理性的路径；在面临开放的、不可计划的、判断的情境时，最佳决策路径是直观的路径。团体决策的方法是碰头会、头脑风暴法、具名团体法和德尔菲法。

2. 公共政策的直接主体系统与对象系统、政策支持系统的关系

（1）政策的直接主体系统是公共权力机关。

（2）对象系统也就是政策实行的对象或客体，例如广大人民群众。

（3）政策支持系统包括辅助政策咨询、评估、预测的政策研究者和分析者，例如相关领域的专家等。

（4）因此对公共政策的研究要注意到这两种关系。

（3）政策过程。

从一定意义上讲，决策就是选择。政策过程研究就是分析哪些因素是怎样影响政策主体的选择行为的，是怎样影响政策过程的各个环节的，影响的性质和程度怎样。

知识解读

本知识点一般考查单选题和简答题。

了解公共政策学的学科要素有三个，即研究对象、概念体系和研究方法，可答出选择题即可。重点记忆政策群、政策链和政策一般的内涵；政策系统的研究应重视的四个突出问题以及政策制定系统的内部结构的四种类型。

真题小练

单选题

1.（2018 年 4 月全国）国家、政府和一定类型的政治体制中的执政党在某一较长时间内制定和实施的内容各异但理念同源、导向相近的政策的聚合体是（　　）

A. 政策群　　B. 政策一般　　C. 政策链　　D. 政策集合

答案及解析：A。本题考查政策群的定义。政策群是国家、政府和一定类型的政治体制中的执政党在某一较长时间内制定和实施的内容各异但理念同源、导向相近的政策的聚合体。

2.（2016 年 10 月全国）公共政策制定系统内部结构中，表现为下层决策者直接接受某一上层决策者的决策，上下界限分明，隶属关系严格的结构是（　　）

A. 线性结构　　B. 横向结构　　C. 矩阵结构　　D. 线性—参谋结构

答案及解析：A。政策制定系统的内部结构有以下四种类型。（1）线性结构，即下层决策者直接接受某一上层决策者的决策，上下界限分明，隶属关系严格。（2）职能结构，即下层决策者同时接受上层若干决策者的决策，而上层决策者每人负责某一专项问题的决策，下层决策者必须根据不同的专项问题接受不同的上层决策者的决策，也就是俗话讲的“上面千条线，下面一根针”。（3）线性—参谋结构，即下层决策者面对多个上层决策者，其中某一上层决策者是下层决策者直接的、必须服从的上级，其他上层决策者的决策对该下层决策者仅起“参谋指令”的作用。（4）矩阵结构，即下层决策者接受多个上层决策者的决策，其中某一上层决策者的决策具有经常性和主导性，其他上层决策者负责某一专项问题的决策。

多选题

（2007 年 4 月全国）公共政策学的学科要素有（　　）

A. 理论渊源　　B. 概念体系　　C. 研究对象

D. 研究方法　　E. 政策主体

答案及解析：BCD。本题考查公共政策学的学科要素。公共政策学的学科要素有三个，即研究对象、概念体系和研究方法。

简答题

（2011 年 7 月全国）简述公共政策学的研究对象。

答案及解析：（1）就行为取向而言，公共政策学的研究对象主要是公共权力组织的决策行为，涉及一部分非政府公共组织的公共性强的决策行为。（2）就结果取向而言，公共政策学的研究对象是公共政策。

小试牛刀

简答题

简述政策系统研究需要重视的问题。

答案及解析：对政策系统的研究，从研究者来说有四个突出的问题应予重视。（1）直接的政策制定系统中决策者的类别差异。（2）公共政策的直接主体系统与对象系统的地位的相对性。（3）公共政策的直接主体系统与政策支持系统地位的相对性。（4）公共政策制定系统内部的结构。

知识点 3

公共政策学的研究方法☆

公共政策学是科学，决策科学化是这门学科的根本诉求。这里的“科学化”，其一是指择定的政策方案反映政策对象的运动规律和发展趋势，以及政策的执行效果与期待效果的一致；其二是指政策过程符合科学的程序与手段的要求。简言之，就是在既定的政策目标和价值体系下，以最佳途径和环节达到最佳政策效果。

公共政策学的研究方法，依据研究过程的不同阶段，可以划分为三个方面：研究程序的设计；政策研究的资料收集或者对研究对象的观察；公共政策的研究视角和路径。

1. 研究程序的设计

公共政策学的研究通常以经验观察为始点，因此，可以按照如下程序做出研究设计。

（1）提出拟研究的政策问题。　（2）确定假设。

（3）收集系统资料。　（4）资料分析。

（5）做操作性研究。　（6）撰写研究报告。

2. 政策研究的资料收集方法

（1）一手资料的收集。

①一手资料可以是定量的，也可以是定性的。

②定量的一手资料的收集常常采用抽样调查的方式。

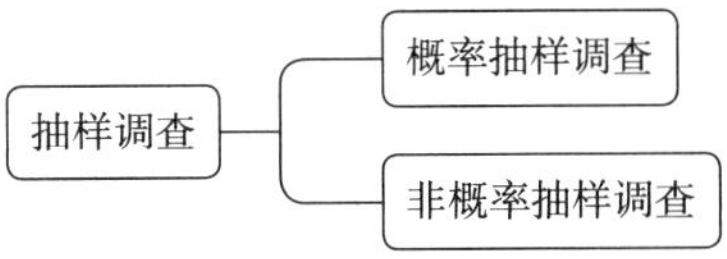

③在公共政策研究中，一手资料的收集与分析除了抽样方法以外，还有另外一大类方法。这类方法主要在于通过实地研究获得第一手的、用于定性研究的政策资料，常用的有以下几种方法。

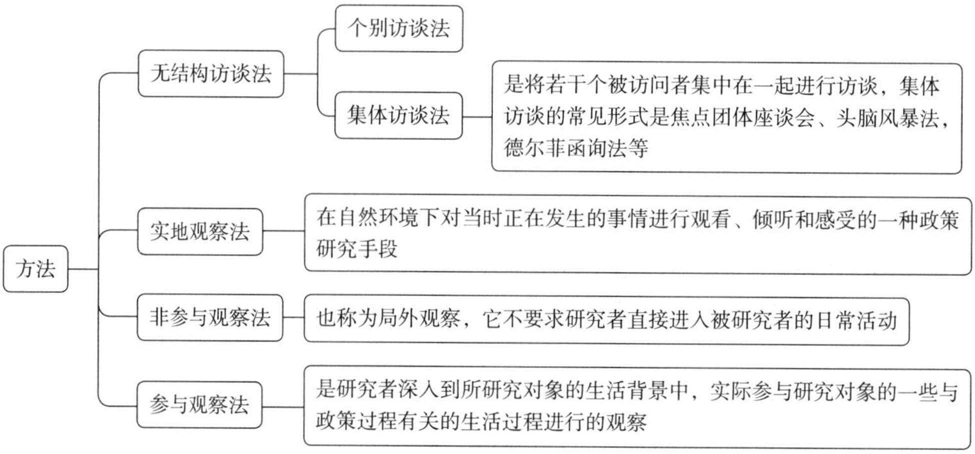

（2）二手资料的收集。

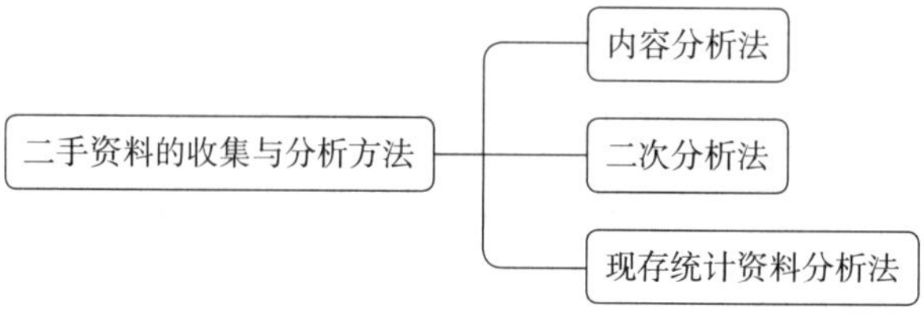

3．公共政策的研究视角和路径

（1）公共政策的系统分析方法。

从系统分析的内容来看，对公共政策系统的分析通常包括以下三个方面。

①政策系统的环境分析：环境通常是指存在于政策系统之外的物质的、经济的、信息的相关因素的总称。

②政策系统的目标分析：政策系统的目标定位是政策系统分析和系统设计的出发点，是政策系统所要达到的目的之具体化。

③政策系统的结构分析：其目的就是要找出政策系统构成上的整体性、相关性、层次性特征，使政策系统的组成要素及其相互之间的关联在分布上达到最优结合的效果。

（2）公共政策的个案分析方法。

①个案研究的证据有六个不同的来源，即文献、档案记录、访谈、直接观察、参与观察和物理人工制品。

②个案研究的步骤：明确个案研究的目的和内容；制定研究计划；实施个案研究；整理分析材料，形成结论；起草研究报告。

（3）此外，公共政策的研究视角和路径还包括公共政策的矛盾分析方法、公共政策的历史分析方法、公共政策的比较分析方法、公共政策的经济分析方法、公共政策的制度分析方法和公共政策的价值分析方法。

知识解读

本知识点一般考查单选题、多选题和简答题。

公共政策学的研究方法，依据研究过程的不同阶段，可以分为三个方面：研究程序的设计；政策研究资料的收集或者对研究对象的观察；公共政策的研究视角和路径。重点掌握政策研究的资料收集方法，以及公共政策的研究视角和路径中的公共政策的系统分析方法和个案分析方法，要求可以答出简答题和论述题。其他内容大致了解，可答出选择题即可。

真题小练

单选题

1.（2016 年 10 月全国）在自然环境下对当时正在发生的事情进行观看、倾听和感受的一种政策研究手段是（　　）

A. 无结构访谈法　B. 实地观察法　C. 非参与观察法　D. 参与观察法

答案及解析：B。实地观察法是在自然环境下对当时正在发生的事情进行观看、倾听和感受的一种政策研究手段。

2.（2018 年 10 月全国）公共政策学的研究始点通常是（　　）

A. 经验观察　B. 程序设计　C. 理论归纳　D. 研究层次

答案及解析：A。公共政策学的研究通常以经验观察为始点。

多选题

（2017 年 4 月全国）一手资料的收集与分析，常用的方法有（　　）

A. 无结构访谈法　B. 内容分析法　C. 非参与观察法

D. 参与观察法　E. 实地观察法

答案及解析：ACDE。一手资料的收集与分析，常用的有以下几种方法：无结构访谈法；非参与观察法；参与观察法；实地观察法。

小试牛刀

单选题

研究者深入到所研究对象的生活背景中，实际参与研究对象的一些与政策过程有关的生活过程进行的观察称为（　　）

A. 实地观察法　B. 非参与观察法　C. 参与观察法　D. 无结构访谈法

答案及解析：C。在公共政策研究中，一手资料的收集与分析除了抽样方法以外，还有另外一大类方法。这类方法主要在于通过实地研究获得第一手的、用于定性研究的政策资料，常用的有以下几种方法。(1)无结构访谈法。无结构访谈法又称深度访谈法，是一种非标准化、非格式化的政策研究资料的收集方法。(2)实地观察法。实地观察法是在自然环境下对当时正在发生的事情进行观看、倾听和感受的一种政策研究手段。(3)非参与观察法。所谓非参与观察也称为局外观察，它不要求研究者直接进入被研究者的日常活动。观察者通常作为旁观者了解事情的发展动态。(4)参与观察法。参与观察法就是研究者深入到所研究对象的生活背景中，实际参与研究对象的一些与政策过程有关的生活过程进行观察。

多选题

1. 系统分析的内容包括政策系统的(　　)

A. 过程分析　　B. 环境分析　　C. 结构分析

D. 目标分析　　E. 成本分析

答案及解析：BCD。从系统分析的内容来看，对公共政策系统的分析通常包括政策系统的环境分析、目标分析和结构分析三个方面。(1)政策系统的环境分析。环境通常是指存在于政策系统之外的物质的、经济的、信息的相关因素的总称。(2)政策系统的目标分析。政策系统的目标定位是政策系统分析和系统设计的出发点，是政策系统所要达到的目的之具体化。(3)政策系统的结构分析。其目的就是要找出政策系统构成上的整体性、相关性、层次性特征，使政策系统的组成要素及其相互之间的关联在分布上达到最优结合的效果。

2. 公共政策个案研究的步骤一般包括(　　)

A. 明确个案研究的目的和内容　　B. 制定研究计划

C. 整理分析材料，形成结论　　D. 申请研究经费

E. 起草研究报告

答案及解析：ABCE。公共政策个案研究步骤。(1)明确个案研究的目的和内容。(2)制定研究计划。(3)实施个案研究。(4)整理分析材料，形成结论。(5)起草研究报告。

3. 公共政策的个案研究的证据来源包括(　　)

A. 文献　　B. 档案记录　　C. 访谈

D. 直接观察　　E. 物理人工制品

答案及解析：ABCDE。个案研究的步骤一般包括。(1)明确个案研究的目的和内容。(2)制定研究计划。(3)实施个案研究(如收集资料、访谈、观察、测量等)。(4)整理分析材料，形成结论。(5)起草研究报告。个案研究的证据有六个不同的来源，即文献、档案记录、访谈、直接观察、参与观察和物理人工制品。

知识点 4

公共政策学的概念体系☆

（1）具有统一的、界定明确和逻辑结构严密的概念体系，是一门学科成熟的标志。公共政策学的概念体系在内部构成上区分为三个层次。

①核心概念：政策分析中不可或缺的概念。

②次级概念：核心概念的子概念或从属性概念。

③边际概念：从其他学科引进或移植过来的概念。

知识拓展 对于次级概念内容的拓展。例如，系统议程和政府议程是政策议程的子概念；政策类型的子概念是外交政策、国防政策、经济政策、社会政策、教育政策、民族政策、能源政策、基础设施政策、科技政策、医疗卫生政策、社会保障政策、交通政策、环境政策等；政策终结的子概念是政策替代、政策合并、政策分解、政策缩减等。次级概念的形成和使用是公共政策学的研究不断深化的表现。

（2）无论是决策者还是政策研究者，做政策分析都须借助概念进行思维，对问题的认识和理解都是用概念的形式来表达的。

知识解读

本知识点一般考查单选题和多选题。

公共政策学自诞生以来的半个世纪，经过众多学者的辛勤耕耘，已经形成了本学科的概念体系，这种体系是人们观察和分析公共政策学研究对象的思考工具，从而成为这门学科的另一要素。在本知识点中，需要重点掌握公共政策学的概念体系在内部构成上区分出来的三个层次，其中尤其要注意次级概念的内容，理解核心概念和次级概念的关系。

真题小练

单选题

（2008 年 7 月全国）属于公共政策学次级概念的是（　　）

A. 政策替代　　B. 政策诉求　　C. 政策宣示　　D. 政策变动

答案及解析：A。公共政策学的次级概念指的是核心概念的子概念或从属性概念。例如，系统议程和政府议程是政策议程的子概念；政策类型的子概念是外交政策、国防政策、经济政策、社会政策、教育政策、民族政策、能源政策、基础设施政策、科技政策、医疗卫生政策、社会保障政策、交通政策、环境政策等；政策终结的子概念是政策替代、政策合并、政策分解、政策缩减等。次级概念的形成和使用是公共政策学的研究不断深化的表现。

多选题

（2017 年 10 月全国）公共政策的概念体系在内部构成上区分为（　　）

A. 核心概念　　B. 次级概念　　C. 哲学概念

D. 交叉概念　　E. 边际概念

答案及解析：ABE。公共政策学的概念体系在内部构成上区分为三个层次，核心概念、次级概念和边际概念。

小试牛刀

单选题

1. 系统议程和政府议程是政策议程的（　　）

A. 核心概念　　B. 子概念　　C. 边际概念　　D. 中枢概念

答案及解析：B。公共政策学的次级概念指的是核心概念的子概念或从属性概念，例如，系统议程和政府议程是政策议程的子概念。

2. 基础设施政策属于政策类型的（　　）

A. 核心概念　　B. 子概念　　C. 一般概念　　D. 边际概念

答案及解析：B。公共政策学的次级概念指的是核心概念的子概念或从属性概念，例如，政策类型的子概念是外交政策、国防政策、经济政策、社会政策、教育政策、民族政策、能源政策、基础设施政策、科技政策、医疗卫生政策、社会保障政策、交通政策、环境政策等。

3. 在公共政策学概念体系中，从其他学科引进或移植过来的概念被称为（　　）

A. 子概念　　B. 依附概念　　C. 边际概念　　D. 借得概念

答案及解析：C。公共政策学概念体系的边际概念指的是从其他学科引进或移植过来的概念。

填空题

公共政策学的概念体系在内部构成上区分为三个层次：核心概念、次级概念和______概念。

答案及解析：边际。公共政策学的概念体系在内部构成上区分为三个层次，核心概念、次级概念和边际概念。

第二节　公共政策学的产生、发展与中国化

本节内容提要

本节首先阐述了中西方公共政策学的产生，其次叙述了公共政策学的发展历程，最后

着重介绍了有中国特色的公共政策学学科体系的发展变化。

知识点 1

古代的政策研究☆

1. 史官制度与古代中国的政策研究

（1）中国最早的史书《尚书·周书》，就是西周史官保管下来的一部分公文。它实际上是周天子一系列重要决策的记录。

（2）《史记》是中国第一部所谓的“正史”，此下接着还有二十四史。

2. 策士制度与古代中国的政策研究

（1）策士是中国历史上最早而且才华横溢的一批政策研究者，先秦诸子百家的论著，如《管子》《论语》《墨子》《孟子》《荀子》《韩非子》《吕氏春秋》《商君书》《国语》《国策》等，有许多篇章堪称政策研究的杰作。

（2）李斯的《谏逐客书》，其政治思想即使在今天对于我们的人力资源政策如何因应人才的跨国流动形势，也有其参考价值。

3. 谏议制度与古代中国的政策研究

（1）在历朝历代林林总总的上书中，有一些是政策设计、政策分析和政策评估的杰作。

（2）如汉代贾谊的《论积贮疏》和《陈政事疏》，晁错的《论贵粟疏》和《备塞劝农疏》，唐代韩愈的《谏迎佛骨表》，宋代王安石的《本朝百年无事札子》等。

4. 科举制度与古代中国的政策研究

中国古代知识分子以读书为做官的准备阶段，所以很自然地就会关注政府的运作，热衷于“议政”和重视对策能力的养成。从科举制度的发展来说，重点越来越多地放在考察求仕者的行政和政策能力。有些考卷，如宋代苏轼在应考时所进的“时务策”之一《教战守策》，甚至成为传世之作。

知识解读

本知识点一般考查单选题。

古代中国的政策研究是十分发达的，究其原因，史官制度、策士制度、谏议制度和科举制度起了很大的作用。大概了解每一种政策制度的代表性人物和成果，可答出选择题即可。

真题小练

单选题

1.（2013 年 4 月全国）我国最早的史书，也是周天子一系列重要决策记录的著作是（　　）

A.《诗经》　B.《礼记》　C.《尚书·周书》　D.《春秋》

答案及解析：C。中国最早的史书《尚书·周书》，就是西周史官保管下来的一部分公文。它实际上是周天子一系列重要决策的记录。

2.（2011 年 4 月全国）我国宋代苏轼在科举应试时所进的“时务策”是（　　）

A.《国策》　B.《谏逐客书》　C.《教战守策》　D.《盐铁论》

答案及解析：C。《教战守策》是宋代苏轼在应考时所进的“时务策”之一。

小试牛刀

单选题

1.《论贵粟疏》和《备塞劝农疏》的作者是（　　）

A. 贾谊　B. 晁错　C. 韩愈　D. 王安石

答案及解析：B。在历朝历代林林总总的上书中，有一些是政策设计、政策分析和政策评估的杰作。如汉代贾谊的《论积贮疏》和《陈政事疏》，晁错的《论贵粟疏》和《备塞劝农疏》，唐代韩愈的《谏迎佛骨表》，宋代王安石的《本朝百年无事札子》等。

2.（　　）的《谏逐客书》，其政治思想即使在今天对于我们的人力资源政策如何因应人才的跨国流动形势，也有其参考价值。

A. 韩非子　B. 李斯　C. 荀子　D. 范雎

答案及解析：B。李斯的《谏逐客书》，其政治思想即使在今天对于我们的人力资源政策如何因应人才的跨国流动形势，也有其参考价值。

3.（　　）是中国第一部所谓的“正史”，此下接着还有二十四史。

A.《战国策》　B.《史记》　C.《诗经》　D.《资治通鉴》

答案及解析：B。《史记》是中国第一部所谓的“正史”，此下接着还有二十四史。

知识点 2

从产业革命到 20 世纪前半期西方国家的政策研究☆☆

1．18–19 世纪西方国家的政策研究

（1）从产业革命前后到第一次世界大战前，有许多学者和思想家，如亚当·斯密、克劳塞维茨、卡尔·马克思和马克斯·韦伯等，在经济学、军事学、政治学、社会学和一般社会科学等领域里做了大量的理论研究和方法论探索，为公共政策学的形成奠定了理论和方法论的基础。

（2）1873 年德国经济学新历史学派施莫勒等人发起成立了德国社会政策学会。

（3）日本受德国影响，于 1897 年也成立了社会政策学会，并有一批学者发表了许多有关社会政策的论著。

2. 20世纪前半期学科孕育的历史条件

公共政策学是在两次世界大战期间和二战后初期孕育而于20世纪50年代初诞生的。其产生的历史条件主要有以下四个方面。

（1）系统论、信息论、控制论的产生。

（2）决策科学的形成。

（3）行为科学的形成和行为主义政治学的进展。

（4）凯恩斯主义的出台与政府政策领域的扩大。

重点解读

1. 系统论、信息论、控制论的产生

（1）系统论、信息论、控制论（"三论"）是三门相互联系的交叉学科。"三论"的后续研究所取得的一项重大进展，就是到20世纪70年代开始形成"大系统论"。大系统论试图把"三论"组合成为统一的理论方法的体系。在这个体系中，研究对象被看作一个可以根据其本身固有的信息予以模拟和预测的系统，并且可以根据时间主体的目标对之做出相应的行动决策。因此，对大系统进行预测、决策和管理的过程就是"三论"统一的思考和实践的过程。

（2）思维方式的特点是系统性、动态性和最优化。

（3）基本方法：系统方法、信息方法、反馈方法、功能模拟方法。

2. 决策科学的形成

决策科学与公共政策学的关系是一般与个别的关系。赫伯特·西蒙经过多年研究，于1947年正式出版了《管理行为》一书，它被认为是对管理性的组织机构的决策过程进行开创性研究的著作，也是西蒙1978年得以获得诺贝尔经济学奖的主要著作。

小提示

在1929—1933年世界经济危机爆发前，欧美资本主义国家的政府秉持亚当·斯密主张的自由主义立场，在国家与社会、政府与市场的关系上扮演"守夜人"角色，较少干预经济和社会生活。危机的爆发暴露了市场经济体制的缺陷。凯恩斯主义被西方国家的政府认为是最佳的方案。凯恩斯于1936年出版的《就业、利息和货币通论》一书，使他的经济学理论成为更加完善的体系。凯恩斯主义主张抛弃自由放任政策，扩大国家的经济职能，实行国家调控，干预经济体系的运行。

知识解读

本知识点一般考查单选题、多选题和简答题。

公共政策学是在两次世界大战期间和二战后初期孕育而于 20 世纪 50 年代初诞生的。在本知识点中，考生需要了解 18–19 世纪西方国家的政策研究的成果，可答出选择题即可。着重掌握公共政策学形成的历史条件，特别注意系统论、信息论、控制论的产生和决策科学产生的相关内容，要能够答出简答题。

真题小练

单选题

（2017 年 10 月全国）决策科学与公共政策学的关系是（　　）

A. 一般与个别的关系　　B. 互补关系

C. 现象与本质的关系　　D. 直接与间接的关系

答案及解析：A。决策科学与公共政策学的关系是一般与个别的关系。

多选题

（2016 年 10 月全国）“三论”的产生为政策科学的形成创造了历史条件，“三论”主要是指（　　）

A. 矛盾论　　B. 控制论　　C. 系统论

D. 信息论　　E. 实践论

答案及解析：BCD。系统论、信息论、控制论（“三论”）是三门相互联系的交叉学科。20 世纪前半期产生的系统论、信息论和控制论提供了一种新型的、科学的思维方式。

简答题

（2004 年 7 月全国）简述公共政策学学科形成的历史条件。

答案及解析：公共政策学学科得以形成的历史条件，一些是其他学科的形成和发展造成的，另一些是政治、经济、科学技术的发展所导致的，主要条件有以下四个方面。（1）系统论、信息论、控制论的产生。（2）决策科学的形成。（3）行为科学的形成和行为主义政治学的进展。（4）凯恩斯主义的出台与政府政策领域的扩大。

小试牛刀

单选题

1. 公共政策学诞生于（　　）

A. 第一次世界大战期间　　B. 第二次世界大战期间

C. 20 世纪 50 年代初　　D. 20 世纪 60 年代初

答案及解析：C。公共政策学是在两次世界大战期间和二战后初期孕育而于 20 世纪 50 年代初诞生的。

2. 试图把系统论、信息论和控制论组合成为统一的理论方法体系的是（　　）

A. 博弈论　　B. 统计决策论　　C. 大系统论　　D. 公共选择理论

答案及解析：C。系统论、信息论、控制论（“三论”）是三门相互联系的交叉学科。“三论”的后续研究所取得的一项重大进展，就是到 20 世纪 70 年代开始形成“大系统论”。大系统论试图把“三论”组合成为统一的理论方法的体系。

多选题

从产业革命到 20 世纪初叶，直接为公共政策的研究做出重大贡献的学者有（　　）

A. 亚当·斯密　　B. 克劳塞维茨　　C. 卡尔·马克思

D. 拉斯韦尔　　E. 马克斯·韦伯

答案及解析：ABCE。从产业革命前后到第一次世界大战前，有许多学者和思想家，其中佼佼者如亚当·斯密、克劳塞维茨、卡尔·马克思和马克斯·韦伯等，在经济学、军事学、政治学、社会学和一般社会科学等领域里做了大量的理论研究和方法论探索，其成果不仅对他们各自耕耘的学科领域的发展做出了突出贡献，而且也为公共政策学的形成奠定了理论和方法论的基础。

知识点 3

学科的诞生与发展☆☆☆

1. 公共政策学的诞生

（1）公共政策学的诞生概况：公共政策学诞生于 20 世纪 50 年代，1951 年，美国著名政治学家勒纳和拉斯韦尔的《政策科学：视野与方法的近期发展》一书面世。该书首次提出并界定了“政策科学”这一概念。这本书被誉为是“政策科学的开山之作”“公共政策学的经典著作”，并被人们认作公共政策学诞生的标志。

（2）公共政策学的创立者：公共政策学的创立者是拉斯韦尔，他也是政治行为主义学派的先驱者和重要代表人物之一。

（3）公共政策学的主导范式：自公共政策学诞生之日起，由拉斯韦尔等人倡导的行为主义就是这个学科的主导范式。与此同时，主要由西蒙创立的、自管理科学（主要是公共管理学）领域里成长起来的决策科学、行为主义也同样是其主导范式。

（4）拉斯韦尔总结的公共政策学科的特点：它是关于民主主义的学问，它的哲学基础是逻辑实证主义，它是一门对于时间和空间都极敏感的学问，它具有跨学科的性质，它是一门须和政府合作研究的学问，它是一门以社会变迁和发展为研究对象、以动态模型为核心的学问。

2. 公共政策学的初步发展

（1）20 世纪 60 年代后期，从事政策研究的学者，以德洛尔为代表，对拉斯韦尔等学者倡导的行为主义方法论做了全面的批评。从此，公共政策学的发展进入第二个阶段。以下是这一阶段开始的标志和研究重点。

标志	公共政策学进入第二个发展阶段的标志是德洛尔的《重新审查公共政策的制定过程》《政策科学探索：概念与使用》和《政策科学构想》的出版。
研究重点	公共政策学在其发展的第一阶段里，跟决策科学一样，把对政策过程的研究的重点放在前期阶段即政策的制定上；而在它发展的第二个阶段里，研究重点被转移到政策过程的后期阶段即政策的执行、评估和终结上。

（2）德洛尔被认为属于第二代公共政策学家，其学术背景是公共管理学而不是政治学。他对公共政策学做出的学术贡献主要有以下几点。

①分析了行为科学和管理科学在学科建设上存在的一些误区。

②指出了美国政策科学进入新阶段的发展方向。

③强调公共政策学的跨学科性质和实践性。

（3）公共政策学在其发展的第二个阶段里，在以下四个方面取得了显著的成就。

①方法论的多样化。

②对政策过程研究的重点的转变。

③对政策过程中的价值因素和伦理因素的作用给予了重视。

④公共政策比较研究开始起步。

重点解读

方法论的多样化

对拉斯韦尔等人的批评，改变了公共政策学领域行为主义一统天下的局面，出现了方法论的多样化。

其一，行为主义虽受到批评，但是尽可能地赋予公共政策学类似自然科学那样的科学性，仍然是众多学者的追求。

其二，公共选择方法论崭露头角。这是用经济学的分析途径来研究非市场决策即公共政策问题。公共选择理论假定理性人为经济人，并以此为逻辑起点去研究集体决策，其研究范围包括国家、政府、国防、警察、教育、环境保护、消防、财产权和分配等政治和政策问题。

其三，博弈论也成为公共政策分析中一种重要方法论。博弈论从20世纪40年代起被引进经济学、管理科学、决策科学、国际关系理论等学科并被发展为一种颇具影响力的方法论。

其四，个案研究受到重视。公共政策学中的个案研究法，指的是致力于探讨具体的个别的政策的特殊性并从中发现普遍性或验证某一普适性假设的研究方法。在后行为主义时期，一般论述性质的政策研究被具体的个案研究所取代，一批学者在个案研究方面取得了重要成果。

3. 公共政策学的近期发展（从 20 世纪 90 年代以来）

（1）课题选择的新取向：①伦理取向。②管理取向。③政府改革取向。

（2）方法论的非科学趋向。

（3）公共政策学的建制化：①学会的成立和专业研究刊物的问世。②专门研究机构的建立。③大学教育中专业与课程的设置。

小提示

（1）公共政策学经过数十年的发展，逐步形成为一门比较成熟的独立学科，建制化则是学科成熟的外在标志。

（2）美国著名的政策研究机构兰德公司成立于 1918 年，地点在洛杉矶，经费充足，规模庞大，研究人员众多。这是一个全能的智囊团，政策研究所涉及的领域有科学技术、外交、军事、企业管理、经济和社会等。

知识解读

本知识点一般考查单选题、多选题和简答题。

本知识点内容较为重要，建议全部掌握。其中，着重掌握对公共政策学的诞生和发展有重要作用的人物及其观点。

真题小练

单选题

1.（2016 年 4 月全国）首次提出和界定了“政策科学”这一概念的公共政策学著作是（　　）

A.《经济与社会》　　B.《政治生活的系统分析》

C.《决策过程》　　D.《政策科学：视野与方法的近期发展》

答案及解析：D。公共政策学诞生于 20 世纪 50 年代，1951 年，美国著名政治学家勒纳和拉斯韦尔的《政策科学：视野与方法的近期发展》一书面世。该书首次提出并界定了“政策科学”这一概念。这本书被誉为“政策科学的开山之作”“公共政策学的经典著作”，并被人们认作公共政策学诞生的标志。

2.（2015 年 10 月全国）公共政策学学科成熟的外在标志是（　　）

A. 科学化　　B. 理念化　　C. 建制化　　D. 特殊化

答案及解析：C。建制化是公共政策学学科成熟的外在标志。

3.（2015 年 10 月全国）自公共政策学诞生之日起，这个学科的主导范式一直是（　　）

A. 行为主义　　B. 理想主义　　C. 形式主义　　D. 空想主义

答案及解析：A。自公共政策学诞生之日起，由拉斯韦尔等人倡导的行为主义就是这个学科的主导范式。

多选题

（2010 年 4 月全国）公共政策学的建制化主要表现在（　　）

A. 学会的成立　B. 专业研究刊物的问世　C. 专门研究机构的建立

D. 大学教育中专业与课程的设置　E. 公共政策问题的产生

答案及解析：ABCD。公共政策学经过数十年的发展，逐步形成为一门比较成熟的独立学科，建制化则是学科成熟的外在标志。建制化表现在以下三个方面。（1）学会的成立和专业研究刊物的问世。学会是随着研究队伍的壮大，为适应学者和其他相关专家相互交流学术信息和研究成果的需要而建立起来的组织。（2）专门研究机构的建立。应用性的公共政策学研究机构由于能够直接地为决策者出谋划策，所以往往被决策者视为“智囊团”“智库”“外脑”。（3）大学教育中专业与课程的设置。从 20 世纪 70 年代起，美国著名大学纷纷设立政策科学、政策分析专业。

小试牛刀

单选题

20 世纪 60 年代后期开始，对行为主义方法论进行批评的代表人物为（　　）

A. 伊斯顿　B. 拉斯韦尔　C. 阿尔蒙德　D. 德洛尔

答案及解析：D。20 世纪 60 年代后期，美国政治学界开始酝酿着一股对行为主义方法论反叛的情绪，并随即波及公共政策学。从事政策研究的学者，以德洛尔为代表，对拉斯韦尔等学者倡导的行为主义方法论做了全面的批评。从此，公共政策学的发展进入第二个阶段。

简答题

1. 简述德洛尔对公共政策学的学术贡献。

答案及解析：（1）分析了行为科学和管理科学在学科建设上存在的一些误区。（2）指出了美国政策科学进入新阶段的发展方向。他在 1986 年发表的《逆境中的政策制定》一书中提出政策科学应在 14 个方面取得突破，包括加强对政策科学的哲学和智力方面的研究、增强历史和比较的视角、探讨宏观的政策创新、考察改善政策制定的途径、开发多维的方法论和技术性方法等。（3）强调公共政策学的跨学科性质和实践性。德洛尔认为公共政策学是从各相关学科，尤其是管理科学、决策科学、行为科学、政治科学等相互交叉中发展起来的一门学问。

2. 简述公共政策这门学科在其发展的第二阶段上的主要成就。

答案及解析：公共政策学在其发展的第二个阶段里，在以下四个方面取得了显著的成就。（1）方法论的多样化。（2）对政策过程研究的重点的转变。（3）对政策过程中的价值因素和伦理因素的作用给予了重视。（4）公共政策比较研究开始起步。

3. 简述美国政治学家拉斯韦尔总结的公共政策学科的特点。

答案及解析：（1）它是关于民主主义的学问。（2）它的哲学基础是逻辑实证主义。（3）它是一门对于时间和空间都极敏感的学问。（4）它具有跨学科的性质。（5）它是一门须和政府合作研究的学问。（6）它是一门以社会变迁和发展为研究对象、以动态模型为核心的学问。

知识点 4

公共政策学的引进及其中国化☆

1. 公共政策学的引进

在20世纪50-70年代，公共政策学首先在美国发轫、发展起来并随后被引入其他西方国家以及一系列发展中国家和地区 → 把公共政策学引入中国，中国台湾早于中国大陆，在中国台湾，最早引入这门学科的高等院校是中兴大学法商学院（今台北大学）、台湾大学和政治大学 → 1975年台湾大学政治学系率先开设“公共政策”这一课程

2. 公共政策学中国化的进程与方向

（1）公共政策学中国化的强大动力是现实的需要，这里所说的现实需要是指以下几点。

①党政领导机关决策的需要，这一需要推动着专门的公共政策研究机构的设立。

②高等院校教学的需要，这一需要推动着一批教师走上公共政策学教学与研究的岗位，推动着他们撰写教材和学术论著。

（2）公共政策研究机构、公共政策学的教学和人才培养的发展进程。

公共政策研究机构	1997年初北京大学建立公共政策研究所，宁骚教授任所长，这是全国高校系统中第一个公共政策研究机构。 1999年中国科学院建立了国情研究中心，同年与清华大学联合成立了中国科学院—清华大学国情研究中心，中心的研究方向是国情调研和政策研究，胡鞍钢教授任中心主任。
公共政策学的教学和人才培养	20世纪80年代后期，已有一批大学的政治学系开设“决策科学”课程。 到20世纪90年代，北京大学、中山大学等著名大学的政治学与行政管理学系设置了公共政策学单科或系列课程。 2002年和2003年中山大学、北京大学率先设立了公共政策学本科专业。

（3）公共政策学中国化取得的丰硕成果。

①强调在引进、消化和吸收当代国外的公共政策学研究成果的基础上，坚持以马克思主义为指导，立足于中国的国情，紧密结合当代中国的公共决策实践，取其所需，为我所用。

②吸收国外公共政策学的概念、理论、模型、分析路径和研究方法，在马克思主义的指导下，对当代中国的公共政策问题进行实证研究，研究成果通常是研究报告，但也有进行学理探讨的学术论文、学术专著和教科书。

③通过考察和总结当代中国公共决策实践，试图在马克思主义决策和政策理论的指导下，对公共政策学的概念、理论、模型和分析路径进行重构和创新。

重点解读 坚持公共政策学中国化的发展方向，要在以下几方面做更多的努力。

（1）强化研究者的主体意识。

（2）重视对政策哲学的研究。（公共政策学的中国化，在认识论上则必须走辩证唯物主义的路线）。

（3）重视本土资源。

（4）重视当代中国公共决策实践，大力开展实证研究，从中抽象和构建公共政策学新的概念、范畴、理论与模型。

知识解读

本知识点主要考查单选题。

公共政策学引入中国以后，要有效地解释中国的公共决策实践，要在中国土地上生根开花，必须在概念、理论、模型和分析路径上中国化，形成有中国特色的公共政策学学科体系。

真题小练

单选题

1.（2004 年 4 月全国）当代中国的公共政策学，从主流上来看，其研究方法所依据的认识论是（　　）

A. 经验主义　　B. 后现代主义　　C. 辩证唯物主义　　D. 理性主义

答案及解析：C。在美国形成和发展起来的公共政策学，在认识论上基本上走的是逻辑实证主义的路线，20 世纪 70 年代以来也有个别学者尝试走后现代主义、后实证主义的路线。而公共政策学的中国化，在认识论上则必须走辩证唯物主义的路线。

2.（2012 年 4 月全国）中国大陆高校系统中最早成立公共政策研究机构的是（　　）

A. 复旦大学　　B. 清华大学　　C. 中山大学　　D. 北京大学

答案及解析：D。1997 年初北京大学建立公共政策研究所，宁骚教授任所长，这是全国高校系统中第一个公共政策研究机构。

多选题

（2018 年 4 月全国）坚持公共政策学中国化的发展方向，要做到（　　）

A. 强调研究者的价值中立　　B. 强化研究者的主体意识

C. 重视对政策哲学的研究　　D. 重视本土资源

E. 重视当代中国公共决策实践

答案及解析：BCDE。坚持公共政策学中国化的发展方向，要做到，强化研究者的主体意识；重视对政策哲学的研究；重视本土资源和重视当代中国公共决策实践。

小试牛刀

单选题

(　　) 年台湾大学政治学系率先开设“公共政策”这一课程。

A. 1975　　B. 1976　　C. 1977　　D. 1978

答案及解析：A。1975 年台湾大学政治学系率先开设“公共政策”这一课程。

第三节　为什么学习公共政策学

本节内容提要

本节主要阐述学习和研究公共政策学的必要性及其意义。

知识点

为什么学习公共政策学☆

（1）为了改进政策系统，提高政策质量。

（2）为了教育群众理解公共政策，运用政策争取和保护自身的和公共的利益，以适当的方式向公共组织特别是公共权力组织提出政策建议。

（3）为了推动社会科学和自然科学各学科的研究工作具有公共政策研究的取向。

知识解读

本知识点主要考查简答题和论述题。

公共政策学是一门具有很强的社会应用性的学科，同时它也是一个需要进行广泛而深入的理论探讨的领域。

真题小练

论述题

（2003 年 7 月浙江）联系实际，论述学习公共政策学的意义。

答案及解析：我们学习和研究公共政策学，其必要性或者基本的意义有以下几个方面。第一，是为了改进政策系统，提高政策质量。第二，是为了教育群众理解公共政策，运用政策争取和保护自身的和公共的利益，以适当的方式向公共组织特别是公共权力组织提出政策建议。第三，是为了推动社会科学和自然科学各学科的研究工作具有公共政策研究的取向。

小试牛刀

单选题

下列选项中不属于我们学习和研究公共政策学的必要性或基本意义的是（　　）

A. 是为了提高政策质量

B. 是为了教育群众理解公共政策，运用政策争取和保护自身的和公共的利益

C. 是为了推动社会科学和自然科学各学科的研究工作具有公共政策研究的取向

D. 是为了维持政策系统固定不变

答案及解析：D。学习和研究公共政策学的必要性或基本意义如下。（1）是为了改进政策系统，提高政策质量。（2）是为了教育群众理解公共政策，运用政策争取和保护自身的和公共的利益，以适当的方式向公共组织特别是公共权力组织提出政策建议。（3）是为了推动社会科学和自然科学各学科的研究工作具有公共政策研究的取向。

第二章　公共政策与政策工具

公共权力机关通过制定和实施公共政策来实现国家职能，制定政策和实施政策是政府存在的基础。由于现代国家的政府在横向结构和纵向结构上权力配置的形式的差异，公共政策的形式特征也就有所不同。由于政策作用于对象的广度和深度、时间与空间、方式与方法上的差异，公共政策在内容特征上也就有许多类型。公共政策有其认识论本质和社会本质，而后者则是由公共政策的利益分配功能决定的。“徒法不能自行”。只有同时配置和调动一系列政策工具，公共政策才能从一种行动纲领转化成社会现实。

历年考情直击

考点	考纲要求	考试题型	重要程度
公共政策的含义、类型与功能	识记、领会	单选、多选、简答、论述	★★★
公共政策的本质与基本特征	识记、领会	单选、简答、论述	★★
政策工具	识记、简单应用	单选、多选	★

第一节　公共政策的含义、类型与功能

本节内容提要

本节主要阐述公共政策的含义、产生发展过程、类型以及功能。

知识点 1

什么是公共政策☆

（1）伊斯顿于 1951 年出版的《政治体系—政治学状况研究》一书，把公共政策界定为“对一个社会进行的权威性价值分配”。

（2）公共政策的定义：公共政策是公共权力机关经由政治过程所选择和制定的为解决公共问题、达成公共目标、以实现公共利益的方案。该定义所揭示的公共政策的内涵如下。

①公共政策是决定、决策、对策、政策的一种特殊形态，它具有决定、决策、对策、政策的一般特征。

②公共政策是公共权力机关的基本的活动方式或活动过程，是公共权力机关的权力意志的表现——它表征公共权力机关想干什么、为什么干、怎样干、不想干什么、为什么不想干。

③公共政策是经由政治过程而进行方案的初拟、优化和择定的结果，主导这一过程的基轴是公共权力机关与公民的关系，是前者能不能够以及可以在多大程度上聚合公民的愿望、意向和利益。

④公共问题、公共目标和公共利益是公共政策的三大要素。

⑤公共政策是一种权威性的价值分配方案。

⑥公共政策在形式上可以是积极的，也可以是消极的。

小提示

公共权力机关通过制定和实施公共政策来实现国家职能，制定政策和实施政策是政府存在的基础。

知识解读

本知识点一般考查单选题。

伊斯顿于 1951 年出版的《政治体系—政治学状况研究》一书，把公共政策界定为“对一个社会进行的权威性价值分配”。本知识点除了掌握伊斯顿对公共政策的贡献外，还应该重点记忆公共政策的定义和内涵。

真题小练

单选题

1.（2017 年 4 月全国）把公共政策界定为“对一个社会进行的权威性价值分配”的学者是（　　）

A. 伊斯顿　　B. 克鲁斯克

C. 拉斯韦尔　　D. 邓恩

答案及解析：A。伊斯顿于 1951 年出版的《政治体系—政治学状况研究》一书，把公共政策界定为“对一个社会进行的权威性价值分配”。

2.（2003 年 4 月全国）主导公共政策过程的基轴是（　　）

A. 立法机关与行政机关的关系　　B. 公共权力机关与公民的关系

C. 立法机关与司法机关的关系　　D. 行政机关与司法机关的关系

答案及解析：B。公共政策是经由政治过程而进行方案的初拟、优化和择定的结果，主导这一过程的基轴是公共权力机关与公民的关系，是前者能不能够以及可以在多大程度上聚合公民的愿望、意向和利益。

论述题

（2009 年 7 月全国）试述公共政策的内涵。

答案及解析：公共政策是公共权力机关经由政治过程所选择和制定的为解决公共问题、达成公共目标、以实现公共利益的方案。这个定义所揭示的公共政策的内涵有如下几点。第一，公共政策是决定、决策、对策、政策的一种特殊形态，它具有决定、决策、对策、政策的一般特征。第二，公共政策是公共权力机关的基本的活动方式或活动过程，是公共权力机关的权力意志的表现——它表征公共权力机关想干什么、为什么干、怎样干、不想干什么、为什么不想干。所以，公共政策具有权威性和强制性。当今世界各国的决策体制各有不同，公共权力机关的构成及其各个组成部分之间的权力配置各有不同，因此，公共政策的制定方式和过程也就各有不同。第三，公共政策是经由政治过程而进行方案的初拟、优化和择定的结果，主导这一过程的基轴是公共权力机关与公民的关系，是前者能不能够以及可以在多大程度上聚合公民的愿望、意向和利益。第四，公共问题、公共目标和公共利益是公共政策的三大要素。谋求公共利益的实现是公共政策的灵魂和目的，虽然事实上几乎每一项政策实施的结果总是一部分公民受益而另一部分公民受损。第五，公共政策是一种权威性的价值分配方案。它通过规范、引导机关、团体和公民个人的社会行为，有效地分配自然的和社会的各种稀有资源。第六，公共政策在形式上可以是积极的，也可以是消极的。积极形式的政策，包括政府为解决某一特定的问题而公然采取的行动。

小试牛刀

单选题

美国政治学家伊斯顿认为公共政策（　　）

A. 是一种含有目标、价值与策略的大型计划

B. 是对一个社会进行的权威性价值分配

C. 是政府决定做或者不做某件事的行为

D. 是政府机构和周围环境之间的关系

答案及解析：B。伊斯顿于 1951 年出版的《政治体系—政治学状况研究》一书，把公共政策界定为“对一个社会进行的权威性价值分配”。

知识点 2

公共政策的产生与发展☆

1. 公共政策的产生

公共政策的产生必须具备的三个初始条件或者说三个核心要素。

①公共问题的形成。

②公共决策机关的产生。

③公共强制机构的出现。

小提示

公共政策是随着国家的产生而产生的，是作为统治阶级治理国家与社会、实现其阶级意志的工具而产生的。

2. 公共政策的发展

近代公共政策转变成现代公共政策的四大表现。

①在公共问题的形成过程中，公民参与所起的作用越来越大。

②现代国家和政府制度的基本理念是主权在民。

③现代国家和政府，自罗斯福“新政”、北欧国家实行“福利国家”政策、特别是自第二次世界大战结束以来，越来越注重于执行社会管理的职能。

④传统的公共政策的质量，取决于少数统治者个人甚至最高统治者一个人的品格、魄力、智慧、学识和视野等因素；现代公共政策的质量，特别是自第二次世界大战结

束以来，世界主要国家的政府和人民越来越清楚地认识到取决于政策过程的科学化和民主化。

知识解读

本知识点一般考查单选题、多选题和简答题。

着重掌握公共政策的产生必须具备的三个初始条件或者说三个核心要素，能够答出选择题和简答题。了解近代公共政策转变成现代公共政策的四大表现。

真题小练

多选题

1.（2017 年 10 月全国）公共政策的产生需具备的核心要素包括（　　）

A. 公共问题的形成　　B. 公共决策机关的产生　　C. 政策评估的标准

D. 公共强制机构的出现　　E. 政策调整的原因

答案及解析：ABD。公共政策的产生需具备的核心要素包括公共问题的形成；公共决策机关的产生；公共强制机构的出现。

2.（2009 年 7 月全国）公共政策产生的初始条件为（　　）

A. 公共问题的形成　　B. 公共决策机关的产生　　C. 公共强制机构的出现

D. 公民的参与　　E. 社会价值的分配

答案及解析：ABC。公共政策的产生须有三个初始条件，或者说须具备三个核心要素。①公共问题的形成。随着人类社会的形成，在一定的人群中就会形成共同的利益要求和基于这种要求的公共问题。②公共决策机关的产生。如果公共问题由当事人自身共同制定行为规则和行动方案予以解决，还不能够形成公共政策，因为这种规则和方案不能成为其他人解决同类问题时必须照办的规则和方案。③公共强制机构的出现。公共权力机关不仅是公共政策的制定者，而且是公共政策的执行者。而作为公共政策的执行者，须拥有迫使社会全体成员接受政策的手段，特别是暴力手段。

小试牛刀

单选题

现代国家和政府，自（　　）以来，越来越注重于执行社会管理的职能。

A. 21 世纪　　B. 第二次世界大战结束

C. 第一次世界大战开始　　D. 中世纪

答案及解析：B。现代国家和政府，自罗斯福“新政”、北欧国家实行“福利国家”政策，特别是自第二次世界大战结束以来，越来越注重于执行社会管理的职能，其目的不仅是维护和巩固政治统治，而且是推动经济和社会自身的发展。

简答题

简述公共政策在内容和形式上转变成现代公共政策的表现。

答案及解析：①在公共问题的形成过程中，公民参与所起的作用越来越大。②现代国家和政府制度的基本理念是主权在民。③现代国家和政府，自罗斯福“新政”、北欧国家实行“福利国家”政策、特别是自第二次世界大战结束以来，越来越注重于执行社会管理的职能。④传统的公共政策的质量，取决于少数统治者个人甚至最高统治者一个人的品格、魄力、智慧、学识和视野等因素；现代公共政策的质量，特别是自第二次世界大战结束以来，世界主要国家的政府和人民越来越清楚地认识到取决于政策过程的科学化和民主化。

知识点 3

政策类型：从内容特征上划分☆☆☆

1. 元政策、基本政策、部门政策

（1）根据同一政策体系中各项政策间是否存在着涵盖与衍生关系，可以将公共政策划分为：元政策、基本政策、部门政策，以下是三种政策的具体内涵。

政策类型	内涵
元政策	或者叫总政策（总路线、总方针），是政策体系中管总的或具有统摄性的政策，对其他各项政策起指导和规范的作用，是其他各项政策的出发点和基本依据，是政策主体用以指导一定历史时期全局性行动的高度原则性的指针，它是关于政策的政策。
基本政策	针对某一社会领域或社会生活某个基本方面制定的、在该领域或方面起全局性与战略性作用的政策，就是基本政策，又被称为基本国策、方针性政策、纲领性政策、根本政策。
部门政策	为在某一个特定的部门贯彻基本政策而制定的具体行动方案和行为准则，被称为部门政策，也被称为具体政策或方面政策。

（2）三种政策之间的关系。

①在元政策、基本政策、部门政策之间存在着涵盖与被涵盖、衍生与被衍生、统摄与被统摄的关系。

②元政策，或者叫作总政策（总路线、总方针）是政策体系中管总的或具有统摄性的政策，对其他各项政策起指导和规范的作用，是其他各项政策的出发点和基本依据。

③基本政策是总政策的具体化，是具体政策的原则化，是联结总政策和具体政策的中间环节。

④部门政策由元政策和基本政策所决定，体现和服从于元政策和基本政策。

2. 战略、策略、战术

类型	含义
战略	公共政策学里，所谓战略就是政策主体在一个较长的时间阶段上所要达到的主导全局的根本目标以及为目标的实现所做的资源配置和行动步骤的设想，也就是邓小平经常讲到的“大政策”。战略也被称为“宏观决策”。
策略	策略是政策主体对某一特定形势制定的具体的行动路线。策略又被称为“中观决策”。
战术	对于公共政策学来说，战术的含义是为达到一定的战略目的，在一定的方向上和一定的时间内解决某一局部问题的行动方案。战术又被称为“微观决策”。

小知识

属于同一政策体系的各项政策，就时间效力而言，可以划分为即时的、短期的、中期的、长期的政策；就空间效力而言，可以划分为全局的与局部的政策。

将时间与空间这两个向度结合起来，公共政策就有了战略、策略和战术的区分。

3. 依政策内容的社会领域不同，公共政策可划分成如下的基本类型

（1）政治政策。（2）经济政策。（3）社会政策。（4）教育、科技、文化政策。

详细讲解

（1）政治政策是指一定的政策主体在政治生活领域里为达到一定的政治目标而针对相关对象制定的行为准则与规范。政治政策包括民权政策、外交政策、国防政策、国家安全政策、公共安全政策、人力资源政策、阶级政策、民族政策、政党政策等。

（2）经济政策包括产权与经营权政策、农业政策、工业政策、企业政策、交通政策、能源政策、基础建设政策、金融政策、财政政策、预算政策、福利政策、贸易政策、房地产政策、住宅政策、区域发展政策等。

（3）社会政策是以解决社会问题，促进社会安全，改善社会环境，增进社会福利为目的，经由国家立法与行政的手段，促进社会各阶层均衡发展的一种途径。社会政策主要包括劳动政策、医疗卫生政策、社会保障政策、公共救助（社会救济）政策、弱势群体优惠政策、人口政策、环境政策、宗教政策、移民政策等。社会政策的核心价值是社会正义、社会公正、社会协调和社会稳定。

4. 政策内容特征的其他分类方法

政策类型	内容特征
单目标政策与多目标政策	以一项政策谋求达到的目标的数量为标准所做的类型划分

续表

政策类型	内容特征
程序性政策与非程序性政策	以政策主体在制定一项政策时有无现成的规范和原则可遵循为标准所做的类型划分，程序性政策也称为“例行政策”“常规政策”“重复性政策”
实质性政策与程序性政策	美国学者安德森以政策是否改变客观对象为标准所做的政策类型划分
物质性（或实质性）政策与符号性（或象征性）政策	安德森以政策效果为标准，把公共政策划分为物质性政策和符号性政策
分配性政策、调节性政策、自我调节性政策和再分配性政策	安德森以政策协调社会生活的方式为标准所做的类型划分
分配性政策、限制性政策和再分配性政策	美国学者西奥多.J.洛维为分析纽约市人事任免而做的一种类型划分
零和博弈政策与非零和博弈政策	以政策的结果是双赢还是一方所得为他方所失为标准所做的类型划分
初始政策和反馈政策	这是以同一项政策的始创或调整为标准所做的类型划分
确定型政策与不确定型政策、风险型政策与竞争型政策	以政策结果的可预测性，也就是以假设的政策结果与实际的政策结果相吻合的程度为标准，所做的类型划分，如果假设的政策结果与实际的政策结果接近于完全吻合，那就是确定型政策；如果难以预测二者吻合的概率，那就是不确定型政策
鼓励性（扩大性）政策与限制性政策	以政策主体所希望的人们行为选择的范围为标准所做的类型划分
积极型政策与消极型政策	以政策主体是否行为为标准所做的类型划分
能动型政策与被动型政策	政策主体根据对客观情势的发展趋势所做的预测，面向未来而主动采取某种行动方案，就是能动型政策；政策主体以解决既存问题为根本目的而采取的行动方案，就是被动型政策

小提示

（1）如1977年中共中央和中国政府决定废止大学招生实行的免试推荐制度而改行全国统一考试的制度，就属于确定型政策。

（2）如邓小平关于在中国建立股票市场的决策，在初始阶段就属于风险型政策。

（3）如当今国际舞台上各国政府制定的外交政策就属于竞争型政策。

知识解读

本知识点一般考查单选题、多选题和简答题。

本知识点比较重要，建议全部了解。重点掌握元政策，以及不同政策类型的特点和划分依据以及不同政策类型之间的关系。

真题小练

单选题

1.（2017 年 10 月全国）政策体系中具有统摄性的政策是（　　）

A. 基本政策　　B. 部门政策　　C. 元政策　　D. 科技政策

答案及解析：C。元政策是在政策体系中具有统摄性的政策。

2.（2016 年 10 月全国）美国学者詹姆斯·安德森以政策是否改变客观对象为标准将政策内容划分为（　　）

A. 单目标政策与多目标政策　　B. 程序性政策与非程序性政策

C. 实质性政策与程序性政策　　D. 物质性政策与符号性政策

答案及解析：C。美国学者詹姆斯·安德森以政策是否改变客观对象为标准将政策内容划分为实质性政策与程序性政策。

简答题

（2004 年 4 月全国）简述元政策、基本政策和部门政策的关系。

答案及解析：（1）在元政策、基本政策、部门政策之间则存在着涵盖与被涵盖、衍生与被衍生、统摄与被统摄的关系。（2）元政策，或者叫作总政策（总路线、总方针）是政策体系中管总的或具有统摄性的政策，对其他各项政策起指导和规范的作用，是其他各项政策的出发点和基本依据。（3）基本政策是总政策的具体化，是具体政策的原则化，是联结总政策和具体政策的中间环节。（4）部门政策由元政策和基本政策所决定，体现和服从于元政策和基本政策。

小试牛刀

单选题

1. 1977 年中国政府决定废止大学招生中实行的免试推荐制度而改行全国统一考试的制度，这种类型的政策属于（　　）

A. 不确定型政策　　B. 风险型政策　　C. 确定型政策　　D. 竞争型政策

答案及解析：C。内容构成以政策结果的可预测性为标准划分为确定型政策（如全国统考制度）与不确定型政策、风险型政策（如建立股票市场）与竞争型政策。

2. 公共救助政策属于（　　）

A. 社会政策　　B. 政治政策　　C. 经济政策　　D. 教育、文化、科技政策

答案及解析：A。依政策内容的社会领域不同，公共政策可划分成如下的基本类型。（1）政治政策。（2）经济政策。（3）社会政策。（4）教育、科技、文化政策。其中社会政策是以解决社会问题，促进社会安全，改善社会环境，增进社会福利为目的，经由国家立法与行政的手段，促进社会各阶层均衡发展的一种途径。社会政策主要包括劳动政策、医疗卫生政

策、社会保障政策、公共救助（社会救济）政策、弱势群体优惠政策、人口政策、环境政策、宗教政策、移民政策等。

多选题

依据政策内容的社会领域不同，公共政策可划分为（　　）

A. 政治政策　　B. 经济政策　　C. 创新政策

D. 教育、科技、文化政策　　E. 社会政策

答案及解析：ABDE。依政策内容的社会领域不同，公共政策可划分成政治政策；经济政策；社会政策；教育、科技、文化政策几个基本类型。

知识点 4

政策类型：从形式特征上划分☆☆☆

1. 一个国家的政策的各种表现形式都有一个统一的规格和标准，都须符合规范化的要求

（1）不同层级的规范性文件只能由不同的特定国家机关来制定。

（2）不同层级的规范性文件的法律地位、效力和相互关系必须是明确的。

（3）各级规范性文件必须有自己专有的名称，以标志该文件的制定者、法律地位和效力。

（4）各级规范性文件在表达方式上必须有统一的规格。

2. 依横向形式特征划分的政策类型

（1）公共政策的横向形式构成是由当代世界各国的政治体制决定的。

小提示

当代世界主要国家的政治体制可以划分为六种类型。（1）以中国为代表的人民代表大会制。（2）以美国为代表的总统制。（3）以英国为代表的议会制。（4）以法国为代表的半总统、半议会制。（5）以俄罗斯为代表的超级总统制。（6）以瑞士为代表的委员会制。

重点内容 将党的政策变成国家意志的法定程序有三种类型。

（1）中共中央与国家机构联名发布政策。

（2）中共中央提出政策创议，国家机构据此制定具体的政策方案，并按照法定程序通过。

（3）政府决策以党提出的政策原则为依据。

（2）依横向形式特征划分的政策类型有几种，具体内容如下。

- 依横向形式特征划分的政策类型
  - 立法决策
    - 中国的人大决策（人大决策的四种形式）
      - 宪法
      - 基本法律
      - 其他法律
      - 人大决定（人大有四大职权，即立法权、决定权、任免权和监督权）
    - 美国的国会决策
      - 立法权是美国国会的首要权力
  - 国家元首决策
    - 只有属于总统制、半总统半议会制、超级总统制这三种类型的国家，才存在国家元首决策
    - 美国总统是强有力的直接决策者（美国总统决策的类型）
      - 总统每年向国会提出国情咨文、预算咨文和经济咨文，并就国防、科技、能源、环保、民权、福利等问题提出专门咨文
      - 立法否决
      - 委托立法
      - 外交决策
      - 防务政策
  - 行政决策
    - 行政决策是指国家行政机关在法定的权力和职能范围内，按一定程序和方法做出的决定
    - 中国行政决策的形式
      - 行政法规
      - 行政措施、决定和命令
      - 部门规章
    - 美国的行政决策
      - “七票反对，一票赞成，赞成的占多数”表明了总统在行政决策中的地位
      - 美国联邦行政机构的决策类型
        - 对国会立法和总统决策的解释
        - 制定规章条例
        - 行政裁决
  - 司法决策
    - 中国的司法决策
      - 中国的司法决策产生于国家最高司法机关的司法解释中
      - 在当代中国，对宪法和法律的解释权归全国人大常委会
    - 美国司法决策
      - 美国司法决策的主要形式
        - 司法审查
        - 推翻先前的裁决
        - 司法命令
      - 美国最高法院是公共政策的直接制定者
  - 执政党政策
    - 除了以中国为代表的政治体制外，其他体制中的执政党的政策，不能直接成为公共政策
    - 在我国，党的政策以两种形式成为公共政策：直接的形式和间接的形式
    - 当代中国现行的政治体制是中国共产党领导的议行合一制

3．依纵向形式特征划分的政策类型

从纵向形式特征上看，公共政策的类型差异取决于国家结构，同时也取决于各个层级的公共权力机关法定权力的大小和它拥有的实际能力的强弱。

（1）当今世界各国的国家结构划分为两个基本类型：单一制与联邦制。

（2）以决策者即公共权力机关的层级或纵向结构为标准，从纵向形式特征上看，公共政策类型可划分为：中央政策（国家政策）、地方政策与基层政策。

①中国公共政策纵向结构的特点。

a. 根据现行宪法，当代中国作为单一制国家，基本政策的制定权属于中央，地方政策的制定必须在中央政策的指导下进行，其目标、方向和行为规范为中央政策所决定，所以地方政策只是中央政策的具体化。这是当代中国中央政策与地方政策关系的一个根本特点。

b. 从形式上看，当代中国地方政府有两个、三个、四个层级的划分，从地方政府权力体系的实际运行情况来看，在直辖市可视作三级制，而在省、自治区均可视作四级制。

c. 我们将乡政策从地方政策中划出，另称为“基层政策”。所谓基层政策，就是乡级政权在执行决策的过程中针对本辖区的具体情况所做的决策。

d. 地方政策是中央政策与地方实际情况相结合的产物。因此地方政府贯彻和执行中央政策的过程，同时也就是地方政策的形成和实施的过程。

e. 如果地方政策的制定者对中央政策的理解有偏颇，就有可能造成地方政策与中央政策之间存在某种偏差；如果地方政策的制定者对本地实际情况的了解不深入，就有可能造成对中央政策的“机械执行”。

②美国公共政策纵向结构的特点。

美国作为联邦制国家，虽然宪法规定联邦地位高于各州，联邦政府制定的诸项政策在各州须得以实施，但是中央政策与州政策之间却不是决定与被决定、服从与被服从的关系。

知识解读

本知识点一般考查单选题和多选题。

重点掌握依横向和纵向形式特征划分的政策类型及其相关内容。本知识点需要记忆的内容较多，建议重点学习。

真题小练

单选题

（2016 年 4 月全国）从纵向形式特征上看，公共政策可以划分为（　　）

A. 中央政策、地方政策和基层政策　　B. 司法政策、行政政策和教育政策

C. 党的政策、国家政策和人大政策　　D. 政治政策、经济政策和文化政策

答案及解析：A。从纵向形式特征上看，公共政策可以划分为中央政策、地方政策和基层政策。

多选题

（2016 年 10 月全国）依横向的形式特征进行划分，公共政策可以划分为（　　）

A. 立法决策　　B. 民主决策　　C. 司法决策

D. 科学决策　　E. 国家元首决策

答案及解析：ACE。依横向的形式特征进行划分，公共政策可以划分为立法决策、国家元首决策、行政决策、司法决策和执政党政策五个基本类型。

简答题

（2015 年 4 月全国）简述行政决策的定义与当代中国行政决策的主要形式。

答案及解析：行政决策是指国家行政机关在法定的权力和职能范围内，按一定程序和方法做出的决定。中国行政决策的主要形式包含行政法规；行政措施、决定和命令；部门规章。

小试牛刀

多选题

1. 美国司法决策的形式主要有（　　）

A. 司法审查　　B. 推翻先前的裁决　　C. 司法命令

D. 立法　　E. 立法否决

答案及解析：ABC。美国的司法决策的主要形式。（1）司法审查。美国最高法院有司法复审权。（2）推翻先前的裁决。司法裁决的一个非正式规则是维持先前判例的效力。（3）司法命令。法院在审理案件时，可以发出司法命令以规定纠正不公正情况的办法。司法命令是以宪法或法律为依据的，其适用范围广大，跟其他形式的公共政策一样对美国社会、经济、政治、文化产生重大影响。

2. 当代中国的行政决策包括（　　）

A. 行政法规　　B. 行政措施、决定和命令　　C. 部门规章

D. 人大决定　　E. 基本法律

答案及解析：ABC。当代中国的行政决策主要包括行政法规；行政措施、决定和命令；部门规章几种形式。

简答题

简述中国共产党的政策变成国家意志的法定程序。

答案及解析：（1）中共中央与国家机构联名发布政策。（2）中共中央提出政策创议，国家

机构据此制定具体的政策方案，并按照法定程序通过。（3）政府决策以党提出的政策原则为依据。

知识点 5

公共政策与法☆

1. 政策与法之同

（1）在法治国家，公共政策的制定和执行主体与法的制定和执行主体是相同的，即都是公共权力机关。

（2）政策和法都是国家意志的表现，它们的权威性都源于国家合法地拥有强制力。

（3）法和政策都是调整人的行为亦即调整社会关系的准则、标准。其规范作用都可分为：指引、评价、预测、教育、强制。

（4）法和政策的社会作用都在于它们是国家进行政治统治和社会管理的工具。

（5）在法治国家，法和政策的制定可以具有相同的程序。

2. 政策与法的相互关系

政策是法的来源和动力，并且对法的制定和执行具有方向性的指导作用；法为政策提供保障，定型化为法律的政策具有更强的稳定性和连续性。

小提示

在当代中国，狭义的法指的是全国人大和全国人大常委会制定的法律；在公共政策学的视野里，这个含义上的法就是“人大决策”或称“立法决策”。

3. 政策与法之异

<table>
<tr><th>政策</th><th>法</th></tr>
<tr><td>注重于“要做什么，怎样做”</td><td>注重于“不能做什么，做了给予什么惩罚”</td></tr>
<tr><td colspan="2">法的执行过程除刑事诉讼和违宪审查外，司法机关一般不主动地加以干预，即实行“不告不理”或“民不告，官不究”的原则，而且法庭的判决一般实行“判给的不多于原告所请求的”原则，但是，恰恰是在司法机关不主动行为的这个领域里，政府却主动地进行政策实施，政策对象是否要求或反对实施政策，政策对象是否请求给予以及请求多少，都不是影响政府行为的根本因素。</td></tr>
<tr><td>政策，就各项具体的政策而言，政策对象的权利和义务往往是不对称的，即一些群体有义务而无权利，而另一些群体则有权利而无义务。</td><td>法规定了人们的权利和义务，是权利和义务的统一体。</td></tr>
<tr><td>政策执行则强调精神优于条文、实质重于形式。</td><td>法的适用必须力求统一，因此对法律适用来说，法律明文优于法律精神、不得偏离法律的明文成为公认的原则。</td></tr>
</table>

续表

政策	法
虽然政策和法都具有强制性，但是政策执行是以国家强制力为后盾，如果没有法律依据一般不直接动用强制力。	法是由国家来保证其执行的最低限度的行为规范，如果越限国家就要依法惩处。
政策和法都要求具有稳定性和连续性，但是二者相比较，政策更为灵活，能更快地应对客观形势的变动。	
法和政策对社会、政治、经济、文化各领域都有广泛的干预。但是二者相比较，政策干预的范围更大、更深入。	

知识解读

本知识点一般考查单选题、多选题和简答题。

重点掌握政策与法的异同点和相互关系，要求可以答出简答题。政策是法的来源和动力，并且对法的制定和执行具有方向性的指导作用；法为政策提供保障，定型化为法律的政策具有更强的稳定性和连续性。

真题小练

单选题

（2014 年 10 月全国）在当代中国，全国人大及其常委会制定的法律属于（　　）

A. 司法解释　　B. 行政法

C. 广义的法　　D. 狭义的法

答案及解析：D。在当代中国，狭义的法指的是全国人大和全国人大常委会制定的法律；在公共政策学的视野里，这个含义上的法就是"人大决策"或称"立法决策"。

多选题

（2014 年 4 月全国）法与政策都是调整人的行为亦即调整社会关系的准则、标准。其规范作用可包括（　　）

A. 指引　　B. 评价　　C. 教育

D. 预测　　E. 强制

答案及解析：ABCDE。法和政策都是调整人的行为亦即调整社会关系的准则、标准。其规范作用都可分为：指引、评价、预测、教育、强制。

简答题

（2016 年 4 月全国）简述公共政策与法的联系。

答案及解析：（1）在法治国家，公共政策的制定和执行主体与法的制定和执行主体是相同的，即都是公共权力机关。（2）政策和法都是国家意志的表现，它们的权威性都源于国家合法地拥有强制力。（3）法和政策都是调整人的行为亦即调整社会关系的准则、标准。（4）法和政策的社会作用都在于它们是国家进行政治统治和社会管理的工具。（5）在法治国家，法和政策的制定可以具有相同的程序。

小试牛刀

单选题

法的来源和动力是（　　）

A. 制度　　B. 政策　　C. 管理　　D. 决策

答案及解析：B。政策是法的来源和动力，并且对法的制定和执行具有方向性的指导作用；法为政策提供保障，定型化为法律的政策具有更强的稳定性和连续性。

判断题

法和政策都是调整人的行为亦即调整社会关系的准则、标准。

A. 正确　　B. 错误

答案及解析：A。法和政策都是调整人的行为亦即调整社会关系的准则、标准。

简答题

简述法与政策各自强调的重点的不同点。

答案及解析：（1）政策注重于“要做什么，怎样做”；法则注重于“不能做什么，做了给予什么惩罚”。（2）法的执行过程除刑事诉讼和违宪审查外，司法机关一般不主动地加以干预，即实行“不告不理”或“民不告，官不究”的原则。但是，恰恰是在司法机关不主动行为的这个领域里，政府却主动地进行政策实施，政策对象是否要求或反对实施政策，政策对象是否请求给予以及请求多少，都不是影响政府行为的根本因素。（3）法规定了人们的权利和义务，是权利和义务的统一体；政策，就各项具体的政策而言，政策对象的权利和义务往往是不对称的，即一些群体有义务而无权利，而另一些群体则有权利而无义务。（4）法的适用必须力求统一，因此对法律适用来说，法律明文优于法律精神、不得偏离法律的明文成为公认的原则；政策执行则强调精神优于条文、实质重于形式。（5）虽然政策和法都具有强制性，但是政策执行是以国家强制力为后盾，如果没有法律依据一般不直接动用强制力；法是由国家来保证其执行的最低限度的行为规范，如果越限国家就要依法惩处。（6）政策和法都要求具有稳定性和连续性，但是二者相比较，政策更为灵活，能更快地应对客观形势的变动。（7）法和政策对社会、政治、经济、文化各领域都有广泛的干预。但是二者相比较，政策干预的范围更大、更深入。

知识点 6

公共政策的基本功能☆☆

制定政策是公共权力机关实现其职能的基本手段。

以下是公共政策的四种基本功能。

（1）管制功能：政策问题的解决，可以通过政策对象不做什么来达成政策目标，政策主体要制约、禁止政策对象不做什么，或者说要使政策对象不发生政策主体不愿见的行为，就须使政策对政策对象的行为具有管制功能。

（2）引导功能：为了解决某个政策问题，政府依据特定的目标，通过政策对人们的行为和事物的发展加以引导，使得政策具有导向性。

（3）调控功能：指的是政府运用政策，在对社会公共事务所出现的各种社会矛盾进行调节和控制的过程中所起的作用。

（4）分配功能：在通常情况下，公共政策容易把价值或利益分配给与政府主观偏好一致或基本一致者，最能代表社会生产力发展方向者及普遍获益的社会多数者。

分配功能需要回答的问题：将那些满足社会需求的价值或利益向谁分配？如何分配？什么是好的乃至最佳的分配？

难点解读 通常采取两种办法来设定政策的管制功能。

（1）条文规定使政策对象不能、不愿、不敢超出规范擅自行为，这是政策的积极性管制功能。譬如一些国家和地区的公务员制度条例规定高薪养廉，使公务员认识到奉公守法、忠于职守可以享有很好的待遇并有一个美好的前程，而贪污腐败、玩忽职守必定使这一切化为泡影。

（2）条文规定使政策对象发生违反规范的行为时，受到相应的惩罚，这是政策的消极性管制功能。在国际贸易关系中，有的国家践踏双边、多边协议或国际惯例，由此受到损害的国家在交涉无效的情况下便采取贸易报复措施，也是政策的这种功能的一种应用。

知识解读

本知识点一般考查单选题、简答题、论述题。

着重掌握公共政策的基本功能及其定义，要求可以答出简答题和论述题。

真题小练

单选题

（2011年7月全国）政府运用政策，在对社会公共事务所出现的各种社会矛盾进行调节和控制的过程中所起的作用，属于公共政策功能中的（　　）

A. 管制功能　　B. 引导功能

C. 调控功能　　D. 分配功能

答案及解析：C。调控功能是指政府运用政策，在对社会公共事务所出现的各种社会矛盾进行调节和控制的过程中所起的作用。

多选题

（2014年7月全国）公共政策的基本功能主要包括（　　）

A. 管制功能　　B. 分配功能　　C. 引导功能

D. 调控功能　　E. 监控功能

答案及解析：ABCD。公共政策的基本功能主要包括管制功能、分配功能、引导功能和调控功能。

简答题

（2017年10月全国）简述公共政策基本功能中的管制功能。

答案及解析：政策主体制约、禁止政策对象不做什么，或者说要使政策对象不发生政策主体不愿见的行为，就是公共政策的管制功能。这种功能是通过政策条文规定表现出来的。通常采用两种办法来设定政策的管制功能。（1）条文规定使政策对象不能、不愿、不敢超出规范擅自行为，这是政策的积极性管制功能。（2）条文规定使政策对象发生违反规范的行为时，受到相应的惩罚，这是政策的消极性管制功能。

小试牛刀

单选题

1. 一些国家公务员制度条例规定高薪养廉，这体现了公共政策的（　　）

A. 引导功能　　B. 分配功能　　C. 管制功能　　D. 调控功能

答案及解析：C。公共政策的基本功能有四种，管制功能；引导功能；调控功能；分配功能。其中条文规定使政策对象不能、不愿、不敢超出规范擅自行为，这是政策的积极性管制功能。譬如一些国家和地区的公务员制度条例规定高薪养廉，使公务员认识到奉公守法、忠于职守可以享有很好的待遇并有一个美好的前程，而贪污腐败、玩忽职守必定使这一切化为泡影。

2. 有的国家践踏多边协议，受害国在交涉无效的情况下采取贸易报复措施，这体现了公共

政策的（　　）

A. 管制功能　　B. 引导功能　　C. 调控功能　　D. 分配功能

答案及解析：A。公共政策的基本功能有四种，管制功能；引导功能；调控功能；分配功能。其中管制功能里说明，政策问题的解决，可以通过政策对象不做什么来达成政策目标，政策主体要制约、禁止政策对象不做什么，或者说要使政策对象不发生政策主体不愿见的行为，就须使政策对政策对象的行为具有管制功能，这种功能是通过政策的条文规定表现出来的。通常采取两种办法来设定政策的管制功能。（1）条文规定使政策对象不能、不愿、不敢超出规范擅自行为，这是政策的积极性管制功能。（2）条文规定使政策对象发生违反规范的行为时，受到相应的惩罚，这是政策的消极性管制功能。在国际贸易关系中，有的国家践踏双边、多边协议或国际惯例，由此受到损害的国家在交涉无效的情况下便采取贸易报复措施，也是政策的这种功能的一种应用。

第二节　公共政策的本质与基本特征

本节内容提要

本节主要阐述公共政策的认识论本质、社会本质及其基本特征。

知识点 1

政策的认识论本质：理论与实践的中间环节☆

重点解读 从认识论的角度看，政策的本质被界定为理论与实践的中间环节，因而政策兼具理论与实践的二重特征。从政党实现其理念追求和政府实现治理的途径来看，理论指导实践是通过政策来实现的，同时，实践基本上也是通过政策而上升为理论的。也就是说，政策是联结理论与实践的中介或桥梁。

1. 政策与理论的基本关系

（1）理论是政策的理念依据，政策是理论的具体化。

（2）理论是政策的理念依据或指导思想，有以下两个方面的含义。

①理论的内容影响和决定决策的内容，理论依据的不同造成政策的基本差别。

②理论的正确与否，决定政策的成败。正确的理论具有科学的预见性，可以指明事物发展变化的方向和路线，以它为依据制定出来的政策就有可能取得成功的结果。

2. 政策与实践的基本关系

政策是实践经验的原则化并在实践中得以完善和发展，实践须以政策为出发点并贯穿其整个过程。政策实践比政策制定更为重要，具体有以下体现。

（1）政策实施是运用公共政策解决社会问题的最直接环节。

（2）政策实施决定着政策目标能够实现与否以及实现的程度和范围。

（3）政策正确与否，在主观认识范围内无法得到解决，只能由实践去检验。政策实施是检验政策正确与否的重要途径。

（4）政策实施是完善、发展公共政策和制定新政策的重要依据。

知识解读

本知识点一般考查单选题、简答题和论述题。

从认识论的角度看，政策的本质被界定为理论与实践的中间环节。理论是政策的理念依据，政策是理论的具体化。政策是实践经验的原则化并在实践中得以完善和发展，实践须以政策为出发点并贯穿其整个过程。本知识点需要重点掌握政策、理论和实践之间的关系，把握政策的本质。

真题小练

单选题

1.（2018 年 4 月全国）政策的认识论本质在于政策是（　　）

A. 理性与感性的中间环节　　　　B. 理论与实践的中间环节

C. 领导与群众的中间环节　　　　D. 一般与个别的中间环节

答案及解析：B。从认识论的角度看，政策的本质被界定为理论与实践的中间环节。

2.（2011 年 4 月全国）下列关于公共政策的本质的说法正确的是（　　）

A. 公共政策无法实现公共性和偏好性的统一

B. 公共权力机关代表公众制定政策，不存在自身利益

C. 政策是联结理论与实践的桥梁

D. 政策的确立和改变完全由民意决定

答案及解析：C。政策是联结理论与实践的中介或桥梁。

论述题

（2009 年 4 月全国）联系实际，谈谈理论、实践与政策的关系。

答案及解析：从认识论的角度看，政策的本质被界定为理论与实践的中间环节，因而政策兼具理论与实践的二重特征。从政党实现其理念追求和政府实现治理的途径来看，理论指导实践是通过政策来实现的，同时，实践基本上也是通过政策而上升为理论的。也就是

说，政策是联结理论与实践的中介或桥梁。（1）政策与理论。政策与理论的基本关系可以用两句话来概括，理论是政策的理念依据，政策是理论的具体化。理论是政策的理念依据或指导思想，有以下两个方面的含义。①理论的内容影响和决定决策的内容，理论依据的不同造成政策的基本差别。②理论的正确与否，决定政策的成败。正确的理论具有科学的预见性，可以指明事物发展变化的方向和路线，以它为依据制定出来的政策就有可能取得成功的结果。（2）政策与实践。政策与实践的基本关系同样可以用两句话来概括，政策是实践经验的原则化并在实践中得以完善和发展，实践须以政策为出发点并贯穿其整个过程。

小试牛刀

单选题

1. 关于政策与理论的关系、政策与实践的关系的不正确表述的是（　　）

A. 政策的理念依据是社会实践　　B. 政策是理论的具体化

C. 实践须以政策为出发点　　D. 理论是政策的指导思想

答案及解析：A。（1）政策与理论的基本关系可以用两句话来概括。①理论是政策的理念依据，政策是理论的具体化。②理论是政策的理念依据或指导思想。（2）政策与实践的基本关系同样可以用两句话来概括。①政策是实践经验的原则化并在实践中得以完善和发展。②实践须以政策为出发点并贯穿其整个过程。

2. 从认识论的角度看，政策的本质被界定为（　　）

A. 理论与实践的中间环节　　B. 主观与客观的中间环节

C. 内容与形式的中间环节　　D. 具体与抽象的中间环节

答案及解析：A。政策是理论与实践的中间环节。

知识点 2

政策的社会本质：公共性与偏好性的对立统一☆

（1）公共政策是公共权力机关为着一定的目标而进行的社会资源的配置和社会价值的分配。

（2）公共政策的社会本质在于它是公共性与偏好性的矛盾体，这一本质蕴含于公共权力机关为着具有公共性、阶级性或自利性的政策目标而进行社会资源的配置和社会价值的分配的行为中。

①以下是公共政策的公共性与偏好性的内涵。

特征	内涵
公共性	公共政策是被组织于一定体制内的政府机构和政府官员制定的权威性行动方案。它是用来满足被感知的国家需求的，是政府为了达到某一公共目标而采取的一系列活动。公共政策是公共权力机关为解决公共问题实现公共利益而制定的，这就是公共政策的公共性。所谓“公共性”，指的是公共政策具有的一种属性、特性或特质。
偏好性	政策过程对政策主体来说始终是一个选择的过程：政策问题的认定、政策方案的择定、政策工具的配置、政策的实施以及怎样进行政策评估等，所有的环节和功能活动的安排都是政策主体选择的结果。而每个选择都体现着政策主体的偏好。这种偏好性是公共政策的根本属性之一。

②公共政策的公共性内含于公共政策的表现：这种公共性产生于公共权力机关的公共性；公共政策的公共性来自它处理的问题是大多数民众的问题，即以民众问题为取向；公共政策须以谋求公共利益为目的，公共政策符合公共利益的程度是衡量公共政策的正当性的根本标准。

小提示

（1）公共政策的公共性与偏好性的对立统一运动是由利益关系网中各种力量之间的互动推动的。

（2）政府传统上被设定为公共机关，代表并谋求社会公共利益，不具有自身的特殊利益即自利性。但是理性选择学派从“经济人假设”出发，研究政府与人民的关系，发现政府具有自利性并谋求自身利益的最大化。

（3）政策分配和调整利益关系主要采取两种形式：一是直接对社会利益进行分配和调整的政策；二是间接对社会利益进行分配和调整的政策。

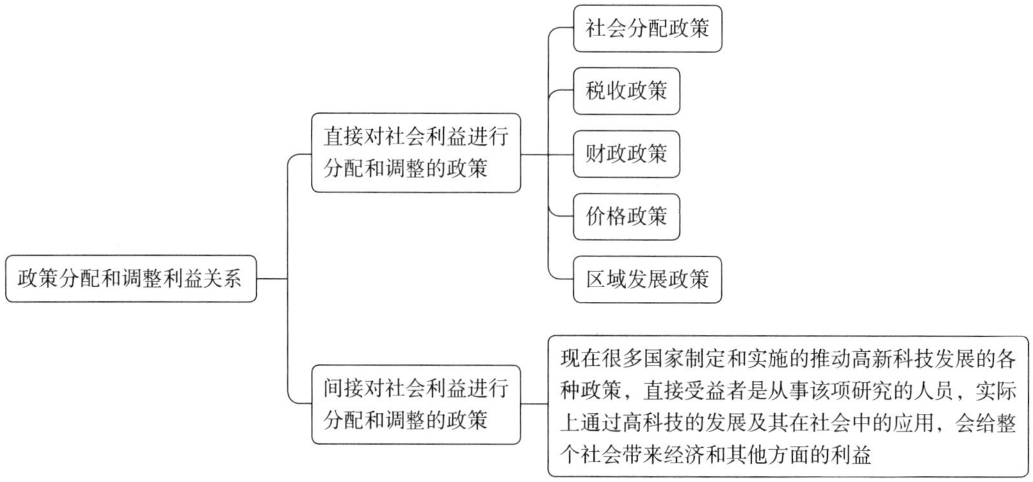

知识解读

本知识点一般考查单选题和简答题、论述题。

公共政策的社会本质在于它是公共性与偏好性的矛盾体，这一本质蕴含于公共权力机关为着具有公共性、阶级性或自利性的政策目标而进行社会资源的配置和社会价值的分配的行为中。重点掌握公共政策的社会本质的具体内容，要求可以答出简答题。

真题小练

单选题

1.（2018 年 4 月全国）公共政策的社会本质在于它是（　　）

A. 公共性与阶级性的矛盾体　　B. 阶级性与偏好性的矛盾体

C. 公共性与偏好性的矛盾体　　D. 自利性与偏好性的矛盾体

答案及解析：C。公共政策的社会本质在于它是公共性与偏好性的矛盾体。

2.（2015 年 4 月全国）不直接对社会利益进行分配和调整的政策是（　　）

A. 税收政策　　B. 高科技推动政策

C. 价格政策　　D. 区域发展政策

答案及解析：B。政策分配和调整利益关系主要采取两种形式。一是直接对社会利益进行分配和调整的政策，如社会分配政策、税收政策、财政政策、价格政策、区域发展政策等等。二是间接对社会利益进行分配和调整的政策，如现在很多国家制定和实施的推动高新科技发展的各种政策，直接受益者是从事该项研究的人员，实际上通过高科技的发展及其在社会中的应用，会给整个社会带来经济和其他方面的利益。

简答题

（2018 年 4 月全国）简述公共政策的公共性。

答案及解析：（1）公共政策是公共权力机关为解决公共问题实现公共利益而制定的，这就是公共政策的公共性。（2）公共性是内含于公共政策的，具体体现在三点。①这种公共性产生于公共权力机关的公共性。②公共政策的公共性来自它处理的问题是大多数民众的问题，即以民众问题为取向。③公共政策须以谋求公共利益为目的。因此，公共政策符合公共利益的程度是衡量公共政策的正当性的根本标准。

小试牛刀

单选题

1. 公共权力机关进行社会资源配置和社会价值分配的手段就是（　　）

A. 现代公共政策的本质　　B. 现代公共政策的形式

C. 公共组织的本质特征　　D. 公共组织的内涵

答案及解析：A。现代公共政策具有多种规定性，而在这些规定性中起决定性作用的则是公共政策是公共权力机关为着一定的目标而进行的社会资源的配置和社会价值的分配。

2. 间接对社会利益进行分配和调整的政策是（　　）

A. 税收政策　　B. 科技政策　　C. 财政政策　　D. 价格政策

答案及解析：B。间接对社会利益进行分配和调整的政策很多，如现在很多国家制定和实施的推动高新科技发展的各种政策，直接的受益者是从事高科技产品的研究、开发、生产、销售的研究机构、企业和人员，实际上是要通过这些高科技的发展及其在社会生产中的应用，促进生产率的提高，从而给整个社会带来经济和其他方面的利益。A、C、D 属于直接对社会利益进行分配和调整的政策。

3. 政府传统上被设定为公共机关，代表并谋求（　　）

A. 社会公共利益　　B. 自身的特殊利益

C. 劳动人民的利益　　D. 垄断组织的利益

答案及解析：A。政府传统上被设定为公共机关，代表并谋求社会公共利益，不具有自身的特殊利益即自利性。但是理性选择学派从“经济人假设”出发，研究政府与人民的关系，发现政府具有自利性并谋求自身利益的最大化。

知识点 3

公共政策的基本特征☆

公共政策基本特征的具体内容。

1. 政治性、权威性与强制性

政治性是公共政策的灵魂，公共政策的权威性是由它的强制性决定的。

（1）政治性：公共政策是由政治性组织制定的，是国家、政府、政党为实现其政治目的而制定的行动方案和行为准则。因此，公共政策具有鲜明的政治性。

（2）权威性：公共政策是社会关系的调节器，它的运行和有效性有赖于它的权威性。

（3）强制性：公共政策的主体是国家和政府。国家是产生于社会而又在表面上凌驾于社会之上的“特殊的公共权力”，它在本质上将公众的权力变成了支配公众的权力。

2. 公共性与偏好性的对立统一

国家权力是社会公共利益的正式代表，而这种资格的获得则是社会事务分裂为公共领域（公域）和私人领域（私域）、社会公共职能独立化、共同体内部分裂成治理者和被治理者的结果。

3. 应然与实然的统一

公共政策的公共性与偏好性的统一，是公共政策在社会属性的层面体现出来的应然与实然的统一；而这里所说的应然与实然的统一，指的是在认识论上公共政策所具有的基本特征。

4. 回应性与普遍性的统一

公共政策的普遍性使它具有相对的稳定性，而公共政策的回应性则使它具有变动性。

公共政策须以特定的客观情势及其发展变化为依据，也就是我国古代思想家所说的“世异则事异，事异则备变”。

知识解读

本知识点一般考查单选题和简答题、论述题。

重点掌握并记忆公共政策所具有的基本特征及每个特征的内涵。

真题小练

单选题

1.（2011 年 7 月全国）公共政策是由政治性组织制定的，是国家、政府、政党为实现其政治目的而制定的行动方案和行为准则。因此，公共政策具有鲜明的（　　）

A. 政治性　　B. 权威性　　C. 强制性　　D. 公共性

答案及解析：A。公共政策是由政治性组织制定的，是国家、政府、政党为实现其政治目的而制定的行动方案和行为准则。这体现了公共政策具有鲜明的政治性。

2.（2014 年 7 月全国）公共政策的灵魂是（　　）

A. 政治性　　B. 权威性　　C. 强制性　　D. 公共性

答案及解析：A。政治性是公共政策的灵魂。

论述题

（2008 年 4 月全国）试述公共政策的基本特征。

答案及解析：公共政策的本质决定了它的基本特征。这里说的“基本特征”，是指从“公共政策独有”和“公共政策须有”这两个角度提出的一些特征。（1）政治性。公共政策是由政治性组织制定的，是国家、政府、政党为实现其政治目的而制定的行动方案和行为准则。

因此，公共政策具有鲜明的政治性。公共政策是对作为个人与群体的社会成员进行资源配置与价值分配的政治措施，政治性是公共政策的灵魂。（2）权威性。公共政策是社会关系的调节器，它的运行和有效性有赖于它的权威性。（3）强制性。公共政策的权威性是由它的强制性决定的。公共政策的主体是国家和政府。国家是产生于社会而又在表面上凌驾于社会之上的“特殊的公共权力”，它在本质上将公众的权力变成了支配公众的权力。（4）公共性与偏好性的对立统一。国家权力是社会公共利益的正式代表，而这种资格的获得则是社会事务分裂为公共领域（公域）和私人领域（私域）、社会公共职能独立化、共同体内部分裂成治理者和被治理者的结果。（5）应然与实然的统一。公共政策的公共性与偏好性的统一，是公共政策在社会属性的层面体现出来的应然与实然的统一；而这里所说的应然与实然的统一，指的是在认识论上公共政策所具有的基本特征。（6）回应性与普遍性的统一。公共政策的普遍性使它具有相对的稳定性，而公共政策的回应性则使它具有变动性。

小试牛刀

单选题

1. 公共政策的基本特征不包括（　　）

A. 政治性、权威性与强制性　　B. 应然与实然的统一

C. 回应性与普遍性的统一　　D. 个体自利性与公共性的统一

答案及解析：D。公共政策的基本特征包括以下几点。（1）政治性、权威性与强制性。（2）公共性与偏好性的对立统一。（3）应然与实然的统一。（4）回应性与普遍性的统一。

2. “世异则事异，事异则备变”，这句话说明（　　）

A. 政策变动都是必要而且正确的

B. 政策变动都是符合事物发展的客观规律的

C. 政策变动的主要原因是政策环境的变化

D. 政策变动的主要原因是决策者的变动

答案及解析：C。公共政策的普遍性使它具有相对的稳定性，而公共政策的回应性则使它具有变动性。公共政策须以特定的客观情势及其发展变化为依据，也就是我国古代思想家所说的“世异则事异，事异则备变”。政策的变动性是绝对的。政策系统是一个开放的系统，作为系统环境的诸因素处在经常的发展变化之中，系统随着与环境之间能量交换的变化而变化，作为系统输出的公共政策应当与时俱进。

尚考通

第三节　政策工具

本节内容提要

本节主要阐述政策工具的定义及其类型。

知识点 1

什么是政策工具☆

1. 关于政策工具的几点内容

（1）历史人物对政策工具的评价。

早在土地革命战争时期毛泽东就指出，作为领导者、组织者，“不但要提出任务，而且要解决完成任务的方法问题。我们的任务是过河，但是没有桥或没有船就不能过。不解决桥或船的问题，过河就是一句空话。”确定政策目标就是明确任务，而政策工具就是与政策目标的实现联结起来的“桥”或“船”。没有政策工具，政策就是“一句空话”。

（2）政策工具的内涵。

所谓政策工具，指的是被设定为旨在实现一定政策目标的各种措施、策略、方法、技术、机制、行动、作为以及配置的人力、资金、设备、资源等手段。

（3）政策工具的发展。

政策工具成为一个学术概念和公共政策学研究的重要论题，是从 20 世纪 80 年代开始的。

2. 关于政策工具的定义，主要有这样几类

（1）侧重于从因果关系上去界定。

英格拉汉将政策工具界定为系统性地探讨问题症结与解决方案的因果关系的过程。

这个定义突出了政策方案（含政策工具）解决政策问题的有效性，但是政策工具本身的特性则隐而不彰。

（2）侧重于从可规划性上去界定。

史耐德和英格拉姆认为政策工具是有目的行动的蓝图。换言之，政策工具是目的导向的，而这种导向是在政策规划中就被确定下来的。

这个定义突出了政策工具的目的取向，但是忽略了政策工具的其他重要特征。

（3）侧重于从手段与目标实现的关系上去界定。

绝大多数公共政策学者都倾向于从手段与目标实现的关系上去界定政策工具。

知识解读

本知识点一般考查单选题。

重点掌握政策工具的定义以及历史人物对政策工具的评价。

真题小练

单选题

1.（2017 年 4 月全国）政策工具成为一个学术概念和公共政策研究的重要论题始于（　　）

A. 20 世纪 70 年代　　B. 20 世纪 80 年代

C. 20 世纪 90 年代　　D. 本世纪初

答案及解析：B。政策工具成为一个学术概念和公共政策学研究的重要论题，是从 20 世纪 80 年代开始的。

2.（2015 年 4 月全国）毛泽东曾提出“不解决桥或船的问题，过河就是一句空话”，这句话强调的政策要素是（　　）

A. 政策工具　　B. 政策目标

C. 政策计划　　D. 政策执行

答案及解析：A。确定政策目标就是明确任务，而政策工具就是与政策目标的实现联结起来的“桥”或“船”。没有政策工具，政策就是“一句空话”。

小试牛刀

单选题

在土地革命战争时期，毛泽东曾提出“过河”与“桥和船”的关系问题。对于政策执行来说，这里的“桥”和“船”指的是（　　）

A. 政策规划　　B. 政策目标　　C. 政策工具　　D. 政策评估

答案及解析：C。早在土地革命战争时期毛泽东就指出，作为领导者、组织者，“不但要提出任务，而且要解决完成任务的方法问题。我们的任务是过河，但是没有桥或没有船就不能过。不解决桥或船的问题，过河就是一句空话。”确定政策目标就是明确任务，而政策工具就是与政策目标的实现联结起来的“桥”或“船”。没有政策工具，政策就是“一句空话”。

名词解释题

名词解释：政策工具

答案及解析：所谓政策工具，指的是被设定为旨在实现一定政策目标的各种措施、策略、方法、技术、机制、行动、作为以及配置的人力、资金、设备、资源等手段。

知识点 2

政策工具的类型☆

1. 政策工具类型的划分方式及其内容

分类方法	内容
两分法	美国政治学家罗威、达尔和林德布洛姆区分出了规制性工具和非规制性工具两类。
三分法	公共政策学者狄龙把政策工具划分为法律工具、经济工具和交流工具三种。
四分法	丘昌泰将政策工具归纳为管制类工具、财务类工具、沟通类工具、组织类工具。
五分法	①史耐德和英格拉姆将政策工具划分为权威式、刺激式、能力构建式、符号和劝告式、学习式五种。 ②韦默和维宁将政策工具归纳为市场自由化、便利化和模拟化；使用财政补贴和课税的方式改变诱因；建立规章制度；经由市场机制提供物资；提供保险与社会保障。
七分法	林德和彼得斯将政策工具划分为七大类型：命令条款，财政补助，管制，课税，劝告，权威，契约。
八分法	英国学者胡德使用信息、财政、权威、组织四种基本资源可以达到监督社会、改变行为两项目的，以目的为导向进行划分，各有两类政策工具属于上述某一基本资源，这样就把政策工具划分成八种类型。
更多的划分	中、外都有学者尝试将政策工具划分成更多的类型。例如：张成福等按政府介入的程度划分了 10 类政策工具。

2. 政策工具的类型学研究的根本意义在于政策工具的分类是政策工具的比较、选择和配置的基础，既有的政策工具分类有以下缺陷。

（1）这些分类大多只适用于公共权力机关的经济和社会政策所使用的政策工具，而对政治政策（如国防政策、外交政策、民族政策、国家统一政策、公共安全政策等）、文化政策、教育政策、科技政策、传播政策等使用的政策工具，则缺乏考察和分类。

（2）既有的政策工具分类过于重视正式的、有形的（硬的）、静态的政策工具，而看轻甚至无视非正式的、无形的（软的）、动态的政策工具，因此无法比较明确地推断出一定类型的政策工具与政策目标的实现之间的因果关系。

（3）有些分类过于简括或过于庞杂，有些分类则纯属主观臆想。

3. 如何进一步推动政策工具的类型学研究

（1）重视政策工具箱的建设。

（2）坚持从个别到一般的认识路线。

（3）在对政策进行类型划分时，要认真考察每一类型的政策工具的基本假设、预期效果、成本与收益以及政策结果，这样就使政策工具与政策目标实现之间的因果关系明确化、明朗化，为政策工具的选择和配置奠定基础。

知识解读

本知识点一般考查单选题和多选题。

了解政策工具类型的划分方式及其内容，掌握既有政策工具分类的缺陷以及如何进一步推动政策工具的类型学研究。

真题小练

单选题

（2003 年 4 月全国）下列属于政治政策的选项是（　　）

A. 国防政策　　B. 区域发展政策

C. 人口政策　　D. 社会保障政策

答案及解析：A。既有的政策工具分类的主要缺陷是：对政治政策（如国防政策、外交政策、民族政策、国家统一政策、公共安全政策等）、文化政策、教育政策、科技政策、传播政策等使用的政策工具，则缺乏考察和分类。

小试牛刀

单选题

（　　）和彼得斯将政策工具划分为七大类型：①命令条款；②财政补助；③管制；④课税；⑤劝告；⑥权威；⑦契约。

A. 林德　　B. 维宁　　C. 韦默　　D. 史耐德

答案及解析：A。林德和彼得斯将政策工具划分为七大类型，命令条款、财政补助、管制、课税、劝告、权威和契约。

简答题

简述如何进一步推动政策工具的类型学研究。

答案及解析：（1）重视政策工具箱的建设。（2）坚持从个别到一般的认识路线。（3）在对政策进行类型划分时，要认真考察每一类型的政策工具的基本假设、预期效果、成本与收益以及政策结果，这样就使政策工具与政策目标实现之间的因果关系明确化、明朗化，为政策工具的选择和配置奠定基础。

第三章 政策系统与公共决策体制

公共政策是政策系统输出的公共产品。政策系统不仅是政策运行的载体，也是政策过程展开的基础，因而构成公共政策学研究的一项重要内容。政策系统的核心是公共权力，政策系统的运行就是公共权力的运行。围绕公共权力，作为政策系统的构成要素的政策行为者以不同方式持续不断地互动，并形成了关于公共决策权力配置的制度、程序、规则与方式，即公共决策体制。

历年考情直击

考点	考纲要求	考试题型	重要程度
政策系统的构成及其环境	识记、领会、简单应用	单选、多选、简答、论述	★★
公共权力与公共政策	识记、领会、简单应用	单选、简答、论述	★
公共决策体制	识记、领会、简单应用	单选、简答	★
非政府政策行为者与公共政策	识记、领会、简单应用	单选、多选、简答、论述	★

第一节　政策行为者与政策系统

本节内容提要

本节主要阐述政策行为者与政策系统之间的关系，以及政策系统的主要内容。

知识点 1

政策系统与政策行为者的关系☆

（1）政策系统的含义：指由政策主体和其他利益相关者，以及将它们与政策客体、政策环境联系起来的政策支持系统、政策反馈系统等组成的有机整体。政策系统的核心是公共权力，政策系统的运行就是公共权力的运行。

（2）政策系统与政策行为者的关系：①作为政策系统的基本构成要素，任何政策的制定、执行和反馈，都是相关政策行为者频繁互动的结果。②政策系统又为政策行为者的存在和作用的发挥设置了框架和平台。

（3）政策系统是三大子系统即主体系统、支持系统、反馈系统构成的巨系统，并与其客体系统和环境有着频繁的互动和能量交换。

知识解读

本知识点一般考查单选题和多选题。

政策系统的核心是公共权力，政策系统的运行就是公共权力的运行。了解政策系统的含义及其三大子系统的内容。

真题小练

单选题

（2016 年 10 月全国）政策系统的核心是（　　）

A. 公共舆论　　B. 政策评估　　C. 公共权力　　D. 政策环境

答案及解析：C。政策系统的核心是公共权力，政策系统的运行就是公共权力的运行。

多选题

（2008 年 10 月全国）公共政策系统包括（　　）

A. 政策主体系统　　B. 政策支持系统　　C. 政策客体系统

D. 决策系统　　E. 反馈系统

答案及解析：ABE。政策系统是三大子系统即主体系统、支持系统、反馈系统构成的巨系统，并与其客体系统和环境有着频繁的互动和能量交换。

小试牛刀

单选题

（　　）是指一个由政策主体和其他利益相关者，以及将它们与政策客体、政策环境联系起来的政策支持系统、政策反馈系统等所组成的有机整体。

A. 政策行为　　B. 政策机构　　C. 政策工具　　D. 政策系统

答案及解析：D。政策系统是指一个由政策主体和其他利益相关者，以及将它们与政策客体、政策环境联系起来的政策支持系统、政策反馈系统等所组成的有机整体。

知识点 2

公共政策的主体与主体系统☆☆

1. 关于公共政策主体的观点

关于公共政策主体的观点	美国公共政策学者安德森认为，在西方，政府立法机关、行政机关、行政管理机构、法院，以及利益团体、政党、作为个人的公民都是公共决策过程的参与者，前四个是“官方的政策制定者”，后三个是“非官方的参与者”。
	查尔斯·琼斯和马瑟斯在《政策形成》一文中则根据政府提案的来源，将公共政策主体划分为政府内部和政府外部两大类，前者包括行政长官（总统、州长、市长等）、官僚、咨询者、研究机构、议员及其助手，后者包括利益团体和协会、委托人团体、公民团体、政治党派和传播媒介。
	国内学者有的将公共政策主体分为国家公共法权主体、社会政治法权主体以及社会非法权主体，有的或区分出个体主体与群体主体，或区分出政策规划主体、政策制定主体、政策执行主体、政策评估主体。

2. 公共政策的直接主体

重点概括

（1）公共政策主体是相对于政策客体而言的。它是指那些在特定政策环境中直接或间接地参与公共政策制定、实施、评估、监控的行为者。

（2）事实上，公共政策主体的差异主要在于这些政策行为者在政策系统中所处的地位、行为的方式以及影响力的大小。据此，我们可以将公共政策主体分为直接主体和间接主体两大类。

（3）公共政策的直接主体，即公共政策的法定生产者，也就是那些获得宪法和法律授权，掌握公共权力，能够对社会价值进行权威性分配，从而主导政策过程的个人、团体或组织。

（4）直接主体包括国家的代议机关、行政机关、司法机关以及某些政治体制内的政党和军队领导人。

小拓展

（1）代议机关：代议机关行使国家的立法权，在议行合一体制中属于国家最高权力机关。其基本职能是制定法律，也就是或直接把国民意志提升为法律，或把那些具有稳定性、普遍性特征的政策上升为法的形态。立法是代议机关制定公共政策的基本形式。

（2）行政机关：行政机关行使国家的行政管理权力。传统行政学坚持政治与行政“二分法”，即政策制定是国家意志的表达，而政策执行则是国家意志的执行。然而，人们已经越来越明确地意识到政策制定与政策执行密不可分。行政部门不仅对代议机关的决策能够产生巨大影响，而且它本身也在制定政策。因此，在一定意义上说，公共决策受行政机关及其人员的支配。

（3）司法机关：司法机关在一定类型的政治体制中属于公共政策的直接主体。其中，以美国为典型，它的法院经常通过行使审判权、司法审查权和法令解释权对公共政策的内容产生巨大影响。不过在另外一些国家，由于其政治体制不实行美国式的“三权分立”，司法机关不具有公共决策的功能，因此司法行为对公共政策的影响很小。

（4）其他直接主体：在当代世界的一部分国家里，在政治体制内处于领导地位的执政党，或者主导政治体制的军人执政机构，也是公共政策的直接主体。

3. 公共政策的间接主体

即那些虽不拥有合法强制力，但能够通过压力、舆论、私人接触等方式，参与、介入到政策过程中，并产生一定影响的个人、团体、组织、社群或社会关系网络等。间接主体大致可以分为三类：次国家政策行为者；跨国政策行为者；全球性政策行为者。

小拓展

（1）次国家政策行为者，如地方政府、政党、利益集团（压力集团）、非政府组织、公共舆论、社会政治运动、公民等。

（2）跨国政策行为者，如跨国公司、多国公司、欧洲联盟、美洲国家组织、阿拉伯联盟、非洲统一组织、石油输出国组织、东南亚国家联盟等。

（3）全球性政策行为者，包括全球性政府间组织，如联合国、世贸组织、世界银行、国际货币基金组织、世界卫生组织等；以及全球性非政府组织，如国际奥委会、国际红十字会、绿色和平组织、国际港口协会等。

4. 政策主体系统是由各类政策主体相互作用所构成的系统

这一系统包括三个子系统，即政策制定系统、政策执行系统、间接主体系统。

（1）政策制定系统：该系统居于整个政策系统的核心地位，由拥有法定决策权的高层组织或个人组成，组织和领导整个决策过程。政策制定系统的基本功能是，认定政策问题；确认政策目标；组织政策方案的设计；主持审议备选方案并最终进行政策抉择；完成政策合法化程序并正式发布政策。

（2）政策执行系统：该系统是将观念形态的政策内容转化为现实形态的政策结果的系统，一般由组织及其人员，特别是行政机关和政府公务人员组成。政策执行系统的基本功能是，为政策方案的实施做好准备；有效实施政策方案；分析和总结执行情况。

（3）间接主体系统：前两种政策子系统是由政策的直接主体构成的，而这第三种政策子系统则是由政策的间接主体构成的。间接主体系统的基本功能是，利益表达与利益综合；提出公共问题；影响公共政策制定；影响并改变政策环境；填补政策直接主体所无法达到的空间。

知识解读

本知识点一般考查单选题、多选题、简答题和论述题。

重点掌握公共政策直接主体和间接主体的内容，了解政策主体系统三个子系统的基本功能。

真题小练

单选题

（2016 年 10 月全国）属于公共政策间接主体的是（　　）

A. 代议机关　　B. 行政机关　　C. 跨国公司　　D. 司法机关

答案及解析：C。间接主体，是指那些虽不拥有合法强制力，但能够通过压力、舆论、私人接触等方式，参与、介入到政策过程中，并产生一定影响力的个人、团体、组织、社群或社会关系网络等。间接主体可分为，次国家政策行为者，如地方政府、政党；跨国政策行为者，如跨国公司、欧洲联盟；全球性政策行为者，如联合国、世贸组织、世界卫生组织。

多选题

（2016 年 4 月全国）政策执行系统的基本功能有（　　）

A. 为政策方案的实施做好准备　　B. 有效实施政策方案

C. 准确评估政策执行效果　　D. 为公共政策终结提供有效帮助

E. 分析和总结执行情况

答案及解析：ABE。政策执行系统的基本功能包括为政策方案的实施做好准备；有效实施政策方案；分析和总结执行情况。

简答题

（2017 年 10 月全国）简述政策制定系统的基本功能。

答案及解析:（1）认定政策问题。（2）确认政策目标。（3）组织政策方案的设计。（4）主持审议备选方案并最终进行政策抉择。（5）完成政策合法化程序并正式发布政策。

小试牛刀

单选题

代议机关制定公共政策的基本形式是（　　）

A. 立法　B. 司法解释　C. 行政决策　D. 领导决策

答案及解析：A。公共政策的直接主体包括国家的代议机关、行政机关、司法机关以及某些政治体制内的政党和军队领导人。其中立法是代议机关制定公共政策的基本形式。

多选题

下列选项中属于公共政策直接主体的是（　　）

A. 立法机关　B. 利益集团　C. 行政机关

D. 执政党　E. 领袖人物

答案及解析：ACDE。公共政策主体的差异主要在于这些政策行为者在政策系统中所处的地位、行为的方式以及影响力的大小。据此，我们可以将公共政策主体分为直接主体和间接主体两大类。公共政策的直接主体，即公共政策的法定生产者，也就是那些获得宪法和法律授权，掌握公共权力，能够对社会价值进行权威性分配，从而主导政策过程的个人、团体或组织。直接主体包括国家的代议机关、行政机关、司法机关以及某些政治体制内的政党和军队领导人。公共政策的间接主体，即那些虽不拥有合法强制力，但能够通过压力、舆论、私人接触等方式，参与、介入到政策过程中，并产生一定影响的个人、团体、组织、社群或社会关系网络等。

论述题

试述公共政策主体系统的构成。

答案及解析:（1）政策制定系统。该系统居于整个政策系统的核心地位。其基本功能是，认定政策问题；确认政策目标；组织政策方案的设计；主持审议备选方案并最终进行政策抉择；完成政策合法化程序并正式发布政策。（2）政策执行系统。该系统的基本功能是，为政策方案的实施做好准备；有效实施政策方案；分析和总结执行情况。（3）间接主体系统。其基本功能是，利益表达与利益综合；提出公共问题；影响公共政策制定；影响并改变政策环境；填补政策直接主体所无法达到的空间。

知识点 3

政策网络☆

1. 政策网络的含义

所谓政策网络是指在公共政策制定和执行过程中，政府和其他行为者围绕共同的、实际上是不断协商的信念和利益而结成的正式的（制度性的）和非正式的联系。

2. 政策网络形成的原因主要有以下几个方面

（1）交流信息和意见的需要：利益相关者围绕特定的实质性政策议题或政治效能交流相关信息或者建议。这种情况往往发生在一些重要事件的过程之中。

（2）交换资源的需要：参与各方交换各种资源，包括资金、人员和服务。

（3）结盟的需要：参与主体为了寻求拥有共同利益者并结成利益同盟。

（4）追逐权力的需要：网络主体寻求与有影响的主体建立关系，从而控制关键资源，建立权力网络，扩大自己的影响。

（5）协调的需要：相关主体试图通过结成网络来协调彼此间的观念、利益等方面的分歧，在政策过程中采取一致行动。

知识解读

本知识点一般考查单选题、多选题、简答题和论述题。

重点掌握政策网络形成的原因，了解政策网络的定义。

真题小练

单选题

（2017 年 4 月全国）在公共政策制定和执行过程中，政府和其他行为者围绕共同的、实际上是不断协商的信念和利益而结成的正式的和非正式的联系，指的是（　　）

A. 政策信息　　B. 政策网络　　C. 政策环境　　D. 政策过程

答案及解析：B。政策网络是指在公共政策制定和执行过程中，政府和其他行为者围绕共同的、实际上是不断协商的信念和利益而结成的正式的和非正式的联系。

简答题

（2017 年 4 月全国）简述政策网络形成的主要原因。

答案及解析：（1）交流信息和意见的需要。（2）交换资源的需要。（3）结盟的需要。（4）追逐权力的需要。（5）协调的需要。

小试牛刀

多选题

政策网络形成的主要原因有（　　）

A. 交流信息和意见的需要　　B. 交换资源的需要　　C. 结盟的需要

D. 追逐权力的需要　　E. 协调的需要

答案及解析：ABCDE。从决策参与主体的相互依赖来说，政策网络形成的原因主要有以下几个方面。（1）交流信息和意见的需要。（2）交换资源的需要。（3）结盟的需要。（4）追逐权力的需要。（5）协调的需要。

知识点 4

公共政策的客体与客体系统☆

1. 公共政策客体

从“事”的角度看，公共政策客体就是政策问题。从“人”的角度看，公共政策的客体是目标人群。

从“事”的角度看	任何时代、任何社会都会存在各种各样需要解决的社会或公共问题。但是，并非所有的社会或公共问题都必须通过公共政策来解决。有些问题可能过于复杂，超出了公共政策的功能范围；而有些问题，通过公民和公民社会的联合行动就能处理。只有那些被列入政府议事日程，涉及相当多社会成员利益的社会或公共问题，才能成为公共政策的客体。
从“人”的角度看	所谓目标人群，就是公共政策直接作用与影响的公众群体或那些受公共政策规范、管制、调节和制约的社会成员。人们在社会生产和生活中所处的地位不同，社会分工不同，必然会产生各种不同性质、不同层次的利益和需求。这些利益和需求相互影响、碰撞、摩擦，从而产生了各种现实的矛盾，它可能发生在个人之间、个人与群体之间、群体与群体之间，甚至政府与群体之间。公共政策所要调整和规范的对象就是这些具有不同性质和类型的利益要求的社会成员间的关系。

2. 公共政策的政策客体系统

由公共政策的客体组成的系统就是政策客体系统。客体系统存在于政策系统之外。当有关客体系统的信息输入到政策系统之内，而且政策主体系统经过对这些信息进行加工、整理，最后决定针对客体系统制定政策时，客体系统才被内化为政策对象。而在被内化以前，客体系统作为一种客观存在，则是政策系统的环境构成的一部分。

知识解读

本知识点一般考查单选题和多选题。

了解从不同角度看公共政策客体的内容以及公共政策的政策客体系统。

真题小练

单选题

（2018 年 4 月全国）从“事”的角度看，公共政策客体就是（　　）

A. 目标人群　　B. 政策问题　　C. 政策目标　　D. 政策环境

答案及解析：B。从“事”的角度看，公共政策客体就是政策问题。

小试牛刀

单选题

从“人”的角度看，公共政策的客体是（　　）

A. 目标人群　　B. 政策问题　　C. 社会现象　　D. 以上都不是

答案及解析：A。从“人”的角度看，公共政策的客体是目标人群。

判断题

由公共政策的客体组成的系统就是政策客体系统。客体系统存在于政策系统之外。

A. 正确　　B. 错误

答案及解析：A。由公共政策的客体组成的系统就是政策客体系统。客体系统存在于政策系统之外。

知识点 5

政策支持系统☆

健全和完善政策支持系统是决策科学化、民主化的重要环节。政策支持系统的四个子系统的具体内容如下图所示。

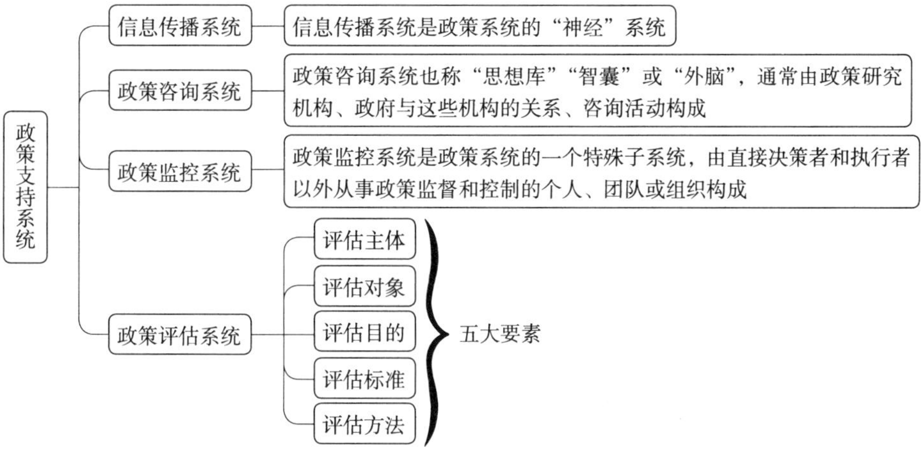

内容拓展（1）信息传播系统是一个有组织、有规程、相互协调的有机协作系统，包括情报部门、统计部门、档案部门，系统数据库、图书资料部门以及政策信息的咨询、监督、反馈部门。信息传播系统的任务是根据政策主体系统的需要，向其提供准确、全面、快速、可靠的政策信息。其基本功能是，信息的收集与整理；信息的加工与储存；信息的传递。

（2）政策咨询系统通常由政策研究机构、政府与这些机构的关系、咨询活动构成。它以改进政策制定为目标，综合运用现代科学理论和先进的技术手段，相对独立地进行政策研究、政策规划和政策咨询，并向政策主体系统提供新思想，诊断新问题、提供备选政策方案、评估政策实施结果。

（3）政策监控系统的任务是保证政策系统的良性运行和政策目标的实现，减少决策失误，避免政策执行中发生变形。其基本功能是，建立政策监控标准；监测政策绩效；发现和纠正政策执行偏差。

（4）政策评估系统的基本功能是为政策的优劣、存废以及政策资源的合理配置提供事实和价值依据。

知识解读

本知识点一般考查单选题、多选题和简答题。

重点掌握政策支持系统的四个子系统及其特点和基本功能。

真题小练

单选题

1.（2014 年 7 月全国）在政策支持系统中，被称为“思想库”或“外脑”的子系统是（　　）

A. 传播信息系统　　B. 政策监控系统

C. 政策评估系统　　D. 政策咨询系统

答案及解析：D。政策咨询系统也称“思想库”“智囊”或“外脑”，通常由政策研究机构、政府与这些机构的关系、咨询活动构成。

2.（2013 年 7 月全国）在政策支持系统中，被称为政策系统的“神经”系统的是（　　）

A. 信息传播系统　　B. 政策支持系统

C. 政策监控系统　　D. 政策评估系统

答案及解析：A。信息传播系统是政策系统的“神经”系统。

3.（2016年10月全国）下列属于政策支持系统的是（　　）

A. 政策制定系统　　B. 政策咨询系统

C. 政策执行系统　　D. 政策监督系统

答案及解析：B。政策支持系统一般由信息传播系统、政策咨询系统、政策监控系统、政策评估系统四个子系统构成。

小试牛刀

单选题

保证政策系统的良性运行和政策目标的实现，减少决策失误，避免政策执行中发生变形的政策支持系统的子系统是（　　）

A. 信息传播系统　　B. 政策咨询系统

C. 政策评估系统　　D. 政策监控系统

答案及解析：D。政策监控系统的任务是保证政策系统的良性运行和政策目标的实现，减少决策失误，避免政策执行中发生变形。

知识点 6

政策环境与政策反馈系统☆

对于具体的政策主体系统来说，存在两种不同的政策环境：一种是政策系统所处的一般环境（客观事实环境），即系统的生态环境；另一种是政策系统运行的具体环境（主体认知环境），即系统的工作环境。

重点解读

（1）政策系统的一般环境，也就是作用和影响公共政策的所有外部条件的总和。政策系统的一般环境包括以下几方面。①地理自然环境。②经济环境。③政治法治环境。④社会文化环境。⑤国际环境。

（2）政策系统的工作环境是政策一般环境中的不同部分在特定时间点上的聚合，因而具有多样性、变动性、主观性和人为性等特点。所谓工作环境，是指政策系统在制定和实施某项公共政策的过程中直接地对政策系统的运行产生影响的政策环境。

（3）政策反馈系统是将政策的主体系统与客体系统、政策系统与政策环境连接起来的一个特殊子系统。多层次、多网络是政策反馈系统的突出特点。

知识解读

本知识点一般考查单选题、多选题和简答题。

重点掌握政策系统的一般环境的构成和政策反馈系统的含义和特点。

真题小练

多选题

（2011 年 7 月全国）政策系统的一般环境包括（　　）

A. 地理自然环境　　B. 经济环境　　C. 政治法治环境

D. 社会文化环境　　E. 国际环境

答案及解析：ABCDE。政策系统的一般环境，也就是作用和影响公共政策的所有外部条件的总和，包括地理自然环境、经济环境、政治法治环境、社会文化环境，国际环境等。

小试牛刀

名词解释题

名词解释：政策反馈系统

答案及解析：政策反馈系统是将政策的主体系统与客体系统、政策系统与政策环境连接起来的一个特殊子系统。多层次、多网络是政策反馈系统的突出特点。

知识点 7

政策系统的运行☆

（1）政策系统的运行步骤。

①利益输入：政策系统的运行以政策问题的形成为起点。政策问题的提出实质上就是民众或相关利益群体反映和表达自身利益诉求和愿望，并将其输入政策系统的过程。

②利益综合：在政策系统制定政策时，除了考虑到社会的整体益之外，还须充分考量社会成员之间利益的一致性和互补性，政策系统对各种利益关系的充分考量和综合平衡，即为利益综合。

③政策形成：直接决策者经过对各备选方案的审议，在全局与局部、民主与科学、公平与效率、完美性与可行性之间进行考量和权衡，最终做出政策抉择。

④政策发布：在政策决定最终做出之后，通过一定的法定的或约定俗成的方式，由政

策系统正式向公众予以政策宣示。

⑤政策执行：公共政策的利益分配功能最终是通过政策执行来实现的。

⑥政策反馈：在政策系统运行过程中，反馈系统随时将政策执行情况反馈给直接主体系统，而间接主体系统则试图在每一个环节上影响公共政策，从而使政策系统的运行过程更为复杂化。

（2）就一项具体的公共政策的政策过程而言，政策系统的运行开始于利益要求的输入，结束于政策的终结。

知识解读

本知识点一般考查单选题、多选题和简答题、论述题。

重点掌握政策系统运行的主要步骤以及每个步骤的具体内容。

真题小练

单选题

1.（2017 年 4 月全国）公共政策的利益分配功能的最终实现途径是（　　）

A. 政策反馈　　B. 利益输入

C. 利益综合　　D. 政策执行

答案及解析：D。公共政策的利益分配功能最终是通过政策执行来实现的。在政策执行过程中，要充分考量并适当调整各政策行为者之间的利益关系。

2.（2010 年 4 月全国）法定的政策主体依照法定权限和程序，通过法定或约定俗成的方法，正式向公众发布政策决定，这是（　　）

A. 政策选择　　B. 政策决定

C. 政策宣示　　D. 政策执行

答案及解析：C。在政策决定最终做出之后，通过一定的法定的或约定俗成的方式，比如，举行信息发布会、发布文件或白皮书等，由政策系统正式向公众予以政策宣示。

论述题

（2012 年 7 月全国）试述政策系统运行的主要步骤。

答案及解析：政策系统运行的步骤。（1）利益输入。政策系统的运行以政策问题的形成为起点。政策问题的提出实质上就是民众或相关利益群体反映和表达自身利益诉求和愿望，并将其输入政策系统的过程。政策输入分为内输入和外输入。（2）利益综合。公共政策是人们为了解决特定的公共问题以获取共同利益而表明的行动意图或如何行动的计划。在政策系统制定政策时，除了考虑到社会的整体利益之外，还须充分考量社会成员之间利益的一致性和互补性。政策系统对各种利益关系的充分考量和综合平衡，即为利益综合。

（3）政策形成。政策系统各子系统在利益综合的基础上，运用各种有效的方法、工具和手段，获取和分析政策相关信息，拟制备选的政策方案；直接决策者经过对各备选方案的审议，在全局与局部、民主与科学、公平与效率、完美性与可行性之间进行考量和权衡，最终做出政策抉择。（4）政策发布。在政策决定最终做出之后，通过一定的法定的或约定俗成的方式，比如，举行信息发布会、发布文件或白皮书等，由政策系统正式向公众予以政策宣示。（5）政策执行。公共政策的利益分配功能最终是通过政策执行来实现的。在政策执行过程中，要充分考量并适当调整各政策行为者之间的利益关系。（6）政策反馈。在政策系统运行过程中，反馈系统随时将政策执行情况反馈给直接主体系统，而间接主体系统则试图在每一个环节上影响公共政策，从而使政策系统的运行过程更为复杂化。

小试牛刀

多选题

政策系统运行的步骤有（　　）

A. 政策反馈　　B. 政策执行　　C. 政策发布

D. 政策形成　　E. 利益综合

答案及解析：ABCDE。政策系统运行的步骤，利益输入、利益综合、政策形成、政策发布、政策执行和政策反馈。

第二节　公共权力与公共决策体制

本节内容提要

本节主要阐述公共决策权力及其行使，公共决策活动的程序、规则与方式等内容。

知识点 1

政府权力、政府职能与公共政策☆

（1）公共权力的中心是国家权力，国家权力的行使过程就是作为国家权力的代理者——政府制定和执行公共政策的过程。

（2）公共政策的二重性：公共政策是政府推行政治统治的基本工具；公共政策是政府实施社会管理的重要手段。

重点解读 （1）政府权力、政府职能的二重性决定了公共政策的二重性。

（2）作为从社会中产生又自居于社会之上的特殊政治组织，政府从其产生之日起就担负着政治统治和社会管理两种基本的职能。政治统治职能是政府阶级属性的反映，社会管理职能则是政府社会属性的反映。

小拓展

政府权力、政府职能决定政策的性质、类型与数量

政府“政策”之所以被称为“公共政策”，不仅在于政府是为公共利益而制定政策的主体，也在于公共政策的形式和内容都发生了巨大的变化。最为突出的是有关政治统治的政策数量相对稳定，而有关社会公共事务管理的政策数量则日益增多，其中的原因在于政府权力、政府职能发生了历史性转型。

知识解读

本知识点一般考查单选题和多选题。

政府行使公共权力，履行公共职能，制定和实施公共政策，以解决社会或公共问题。公共政策不仅是政府推行政治统治的基本工具，也是政府实施社会管理的重要手段。

真题小练

单选题

（2009 年 4 月全国）国家权力履行其政治统治和社会管理职能是通过（　　）

A. 阶级剥削　　B. 对外扩张

C. 精简政府机构　　D. 制定和实施公共政策

答案及解析：D。作为从社会中产生又自居于社会之上的特殊政治组织，政府从其产生之日起就担负着政治统治和社会管理两种基本的职能。政治统治职能是政府阶级属性的反映，社会管理职能则是政府社会属性的反映。政府职能的这二重属性决定了公共政策的二重性：公共政策不仅是政府推行政治统治的重要工具，也是政府对社会实施社会管理的重要手段。

多选题

（2008 年 4 月全国）公共政策本质上所具有的“二重属性”是指（　　）

A. 阶级属性　　B. 社会属性　　C. 道德属性

D. 文化属性　　E. 伦理属性

答案及解析：AB。作为从社会中产生又自居于社会之上的特殊政治组织，政府从其产生之日起就担负着政治统治和社会管理两种基本的职能。政治统治职能是政府阶级属性的反映，社会管理职能则是政府社会属性的反映。政府职能的这二重属性决定了公共政策的二重性，公共政策不仅是政府推行政治统治的重要工具，也是政府对社会实施社会管理的重要手段。

小试牛刀

单选题

公共权力的中心是（　　）

A. 社会权力　　B. 国家权力

C. 个人权力　　D. 社区权力

答案及解析：B。公共权力的中心是国家权力，国家权力的行使过程就是作为国家权力的代理者——政府制定和执行公共政策的过程。

知识点 2

国家结构与公共政策☆

小知识

- 任何政策都是在一定的政治制度所提供的总体框架内运行的。
- 政治制度是有关国家权力配置的正式规范，而有关国家结构形式的政治制度，则是对国家的中央权力机关与地方权力机关、整体与局部之间的关系的规范，对公共政策的制定和实施产生重大影响。

国家结构形式主要分为单一制和联邦制两种。

1. 单一制

（1）中央集权型：法国是中央集权型单一制的典型。

（2）地方分权型：英国是地方分权型单一制的典型。

2. 联邦制

在现实中，联邦制既可能是真实的联邦制，也可能是象征性的联邦制。前者如美国、加拿大、德国等，后者如巴西、墨西哥等，关键在于政府决策权力在不同层级政府之间的分配。

内容拓展（1）单一制按照地域划分出普通行政区域（或自治区域）作为国家的组成单位。从法理上说，单一制政权的一切公共决策权属于中央，地方政府决策权是由中央政府授予的，而且是可以被撤销的。

（2）联邦制是复合制政府结构的主要形式，是由若干个联合起来的邦（或者州、省、加盟共和国）组成的联盟国家。从法理上说，各联邦单位拥有的决策权不是联邦政府授予的，而是联邦宪法赋予的；中央与各联邦单位在联邦宪法规定的范围内享有最高决策权，可以并直接行使于公民，相互间不得进行干涉。

知识解读

本知识点一般考查单选题。

重点掌握不同国家的国家结构形式与公共政策。特别注意法国和英国分别是中央集权型单一制和地方分权型单一制的典型。了解美国、加拿大、德国以及巴西等国家的国家结构形式。

真题小练

单选题

1.（2013 年 7 月全国）实行中央集权型单一制的典型国家是（　　）

A. 英国　　B. 德国　　C. 法国　　D. 加拿大

答案及解析：C。法国是中央集权型单一制的典型。

2.（2011 年 7 月全国）属于象征性联邦制的国家是（　　）

A. 美国　　B. 巴西　　C. 加拿大　　D. 德国

答案及解析：B。巴西属于象征性联邦制的国家。

小试牛刀

判断题

1. 单一制政府又可分为“中央集权型”和“地方分权型”。

A. 正确　　B. 错误

答案及解析：A。单一制政府又可分为“中央集权型”和“地方分权型”。

2. 联邦制是复合制政府结构的主要形式，是由若干个联合起来的邦（或者州、省、加盟共和国）组成的联盟国家。

A. 正确　　B. 错误

答案及解析：A。联邦制是复合制政府结构的主要形式，是由若干个联合起来的邦（或者州、省、加盟共和国）组成的联盟国家。

知识点 3

政府能力、治理能力与公共政策☆

重点解读

（1）政府能否在其职责范围内正确地制定并有效实施公共政策，是判断政府能力强弱的根本标准。决定公共政策质量的关键性要素是政府能力。自政府产生以来，政府能力一直就是判定政策优劣的重要标准。

（2）政府能力界定。从公共政策学的角度出发，可以把“政府能力”界定为政府在其职责范围内，运用公共权力、正确地制定并有效地实施公共政策的能力。这一定义的内涵包括，①政府能力与政府权力、政府职能密切相关。②政府能力包括政策制定和政策执行两个层次的能力。

（3）现代治理理论作为一种新的政治理念还缺乏明确统一的界定。但治理不同于传统的“统治”，其强调权威的多元化、权力的分散化以及国家与社会、政府与市场的双向互动。在现代治理的视角下，政府能力就是“治理能力”。

1. 治理理论对公共政策的意义包括以下四点

（1）治理理论重新厘定了政府的角色，强调政府的调控能力。

（2）治理理论强调公共政策直接主体的多元化。

（3）治理理论强调公共政策权力运行的双向性。

（4）治理理论强调政府的政治责任。

2. 市场、政府能力与公共政策

作为社会资源配置的基本手段，公共政策与市场的目的均在于满足社会需求。公共政策是政府意志的集中体现，是政府干预经济社会发展的重要手段。

知识解读

本知识点一般考查单选题、简答题。

决定公共政策质量的关键性要素是政府能力。重点了解政府能力的界定以及治理理论对公共政策的意义。

真题小练

单选题

1.（2013 年 4 月全国）强调权威的多元化、权力的分散化以及国家与社会、政府与市场的双向互动的理论是（　　）

A. 新公共管理理论　　B. 科学管理理论

C. 治理理论　　D. 精英理论

答案及解析：C。在现代治理的视角下，政府能力就是“治理能力”。（1）治理理论重新厘定了政府的角色，强调政府的调控能力。（2）治理理论强调公共政策直接主体的多元化。（3）治理理论强调公共政策权力运行的双向性。（4）治理理论强调政府的政治责任。

2.（2014 年 10 月全国）政府在其职责范围内，运用公共权力正确地制定并有效地实施公共政策的能力，被称为（　　）

A. 执政能力　　B. 政府权力

C. 政府能力　　D. 治理能力

答案及解析：C。政府能力是政府在其职责范围内，运用公共权力，正确地制定并有效地实施公共政策的能力。

简答题

（2016 年 10 月全国）简述治理理论对公共政策的意义。

答案及解析：（1）重新厘定了政府的角色，强调政府的调控能力。（2）强调公共政策直接主体的多元化。（3）强调公共政策权力运行的双向性。（4）强调政府的政治责任。

小试牛刀

单选题

决定公共政策质量的是（　　）

A. 国家权力　　B. 国家能力

C. 国家形态　　D. 社会形态

答案及解析：B。决定公共政策质量的关键性要素是政府能力。自政府产生以来，政府能力一直就是判定政策优劣的重要标准。

知识点 4

公共决策体制☆☆

1. 公共决策权及其归属

公共决策权是在决策过程中根据自己的目的，将个人意志施加于他人意志之上，通过各种途径影响他人行为的能力。公共决策权的使用和运行是一个动态的过程。

2. 公共决策权的配置

重点解读

（1）根据最高决策权所属人数的多少，分为首长制和委员会制。

（2）根据决策权限的集中与分散程度，分为集权制和分权制。

（3）根据上级决策机关对下级的指挥控制方式，分为完整制和分离制。

（4）根据决策系统中各部门的职责权限和范围，分为层级制和职能制。

重点介绍以下四种决策权配置的类型。

类型	含　义
首长制	也称“一长制”“独任制”，即最高决策权为某人所独掌，并由其承担全部决策责任的组织体制。
委员会制	又称“合议制”“会议制”，即最高决策权配置给由两个以上的人组成的委员会，政策方案的最终择定由委员会集体根据少数服从多数原则进行。
集权制	即决策事务与决策权均集中于上级决策机关，下级机关只能依上级机关的意志和决策指令行事。
分权制	即各级决策机关在各自的管辖范围内拥有相对独立的决策权，上级机关无权干预下级机关的决策活动。

小知识

（1）首长制的特点在于，政府最高首脑可以就政策问题向政府其他组成人员征求意见，但拥有最终决定权，并对这种决策负实际责任。它的优点是：决断及时迅速、果断有效，有利于使政府责任明确化、具体化，从而使政府的行政效能得到充分发挥。而其缺点是：容易导致权力滥用、压制民主、独断专行，从而使公共决策的科学化、民主化受到影响。

（2）集权制的优点是，公共决策能够做到统筹兼顾、政令统一。其缺点是：政策适应性差，不利于因地制宜，并易于导致上级决策机关的独断专行以及政策上的“一刀切”，压制地方积极性。

3. 公共决策的规则

决策规则指决策主体择定最终政策方案的程序和方法。政策制定主体采纳的基本决策规则主要有两种：全体一致规则与多数规则。

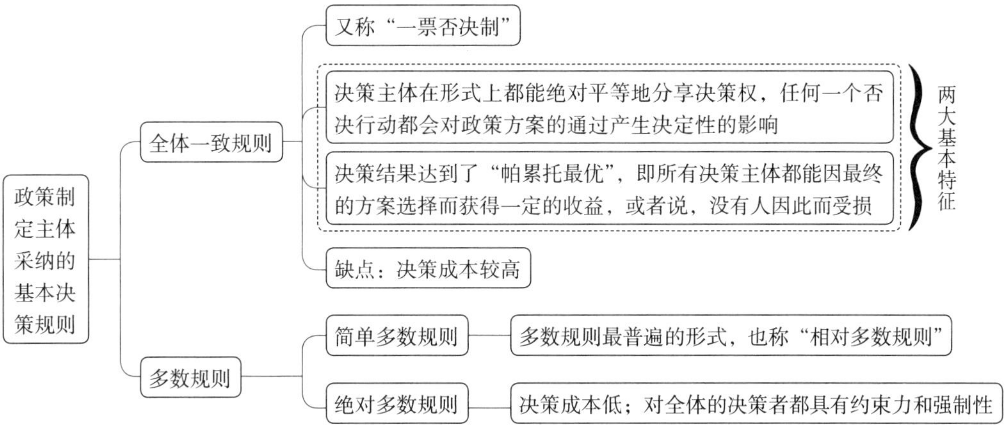

小提示

在我国，民主集中制是公共决策的基本规则。

重点解读 公共决策体制的类型

（1）总统制：从国家最高决策权来说，美国的公共决策体制属于典型的总统制。

（2）议会制：从国家最高决策权来说，英国的公共决策体制属于议会制。

（3）半总统半议会制：又称双首长制，法国首创而且至今仍在实行半总统半议会制。

（4）超级总统制：俄罗斯的公共决策体制属于典型的超级总统制。

（5）委员会制：这种公共决策体制虽然在次国家级政府机构以及非政府公共组织里广为实行，但是国家最高决策权的行使采取这种体制的国家，却只有瑞士。

（6）人民代表大会制：当代中国实行的公共决策体制是由中国共产党领导的人民代表大会制度。

（7）军人独裁制：通过发动政变而夺得国家政权的军队领导人实行的一种决策体制。

4. 我国人民代表大会制度作为公共决策体制的特点

（1）全国人大是国家最高权力机关，不仅行使立法权，而且国家行政机关、审判机关、检察机关都由它产生，对它负责，受它监督。

（2）民主集中制既是人大制度的组织原则，也是人大及其常委会行使决策权必须遵循的原则，即实行集体决策，按多数规则做出决定。

（3）中国共产党的执政地位通过其对人大的领导来实现，即党的主张通过国家权力机关，变成国家的法律和政策，变成国家意志。

知识解读

本知识点一般考查单选题、简答题。

重点掌握公共决策体制的类型以及公共决策权的配置。了解公共决策权及其归属和公共决策的规则。

真题小练

单选题

1.（2018 年 4 月全国）首创而且至今仍在实行半总统半议会决策体制的国家是（　　）

A. 美国　　B. 俄罗斯　　C. 法国　　D. 英国

答案及解析：C。首创而且至今仍在实行半总统半议会决策体制的是法国。

2.（2017 年 10 月全国）政府最高首脑拥有对公共决策最终决定权的是（　　）

A. 首长制　　B. 委员会制　　C. 集权制　　D. 分权制

答案及解析：A。首长制也称“一长制”“独任制”，即最高决策权为某人所独掌，并由其承担全部决策责任的组织体制。首长制的特点在于，政府最高首脑可以就政策问题向政府其他组成人员征求意见，但拥有最终决定权，并对这种决策负实际责任。它的优点是决断及时迅速、果断有效，有利于使政府责任明确化、具体化，从而使政府的行政效能得到充分发挥。而其缺点是容易导致权力滥用、压制民主、独断专行，从而使公共决策的科学化、民主化受到影响。

3.（2016 年 10 月全国）当代中国实行的公共决策体制是（　　）

A. 委员会制　　B. 半议会制

C. 议会制　　D. 人民代表大会制

答案及解析：D。当代中国实行的公共决策体制是由中国共产党领导的人民代表大会制。

小试牛刀

单选题

1. 根据最高决策权所属人数的多少，决策权的配置类型可以分为（　　）

A. 层级制和职能制　　B. 集权制和分权制

C. 完整制和分离制　　D. 首长制和委员会制

答案及解析：D。根据最高决策权所属人数的多少，决策权的配置类型可以分为首长制和委员会制。

2. 典型的总统制国家是（ ）

A. 英国　B. 法国　C. 德国　D. 美国

答案及解析：D。从国家最高决策权来说，美国的公共决策体制属于典型的总统制。从国家最高决策权来说，英国的公共决策体制属于议会制。

3. 下列选项中，实行委员会制决策的典型国家是（ ）

A. 中国　B. 法国　C. 英国　D. 瑞士

答案及解析：D。委员会制这种公共决策体制虽然在次国家级政府机构以及非政府公共组织里广为实行，但是国家最高决策权的行使采取这种体制的国家，却只有瑞士。

第三节 非政府政策行为者与公共政策

本节内容提要

本节主要阐述公民、社会团体、政党、大众传媒等非政府政策行为者对公共政策的作用和影响。

知识点 1

公共利益与公共政策☆

特别注意

谋求和增进公共利益是一切政策的出发点，也是公共政策的灵魂和归宿，是公共政策获得合法性的基础。但是，公共利益必须通过公共政策的制定和实施而得以实现。

1. 公共利益的内涵

（1）公共利益有两个层次，首先是利益获得者的群体范围，其次才是利益实现的程度。

（2）公共利益是最大多数公民的利益，而非最大多数公民利益的最大化。

2. 公共利益的确定

（1）决策者对公共利益的考量主要有以下三个视角。

①直接利益与间接利益。

②现实利益与未来利益。

③形式利益与内容利益。

（2）公共利益与公共代价的对应关系存在的四种基本类型。

①利益范围宽、代价范围宽。即某些公共政策（如社会保障、警察消防、国防政策、公共教育）的利益惠顾与代价付出同样广泛，均是全体社会成员。

②利益范围广、代价范围窄。即某些公共政策（如环保政策、反垄断政策）向众多的社会成员提供了福利，而所付出的代价却要落在社会上相当明确而且可以识别的团体身上（如相关企业）。

③利益范围窄、代价范围宽。即某些公共政策只对特定的社会团体（如对残疾人的政策）有益，而所付出的代价却要全体社会成员来承担。

④利益范围窄、代价范围窄。即某些公共政策（如最低工资保护政策、强制医疗保险政策）向特定社会群体提供利益，而为其付费的却是另一部分社会群体。

小提示

记忆口诀：一点注意、两个层次、三大视角、四种类型（一二三四）。

知识解读

本知识点一般考查单选题、多选题和简答题。

谋求和增进公共利益是一切政策的出发点，也是公共政策的灵魂和归宿，是公共政策获得合法性的基础。重点掌握公共利益与公共代价的对应关系存在的四种基本类型。

真题小练

单选题

1.（2009 年 7 月全国）在公共利益和公共代价关系中，严厉的环保政策属于（　　）

A. 利益范围宽和代价范围宽　　B. 利益范围广而代价范围窄

C. 利益范围窄而代价范围宽　　D. 利益范围窄和代价范围窄

答案及解析：B。从政策的社会效果来看，利益与代价的对应关系存在四种基本类型。（1）利益范围宽、代价范围宽。即某些公共政策（如社会保障、警察消防、国防政策、公共教育）的利益惠顾与代价付出同样广泛，均是全体社会成员。（2）利益范围广、代价范围窄。即某些公共政策（如环保政策、反垄断政策）向众多的社会成员提供了福利，而所付出的代价却要落在社会上相当明确而且可以识别的团体身上（如相关企业）。（3）利益范围窄、代价范围宽。即某些公共政策只对特定的社会团体（如对残疾人的政策）有益，而所付出的代价却要全体社会成员来承担。（4）利益范围窄、代价范围窄。即某些公共政策（如最低工资保护政策、强制医疗保险政策）向特定社会群体提供利益，而为其付费的却是另一部分社会群体。

2.（2007 年 7 月全国）在公共利益与公共代价关系中，“最低工资保护政策”属于（　　）

A. 利益范围宽和代价范围宽

B. 利益范围宽而代价范围窄

C. 利益范围窄而代价范围宽

D. 利益范围窄和代价范围窄

答案及解析：D。利益范围窄、代价范围窄。即某些公共政策（如最低工资保护政策、强制医疗保险政策）向特定社会群体提供利益，而为其付费的却是另一部分社会群体。

多选题

（2017 年 10 月全国）关于公共利益，下列说法正确的是（　　）

A. 谋求和增进公共利益是一切政策的出发点

B. 公共利益首先是利益获得者的群体范围

C. 公共利益首先是利益实现的程度

D. 公共利益是最大多数公民的利益

E. 公共利益是最大多数公民利益的最大化

答案及解析：ABD。谋求和增进公共利益是一切政策的出发点，也是公共政策的灵魂和归宿，是公共政策获得合法性的基础。公共利益首先是利益获得者的群体范围，其次才是利益实现的程度。公共利益是最大多数公民的利益，而非最大多数公民利益的最大化。

小试牛刀

单选题

1. 下列概念中，既是一切政策的出发点和最终归宿，也是公共政策的灵魂和目的的是（　　）

A. 公共产品　　B. 公共代价　　C. 公共利益　　D. 公共要求

答案及解析：C。谋求和增进公共利益是一切政策的出发点，也是公共政策的灵魂和归宿，是公共政策获得合法性的基础。但是，公共利益必须通过公共政策的制定和实施而得以实现。

2. 从公共利益与公共代价角度看，教育政策属于（　　）

A. 利益范围宽而代价范围窄

B. 利益范围宽和代价范围宽

C. 利益范围窄而代价范围宽

D. 利益范围窄和代价范围窄

答案及解析：B。利益范围宽、代价范围宽。即某些公共政策（如社会保障、警察消防、国防政策、公共教育）的利益惠顾与代价付出同样广泛，均是全体社会成员。

知识点 2

公民与公共政策☆

1. 公共政策过程的基轴是公共权力与公民的关系

在现代代议制民主政治体制中，公民既是公共权力的本源，也是被统治、被管理的对象，公民同时作为政策主体与政策客体双重角色的矛盾只有在公民充分参与政策过程且政策结果体现和维护公民利益时才能获得正确解决。

2. 作为政策客体的公民

（1）公民的真正意愿很难确定。

（2）公民的意见多属短视。

（3）公民参与成本过高，效率低下。

（4）公民参与会导致社会不稳定。

3. 作为政策主体的公民

（1）整个政策运行过程都以公民为基础。

（2）公民参与政策过程，可加深其对政策意义的理解，还可增加他们配合政策运行的自觉性，提高政策的效力。

（3）政策过程的民主化、法制化要求公民参与。

（4）随着信息网络技术的发展，政策信息的获取将变得十分便捷，公民的素质不断提高，消除了公民参与政策过程所遇到的障碍，提高其参与效率。

4. 公民参与并影响公共政策的途径主要有以下七种

（1）以国家主权者的身份，采取全民公决的方式，决定某些重大的政策问题，直接行使个人权利。

（2）通过直接投票或代议的形式，选择公共政策的直接主体；推举代表参与政策过程，使政策发生实质性变化，间接行使个人权利。

（3）使用各种威胁和抗拒的方式或者反对某项政策的出台，迫使政府修改或废止这一政策；或表达制定新政策的要求，迫使政府将问题提上决策议程。

（4）通过参加政治党派或利益集团，借助团体的力量影响政策过程。

（5）通过制造社会舆论或多方游说等手段，提出政策诉求，影响政策制定。

（6）采取消极抵抗或不合作的态度，使政策过程扭曲，以此影响政策结果。

（7）以个人的知识活动为政策制定提供实证依据或理论指导；或以个人的社会活动对政策产生实质性影响。

知识解读

本知识点一般考查论述题。

公共政策过程的基轴是公共权力与公民的关系。政府作为公共权力的正式代表，在法理上被设定为全体公民委托管理国家公共事务的组织。因此，政府的政策须以公民为服务对象并对全体公民负责。重点记忆公民参与并影响公共政策的途径。

真题小练

论述题

（2005 年 4 月全国）试述公民影响公共政策的主要途径。

答案及解析：公民参与并影响公共政策的途径主要有以下七种。（1）以国家主权者的身份，采取全民公决的方式，决定某些重大的政策问题，直接行使个人权利。（2）通过直接投票或代议的形式，选择公共政策的直接主体；推举代表参与政策过程，使政策发生实质性变化，间接行使个人权利。（3）使用各种威胁和抗拒的方式或者反对某项政策的出台，迫使政府修改或废止这一政策；或表达制定新政策的要求，迫使政府将问题提上决策议程。（4）通过参加政治党派或利益集团，借助团体的力量影响政策过程。（5）通过制造社会舆论或多方游说等手段，提出政策诉求，影响政策制定。（6）采取消极抵抗或不合作的态度，使政策过程扭曲，以此影响政策结果。（7）以个人的知识活动为政策制定提供实证依据或理论指导；或以个人的社会活动对政策产生实质性影响。

小试牛刀

简答题

简述公民应作为政策客体而存在的理由。

答案及解析：（1）公民的真正意愿很难确定。（2）公民的意见多属短视。（3）公民参与成本过高，效率低下。（4）公民参与会导致社会不稳定。

知识点 3

公民社会、社会团体与公共政策☆

作为个体的公民，其影响政策的能力和水平在总体上仍是比较低的。有以下原因。

第一，普通公民在参与过程中往往有一种无力感。

第二，利益关联程度低。

第三，个体公民缺乏参与政策过程所需要的信息。

要防止政府以普遍的“公共利益”为借口而制定和实施背离公共目标的政策，就需要个体公民联合起来，依靠组织的力量，形成肯定自我和借以抵御政府权力的自由社会空间以及独立于政府权力之外的社会政治实体，这就是公民社会和社会团体。

1. 公民社会及其主体要素——社会团体

（1）公民社会的含义。

20 世纪 90 年代以来，以三分法为基础的公民社会的定义逐渐为大多数人所接受，主要是指介于市场和国家之间的一个中介性社团领域或空间。

（2）公民社会的特点。

公民社会不是一种组织，而是作为一个“领域”或空间，“嵌入”其中的是与国家相分离的社会团体或社会组织，主要包括非政府组织、公民的自愿性社团、协会、社区组织、利益集团（这些组织通常被称为公民社会组织），或第三部门，以及公民自发组织起来的社会运动。

2. 社会团体、公民社会与公共政策

社会团体、公民社会对公共政策的基本作用：政策信息沟通；影响并制约公共政策；稳定公共政策秩序；角色替代。

小提示

（1）社会团体通过利益聚合、利益表达、政策传递、政策监督四大环节对公共政策发生影响。

（2）社会团体的特点：非官方性、自在性、自愿性。

知识解读

本知识点一般考查多选题和简答题。

了解公民社会的含义和特点，重点掌握社会团体、公民社会对公共政策的影响和作用。

真题小练

多选题

（2013 年 7 月全国）社会团体对公共政策发生影响的环节有（　　）

A. 利益聚合　　B. 利益表达　　C. 政策传递

D. 利益整合　　E. 政策监督

答案及解析：ABCE。社会团体对公共政策发生影响的环节有利益聚合、利益表达、政策传递、政策监督。

简答题

（2011年7月全国）简述社会团体、公民社会对公共政策的作用。

答案及解析：（1）政策信息沟通。（2）影响并制约公共决策。（3）稳定公共政策秩序。（4）角色替代。

小试牛刀

多选题

1. 社会团体的特点有（　　）

A. 非官方性　　B. 自在性　　C. 自愿性

D. 利益性　　E. 监督性

答案及解析：ABC。社会团体是公民社会的主体，也是公民社会利益的载体，具有非官方性、自在性、自愿性等特点。

2. 公民社会不是一种组织，而是作为一个"领域"或空间，"嵌入"其中的是与国家相分离的社会团体或社会组织，主要包括（　　）

A. 非政府组织　　B. 公民的自愿性社团　　C. 协会

D. 社区组织　　E. 利益集团

答案及解析：ABCDE。公民社会不是一种组织，而是作为一个"领域"或空间，"嵌入"其中的是与国家相分离的社会团体或社会组织，主要包括非政府组织、公民的自愿性社团、协会、社区组织、利益集团（这些组织通常被称为公民社会组织），或第三部门以及公民自发组织起来的社会运动）。

知识点4

政党与公共政策☆

1. 政党与社会团体的不同之处

（1）政党关注的政策范围较一般社会团体更为宽广。

（2）政党所反映和代表的是公民社会多个群体多方面的利益。

（3）政党有机会执掌国家政权，并在执政过程中贯彻其政纲，直接实现其所代表的利益。

（4）政党能够将公民社会的各种利益诉求转化为一系列政策供选民选择，从而成为一种建构秩序的力量。

2. 不同类型的政党在利益聚合的方式上有所不同

（1）在实行两党制的国家中，如美国，各政党总是希望获取更多选民的支持，因而在他们的"一揽子"政策纲领中体现多数选民的需求，并尽力避免与强势社会团体发生直接的利益冲突。

（2）在实行多党制的国家中，如法国、德国，各政党代表的利益范围相对狭窄，其利益聚合的功能相对要小一些，他们更多的是作为特定利益的经纪人而非倡导者的角色出现的。

（3）我国实行的是中国共产党领导的多党合作制度，作为唯一合法的执政党以及全国人民根本利益和意志的集中体现者，中国共产党在政策制定的各个环节上都发挥主导作用，各民主党派不是在野党，而是参政党。它们通过政治协商制度参与国家重大事情的讨论与决定。

知识解读

本知识点一般考查简答题。

了解不同类型的政党在利益聚合的方式上的不同。重点掌握我国实行的是中国共产党领导的多党合作制度，作为唯一合法的执政党以及全国人民根本利益和意志的集中体现者，中国共产党在政策制定的各个环节上都发挥主导性作用。

小试牛刀

判断题

1. 中国的各民主党派是在野党。

A. 正确　　B. 错误

答案及解析：B。中国的各民主党派不是在野党，而是参政党，它们通过政治协商制度参与国家重大事情的讨论与决定。

2. 我国实行的是中国共产党领导的多党合作制度。

A. 正确　　B. 错误

答案及解析：A。我国实行的是中国共产党领导的多党合作制度。

知识点 5

大众传播与公共政策☆

基础内容（1）大众传播是指特定社会集团利用报纸、杂志、书籍、广播、电影、电视等大众媒介向社会成员传送信息、知识的过程。

（2）作为现代社会最为普遍的信息集约者、传播者和沟通者，大众传播影响到民众政治、经济、文化生活的方方面面，以至于马克思早在 19 世纪 50 年代就将其视为与立法权、行政权、司法权并列的“第四种权力”。

1. 大众传播对公共政策的作用

（1）提出公共问题并推动问题认定。

①监测环境变化，及时发现和提出公共问题。

②促进信息交流，释放社会多元诉求。

③制造“焦点效应”，催生热点公共问题。

（2）有效影响政策议程的设置。

①推动公众议程尽快转化为政策议程。

②价值取向和利益导向的引领者。

③构建“第二现实”。

（3）影响公共政策的抉择。大众传播作为公民参与的重要平台，具有贴近普通民众、非集权化的优势，能够在政府与民众之间架设一道有效沟通的桥梁，帮助政府及时了解公众的支持或反对情况，进而影响政府政策的抉择。

小提示

☞ 第二现实指大众传播利用自己“敏锐的嗅觉”，通过频频报道和讨论某个问题，影响受众对该问题的内容及其性质的认知和态度，进而影响政策议程的建立。

2. 大众传播对政策执行和监控的影响体现在以下两方面

（1）为政策执行提供良好的舆论支持。

（2）监督和控制政策执行过程。

3. 大众传播与政策评估和调整

（1）大众传播能利用其特殊的信息网较快地获取各种信息，传播事件的真相和内幕，影响政府或公民对特定政策的总体性或局部性评估。

（2）大众传播对公共政策评估和调整的作用。

①及时收集和反馈公众对政策的意见。

②以自己特有的方式进行政策评估。

③推动公共政策的及时调整。

知识解读

本知识点一般考查简答题和论述题。

重点记忆大众传播对公共政策、政策执行与监控、政策评估与调整的作用和影响。了解大众传播的含义以及马克思对大众传播的评价。

真题小练

单选题

（2015年4月全国）被马克思于19世纪50年代称为“第四种权力”的是（　　）

A. 立法权　　B. 大众传播　　C. 司法权　　D. 公民权

答案及解析：B。马克思早在19世纪50年代就将大众传播视为与立法权、行政权、司法权并列的“第四种权力”。

简答题

（2013年4月全国）简述大众传播对政策议程设置的影响。

答案及解析：（1）推动公众议程尽快转化为政策议程。（2）价值取向和利益导向的引领者。（3）构建“第二现实”。

论述题

（2013年7月全国）试述大众传播对公共政策评估和调整的影响。

答案及解析：大众传播能利用其特殊的信息网较快地获取各种信息，传播事件的真相和内幕，影响政府或公民对特定政策的总体性或局部性评估。（1）及时收集和反馈公众对政策的意见。（2）以自己特有的方式进行政策评估。（3）推动公共政策的及时调整。

小试牛刀

单选题

通过构建“第二现实”，进而影响政策议程建立的非政府政策行为者，在政策主体中属于（　　）

A. 大众传播　　B. 公民　　C. 社会团体　　D. 政党

答案及解析：A。第二现实指大众传播利用自己“敏锐的嗅觉”，通过频频报道和讨论某个问题，影响受众对该问题的内容及其性质的认知和态度，进而影响政策议程的建立。

论述题

试论大众传播在政策制定中的作用。

答案及解析：（1）提出公共问题并推动问题认定。①监测环境变化，及时发现和提出公共问题。②促进信息交流，释放社会多元诉求。③制造“焦点效应”，催生热点公共问题。（2）有效影响政策议程的设置。①推动公众议程尽快转化为政策议程。②价值取向和利益导向的引领者。③构建“第二现实”。（3）影响公共政策的抉择。大众传播作为公民参与的重要平台，具有贴近普通民众、非集权化的优势，能够在政府与民众之间架设一道有效沟通的桥梁，帮助政府及时了解公众的支持或反对情况，进而影响政府政策的抉择。

第四章 政策过程及其理论模型

公共政策是一个动态的过程。由于政策过程与政治过程具有同构性，所以各国政治体制的差异造成各国的公共政策过程各具特点。另外，各国的特殊经验、历史文化传统、主流意识形态也对其公共政策过程产生深刻的影响。因此，作为公共政策过程在观念形态上的反映，就会形成不同的政策过程分析模型。就公共政策学中具有广泛影响的那些公共政策过程分析模型来说，都是基于西方国家的经验和理论资源概括总结出来的；而能够全面、系统地分析当代中国公共政策过程的理论模型，则是基于中国自身的经验和理论资源概括总结出来的“上下来去”模型。

历年考情直击

考点	考纲要求	考试题型	重要程度
政策过程与理论模型构建	识记、领会	单选、多选	★
基于西方经验的政策过程模型	识记、领会、简单应用、综合运用	单选、多选、简答、论述	★★★
“上下来去”——基于中国经验的政策过程模型	识记、领会、简单应用、综合运用	单选、简答、论述	★
公共决策的科学化与民主化	识记、领会	单选、多选、简答、论述	★

第一节　政策过程与理论模型构建

本节内容提要

本节主要阐述模型的概念及其认识论意义，德洛尔关于公共政策学模型必备的条件的解读。

知识点

政策过程与理论模型构建☆

（1）模型是对原型的抽象与模拟（仿真），模型有实物模型和理论模型之分。公共政策分析中运用的模型一般是理论模型。模型的认识论意义有以下几点。

①有可能通过解释模型而认识原型的某种本质规定性，对所构模型事物的运行结果和发展趋势做出有效性预测。

②模型是进行科学抽象的重要工具。

③模型是研究过程中资料搜集和经验观察的指南。

（2）关于公共政策学模型必备的条件，德洛尔列举了以下几点。

①必须明确把握社会发展方向。

②必须与宏观政策密切相关，即具备包容各项微观、具体政策的宏观特性。

③必须建立在注重人文特点的行为科学与注重科学程序和方法的管理科学二者相互交融的基础上。

④必须对宗教、意识形态等大量非理性因素持客观态度。

⑤必须对时间非常敏感，并且具有历史色彩，即具有历时观察的功能。

知识解读

本知识点一般考查单选题和多选题。

重点掌握模型的认识论意义以及德洛尔关于公共政策学模型必备的条件的解读。

真题小练

单选题

（2015 年 4 月全国）下列对于模型的认识论意义，说法正确的是（　　）

A. 模型是研究过程中资料搜集和经验观察的指南

B. 模型是进行科学具象的重要工具

C. 模型等同于原型

D. 模型的特征是只反映主观世界中的局部问题

答案及解析：A。模型是对原型的抽象与模拟（仿真），是认识主体为着一定的认识目的，依据相似性原则而构造出来的一种理念系统，以代表作为研究对象的真实系统即实际存在的事物。模型有实物模型（如地球仪）和理论模式之分。其认识论的意义包括以下几点。①有可能通过解释模型而认识原型的某种本质规定性，对所构模型事物的运行结果和发展趋势做出有效预测。②模型是进行科学抽象的重要工具。③模型是研究过程中资料搜集和经验观察的指南。

多选题

（2016 年 4 月全国）德洛尔认为，公共政策学模型必备的条件应包括（　　）

A. 明确把握社会发展方向

B. 与宏观政策密切相关

C. 建立在注重人文特点上

D. 对宗教、意识形态等大量非理性因素持客观态度

E. 对时间非常敏感，并且具有历史色彩

答案及解析：ABCDE。德洛尔认为，公共政策学模型必备的条件应包括以下几点。（1）必须明确把握社会发展方向。（2）必须与宏观政策密切相关，即具备包容各项微观、具体政策的宏观特性。（3）必须建立在注重人文特点的行为科学与注重科学程序和方法的管理科学二者相互交融的基础上。（4）必须对宗教、意识形态等大量非理性因素持客观态度。（5）必须对时间非常敏感，并且具有历史色彩，即具有历时观察的功能。

小试牛刀

单选题

（　　）就是对原型的抽象与模拟。

A. 模型　　B. 模范

C. 范式　　D. 议程

答案及解析：A。简单地讲，模型就是对原型的抽象与模拟（仿真）。

简答题

简述公共政策学模型的必备条件。

答案及解析：（1）必须明确把握社会发展方向。（2）必须与宏观政策密切相关，即具备包容各项微观、具体政策的宏观特性。（3）必须建立在注重人文特点的行为科学与注重科学程序和方法的管理科学二者相互交融的基础上。（4）必须对宗教、意识形态等大量非理

性因素持客观态度。(5)必须对时间非常敏感，并且具有历史色彩，即具有历时观察的功能。

第二节　基于西方经验的政策过程模型

本节内容提要

本节主要阐述揭示认识论本质的政策过程模型和揭示社会本质的政策过程模型。

知识点 1

揭示认识论本质的政策过程模型☆☆☆

1. 理性主义模型

(1)理性主义模型的含义：决策者依据完整而综合的信息做出理性的决策，即遵循以最小的投入获得最大的产出的原则，选择最优方案，使用最佳、最适当的手段，达到最大值的政策结果。

(2)理性主义模型假定决策者是“理性人”，而理性人则被赋予以下特征。

①当面对多种选择时，他会做出一个决定。

②他会依据其价值偏好，在各种可能的选择中排列出优先次序。

③他的价值偏好会随着时空变化而转移。

④他通常从所有的方案中，择定偏好等级最高者。

⑤面对同样的选择他会做出同样的决定。

(3)理性主义模型的缺陷。

①该模型设定决策者为理性人，这个设定是缺乏经验支持的。

②该模型假定决策者是公正的、客观的、理智的，而在实践中决策者的公正、客观和理智却常常是极为有限的。

③该模型过高地估计了逻辑推理和数学模型作为政策分析工具所起的作用，因为在实践中这两种分析工具面对社会性、政治性、文化性公共政策问题时往往束手无策。

④该模型假定决策者全智全能，但是在实践中决策者拥有的知识、获得的信息都是有限的，不可能预先对投入—产出、成本—收益的比例做出精确的计算。

重点解读 **西蒙对理性主义模型的修正**

西蒙提出了决策者有限理性命题，对理性主义模型进行批评和改进，形成了能够被人们普遍接受的理性优化模型。它包括两个方面的内容。

（1）政策制定的科学程序，这个程序包括确定政策目标、拟定政策方案、方案评估预选优、政策执行。

（2）努力运用各种现代调查技术、预测技术、决策技术、环境分析、可行性分析、可靠性分析以及计算机等手段与方法，依靠信息、评估、咨询、监控和反馈等各个政策子系统的决策支持，进行科学决策。

小拓展

所谓理性化，从方法论上看，是指为着要达到一定的目的、为着要解决一定的问题或为着要应对一定的事物，人们使用冷静的、头脑清醒的、客观的和准确的计算，利用可能收集到的信息和统计数字，对目的与手段加以分析，以求得到最佳、最适当的手段或解决办法，有效率地或者有效地达成设定的目标。显而易见，没有理性化就谈不上科学决策。理性化被推向极致，产生了理性主义分析方法，而这种方法由于过于强调工具理性而导致所谓“理性虐政”。

2. 渐进主义模型

（1）渐进主义模型的提出。

渐进主义模型是由美国学者林德布洛姆构建的。他的渐进主义思想始于1953年，而于1959年发表于《公共行政评论》春季号上的一篇论文中提出了“渐进调适的科学”这一概念。林德布洛姆是在批评理性主义模型的过程中建构新模型的。

（2）渐进主义模型包含两组命题。

①公共政策实际上只是过去政府活动的持续，只是根据过去的经验而对现行的政策做出局部的、边际性的调适。

②决策者把决策看作一个典型的一步接着一步、永远没有完结的过程。

（3）渐进主义模型的缺陷。

对渐进主义模型的批评归结为一点，就是认为它具有显而易见的保守性。朝着保守的方向来阐释人的主观能动性和有限理性，只注重看起来微不足道的政策目标的制定及其实现，压制政策创新和具有根本意义的社会变革。

小提示

渐进主义模型所对应的原型，显然是西方国家特别是美国。事实上，林德布洛姆构建渐进主义模型所依据的经验事实完全取自美国。

3. 规范最适模型与混合扫描模型

重点解读

（1）德洛尔提出规范最适模型。

①以四项假设为基础。

②把政策过程划分为三个大阶段：决策前，决策中，决策后。

③其特点是具有很强烈的开放性和包容性。

（2）埃齐奥尼提出混合扫描模型。

①初衷：试图保留理性主义模型和渐进主义模型各自的优势并弥补它们的缺陷。

②存在的缺陷：与规范最适模型一样，它们都在试图调和理性主义模型和渐进主义模型在思维方式和操作方法上的矛盾，但这就难免在价值取向上显得有些模棱两可。

4. 政治系统模型

（1）系统论的创始人是贝塔朗菲。贝塔朗菲的一般系统论，以及依据这一理论发展而成的系统科学、系统方法、系统工程在决策科学中得到了广泛的应用，同样也被应用于公共政策分析。

（2）决策主体：政治系统模型把决策主体假定为政治系统。政治系统做出对社会具有约束力的权威决定，这就是公共政策，一项政策包含着一系列分配价值的决定和行动。

（3）政策过程：政治系统模型把政策过程假定为输入—决策—输出—反馈这一系统运行过程。其中，反馈是现政策过程的终点，又是新政策过程的始点。输入—决策—输出—反馈是政治系统运行的周期过程。

（4）特点：政治系统模型是公共政策分析中最具有解释力、最具有普适性的一个模型。

（5）缺陷：政治系统模型是一个适于宏观分析的模型，只能给人们提供一个轮廓，不能够指明所分析的政策的具体特性。

知识解读

本知识点一般考查单选题、多选题、简答题和论述题。

本知识点属于常考内容，建议重点学习。在具体学习过程中，重点记忆每一个政策模型对应的提出者，着重把握政治系统模型及其相应的过程和特点，了解理性主义模型中理性人被赋予的特征。

真题小练

单选题

1.（2018 年 4 月全国）提出混合扫描模型的美国学者是（　　）

A. 德洛尔　　B. 伊斯顿

C. 安德森　　D. 埃齐奥尼

答案及解析：D。埃齐奥尼提出的综合模型叫作混合扫描模型。

2.（2017 年 10 月全国）政治系统模型认为，既是现政策过程的终点又是新政策过程的起点的是（　　）

A. 转换　　B. 输出　　C. 反馈　　D. 输入

答案及解析：C。政策反馈是现政策过程的终点，又是新政策过程的起点。

3.（2017 年 4 月全国）在公共政策研究中，理性化被推向极致，产生了理性主义分析方法，而这种方法导致了所谓“理性虐政”，是由于过于强调（　　）

A. 行为理性　　B. 工具理性

C. 过程理性　　D. 价值理性

答案及解析：B。理性化被推向极致，产生了理性主义分析方法，而这种方法由于过于强调工具理性而导致所谓“理性虐政”。

4.（2017 年 4 月全国）对渐进主义模型的批评归结为一点，就是认为它在本质上具有显而易见的（　　）

A. 操作性　　B. 保守性

C. 非连续性　　D. 非正式性

答案及解析：B。对渐进主义模型的批评归结为一点，就是认为它具有显而易见的保守性。

小试牛刀

单选题

1. 公共政策分析中最具有普适性的模型是（　　）

A. 渐进主义模型　　B. 理性主义模型

C. 政治系统模型　　D. 规范最适模型

答案及解析：C。政治系统模型是公共政策分析中最具有解释力，并且最具有普适性的一个模型。

2. 把政策过程假定为输入—决策—输出—反馈这一系统运行过程的政策过程模型是（　　）

A. 理性主义模型　　B. 渐进主义模型

C. 规范最适模型　　D. 政治系统模型

答案及解析：D。政治系统模型把决策主体假定为政治系统，它由一个社会中那些可以识别同时又是相互关联的机构和活动组成。政治系统做出对社会具有约束力的权威决定，这就是公共政策，一项政策包含着一系列分配价值的决定和行动。接着，这个模型把政策过程假定为输入—决策—输出—反馈这一系统运行过程。

知识点 2

揭示社会本质的政策过程模型☆☆

一些学者试图从公共政策与一定的社会因素，如制度、集团、精英等的联系上，去构建揭示政策过程的社会本质的理论模型，如机构—制度模型、集团模型和精英模型。

1. 机构—制度模型

（1）特点：在公共政策分析中应用最广泛而又最缺乏理论色彩的一个决策模型。

（2）美国政治学家戴伊认为公共权力机构赋予公共政策三个显著特征：合法性；普遍性；强制性。

2. 集团模型

（1）集团模型假定，现代政治实际上是各个利益集团为影响公共政策而展开的一系列活动。政府的作用只在于制定各利益集团竞争的规则，平衡各利益集团之间相互冲突的利益；公共政策是各利益集团之间争斗和力量对比的结果。

（2）集团理论的研究过程。

①戴维・杜鲁门：集团理论更加系统化。

②莱瑟姆：从集团理论这一视角去分析政府在政策形成的作用，形成了政策分析的集团模型；对公共政策的界定是某一特定时间集团间的争斗所达到的平衡，它体现了那些一直试图获取优势的并相互竞争着的派系或团体之间出现的均势。

（3）集团模型的命题。

①制定政策是政治过程的决定性阶段，而政治过程则是各集团争取影响公共政策的行为过程。

②公共政策的制定过程是相互竞争着的集团之间达成力量平衡的过程。

③在现代政治生活中，集团间获取公共政策资源的竞争是不可避免的。

④在任何时候，公共政策都反映占支配地位的集团的利益，随着各集团的力量和影响的消长，公共政策将变得有利于其影响增加的那些团体的利益，而不利于其影响下降的那些团体的利益。

（4）集团模型的特点：具有很强的洞察力和解释力。

（5）集团模型的缺陷：过分夸大了集团的重要性而低估了公共权力机构自身所起的独

立的又富有创造性的作用；无法解释人类在政府与政治过程上的许多问题；对于多元主义政治体制以外的那些政治体制内的决策过程缺乏解释力。

3. 精英模型

（1）发展过程：现代精英政治理论肇始于莫斯卡、帕累托和米歇尔斯，经由熊彼特和拉斯韦尔进行民主的改造，到第二次世界大战以后逐步成为西方国家特别是美国政治学研究中的一个重要的分析途径；托马斯·戴伊在《自上而下的政策制定》中对美国的政策过程进行了考察，这部著作所采取的分析视角是精英模型。

（2）揭示了现代民主国家的根本理念“主权属于人民”（人民当家做主）与实际的政治过程和政策过程中总是由直接掌管政权的少数人来主导这一难以克服的悖论。

（3）精英模型的缺陷：忽视了现代民主国家里公民参与政治的要求和能力，以及这种参与对政策形成的影响。

（4）精英理论的命题。

①社会分为有权的少数和无权的多数。

②统治人的少数不代表被统治者的多数。精英大多出自社会经济的上等阶层。

③为了保持稳定避免发生革命，非精英上升到精英地位的过程必须缓慢而又不间断。

④精英们在社会制度的基本准则和保持现代社会制度不变等方面意见一致，只是在很少一些问题上有分歧。

⑤国家政策只反映盛行于精英中的价值观。国家政策的改变是缓慢的。

⑥相对说来，行动积极的精英受态度冷漠的民众的直接影响很少。

知识解读

本知识点一般考查单选题和简答题。

重点记忆每一个政策过程模型对应的提出者，以及每个政策过程模型的内容和特征。

真题小练

单选题

1.（2017年10月全国）在集团理论的基础上，分析政府作用并形成了“集团模型”的学者是（　　）

A. 莱瑟姆　　B. 杜鲁门　　C. 莫斯卡　　D. 戴伊

答案及解析：A。莱瑟姆从集团理论这一视角去分析政府在政策形成中的作用，形成了政策分析的集团模型。

2.（2016年10月全国）托马斯·戴伊在《自上而下的政策制定》中对美国的政策过程进行了考察，这部著作所采取的分析视角是（　　）

A. 集团模型　　B. 精英模型

C. 理性主义模型　　D. 混合扫描模型

答案及解析：B。托马斯·戴伊在《自上而下的政策制定》中对美国的政策过程进行了考察，这部著作所采取的分析视角是精英模型。

简答题

1.（2017 年 4 月全国）简述精英主义政策过程模型的基本命题。

答案及解析：（1）社会分为有权的少数和无权的多数。（2）统治人的少数不代表被统治者的多数。（3）为了保持稳定避免发生革命，非精英上升到精英地位的过程必须缓慢而又不间断。（4）精英们在社会制度的基本准则和保持现代社会制度不变等方面意见一致，只是在很少一些问题上有分歧。（5）国家政策并不反映民众的要求，而只反映盛行于精英中的价值观。国家政策的改变是缓慢的。（6）相对说来，行动积极的精英受态度冷漠的民众的直接影响很少。

2.（2016 年 10 月全国）简述集团模型的含义。

答案及解析：集团模型假定，现代政治实际上是各个利益集团为影响公共政策而展开的一系列活动。政府的作用只在于制定各利益集团竞争的规则，平衡各利益集团之间相互冲突的利益；公共政策是各利益集团之间争斗和力量对比的结果。

小试牛刀

单选题

认为现代政治实际上是各个利益集团为影响公共政策而展开的一系列活动，表述这一命题的政策过程模型是（　　）

A. 机构—制度模型　　B. 集团模型

C. 精英模型　　D. 上下来去模型

答案及解析：B。集团模型认为现代政治实际上是各个利益集团为影响公共政策而展开的一系列活动。

简答题

简述集团主义政策过程模型的基本命题。

答案及解析：（1）制定政策是政治过程的决定性阶段，而政治过程则是各集团争取影响公共政策的行为过程。（2）公共政策的制定过程是相互竞争着的集团之间达成力量平衡的过程。（3）在现代政治生活中，集团间获取公共政策资源的竞争是不可避免的。（4）在任何时候，公共政策都反映占支配地位的集团的利益，随着各集团的力量和影响的消长，公共政策将变得有利于其影响增加的那些团体的利益，而不利于其影响下降的那些团体的利益。

第三节　“上下来去”——基于中国经验的政策过程模型

本节内容提要

本节主要阐述基于中国经验的政策过程模型：“上下来去”模型。

知识点 1

中国经验要求构建有中国特色的政策过程模型☆

（1）思考中国的现代化事业取得举世瞩目的成就的原因，答案主要有以下几种。

①港、澳、台因素论。

②华人经济圈论。

③儒家文化圈论。

④伟大人物论。

⑤政府功能论。

⑥国际形势论。

⑦政策决定论。

（2）基于中国经验的政策过程模型是“上下来去”模型。为了有效地描述和说明中国共产党和中国政府的伟大决策实践，就需要依据中国公共决策的经验事实来构建有中国特色的公共政策过程模型。

知识解读

本知识点一般考查单选题。

本知识点属于不常考知识点，了解中国的现代化事业取得举世瞩目的成就的原因的思考即可。

真题小练

单选题

（2018 年 4 月全国）基于中国经验的政策过程模型是（　　）

A. “上下来去”模型　　B. 渐进主义模型

C. 机构—制度模型　　D. 集团模型

答案及解析：A。基于中国经验的政策过程模型是“上下来去”模型。

小试牛刀

单选题

对中国的现代化事业取得举世瞩目的成就的原因的思考不包括（　　）

A. 港、澳、台因素论　　B. 华人经济圈论

C. 伟大人物论　　D. 道家文化圈论

答案及解析：D。思考中国的现代化事业取得举世瞩目的成就的原因，答案主要有以下几种。港、澳、台因素论；华人经济圈论；儒家文化圈论；伟大人物论；政府功能论；国际形势论；政策决定论。

知识点 2

“上下来去”政策过程模型的构建☆

（1）公共政策过程模型须借助于两种资源：第一是理论，特别是认识论和历史理论；第二是公共政策的经验认识。

（2）鉴于政策制定过程在认识论上是一个从“形而下”到“形而上”的过程，政策执行过程在认识论上是一个从“形而上”到“形而下”的过程，与此同时整个政策过程在政策主体和政策客体的关系上则是“从群众中来，到群众中去”的过程，所以我们从总体上称之为“上下来去”政策过程模型，它是一个逻辑过程。

（3）政策过程是主体认识世界、改造世界的过程。公共政策的主体是执政党和公共权力机关，它们只有在独立自主的条件下才可能真正地、完全地按照“上下来去”——基于中国经验的政策过程理论模型决策路线去制定和执行政策。

知识解读

本知识点一般考查单选题和论述题。

着重注意“上下来去”政策过程模型的具体内容即可。

真题小练

论述题

（2013年4月全国）试述“上下来去”政策执行模型的内涵。

答案及解析：（1）公共政策过程模型须借助于两种资源，第一是理论，特别是认识论和历史理论；第二是公共政策的经验认识。（2）在中国共产党领导中国新民主主义革命和社会主义建设的过程中，这两种资源往往能够以主观与客观、理论与实践、知与行的统一获

得某种一致性。这样，我们就可以考虑做出这样的尝试，即通过整理毛泽东思想关于认识论、思想方法论、工作方法论的思想资料，构建一个新的政策过程模型。（3）鉴于政策制定过程在认识论上是一个从“形而下”到“形而上”的过程，政策执行过程在认识论上是一个从“形而上”到“形而下”的过程，与此同时整个政策过程在政策主体与政策客体的关系上则是“从群众中来，到群众中去”的过程，所以我们从总体上称之为“上下来去”政策过程模型。（4）政策过程是主体认识世界、改造世界的过程。公共政策的主体是执政党和公共权力机关，它们只有在独立自主的条件下才可能真正地、完全地按照“上下来去”——基于中国经验的政策过程理论模型决策路线去制定和执行政策。这里说的“独立自主”，既包括主权国家能够完全独立地根据自己民族的具体情况和特殊条件决定自己的政治方针、政策和行动，也包括地方政府和中央政府下属的其他公共权力机关在统一的战略、策略之下，因地制宜，因时制宜，从不同地区、不同历史条件的具体情况出发，决定当时当地的工作任务和工作方法。

小试牛刀

单选题

公共政策过程模型须借助于两种资源：第一是（　　），第二是公共政策的经验认识。

A. 认识　　　　B. 实践

C. 经验　　　　D. 理论

答案及解析：D。公共政策过程模型须借助于两种资源：第一是理论，特别是认识论和历史理论；第二是公共政策的经验认识。

知识点3

“上下来去”政策过程的容纳性和开放性☆

（1）“上下来去”政策过程是一个具有鲜明的中国化、民族化特色的政策过程模型。科学决策是“上下来去”政策过程模型的根本追求。

（2）由于科学决策是这个模型的根本追求，所以乐于容纳从国外引进的以科学决策为根本诉求的任何决策理论、决策模型和决策手段。

（3）“上下来去”政策过程模型是由若干个亚模型组成的，如决策认识的真理性模型；群众—领导模型；个别——一般模型等。

（4）西方学者在另外的理论背景和经验事实的基础上建构的决策模型，经过改造可以被整合到某一个亚模型中去。

（5）西方现代社会调查的程序设计和技术手段、统计方法、计算机决策辅助系统等，都可以在“上下来去”政策过程模型的社会操作过程中大显身手。

知识解读

本知识点一般考查单选题和简答题。

科学决策是“上下来去”政策过程模型的根本追求。着重了解“上下来去”政策过程模型的容纳性和开放性。

真题小练

单选题

（2008年4月全国）“上下来去”决策模型的根本追求是（　　）

A. 中国化　　　　B. 科学决策

C. 民族化　　　　D. 大众化

答案及解析：B。“上下来去”政策过程是一个具有鲜明的中国化、民族化特色的政策过程模型。但是，由于科学决策是这个模型的根本追求，所以乐于容纳从国外引进的以科学决策为根本诉求的任何决策理论、决策模型和决策手段。

简答题

（2009年4月全国）简述“上下来去”决策模型的容纳性和开放性。

答案及解析：（1）“上下来去”政策过程是一个具有鲜明的中国化、民族化特色的政策过程模型。（2）由于科学决策是这个模型的根本追求，所以乐于容纳从国外引进的以科学决策为根本诉求的任何决策理论、决策模型和决策手段。（3）“上下来去”政策过程模型是由若干个亚模型组成的，如决策认识的真理性模型、群众—领导模型、个别——一般模型等。这些亚模型在现阶段上只是一个轮廓，比较粗放，有待于进一步地开发和充实。（4）西方学者在另外的理论背景和经验事实的基础上建构的决策模型，经过改造可以被整合到某一个亚模型中去。（5）西方现代社会调查的程序设计和技术手段、统计方法、计算机决策辅助系统等，都可以在“上下来去”政策过程模型的社会操作过程中大显身手。

小试牛刀

填空题

“上下来去”政策模型具有容纳性和________。

答案及解析：开放性。“上下来去”政策过程模型具有容纳性和开放性。

第四节　公共决策的科学化与民主化

本节内容提要

本节主要阐述对公共决策过程实现理性化、专业化、科学化与民主化的要求。

知识点 1

决策过程的理性化☆

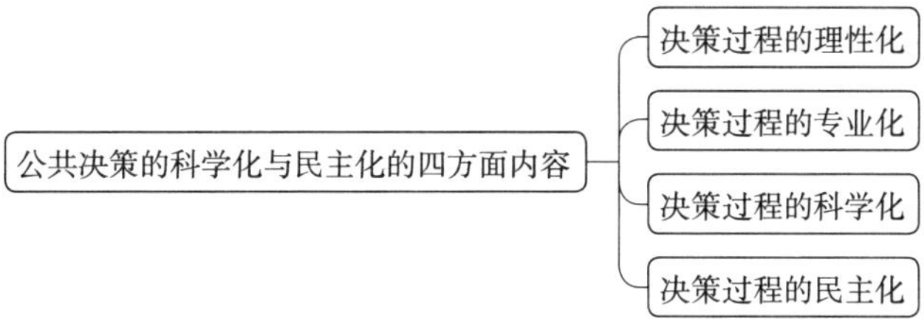

（1）公共决策的现代化首先是决策过程的理性化，因为从根本上说，优质的公共政策以及令人满意的政策效果来源于其过程的理性化。

（2）所谓政策过程的理性化，即公共政策的制定必须以科学的精神，经由合法的公共权力机关，经由合法的程序，获得其合法性和强制力。

（3）现实生活的任何一次公共决策充其量只能是西蒙所主张“有限理性”的结果。但是，完全理性决策模型仍应当是公共决策永恒追求的结果，因为公共政策的科学化是以政策过程的理性化为前提的。

知识解读

本知识点一般考查多选题。

本知识点属于不常考知识点，掌握公共决策的科学化与民主化所包含的四类内容，了解公共决策的现代化首先是决策过程的理性化即可。

真题小练

多选题

（2018 年 4 月全国）公共决策的现代化要求公共决策过程实现（　　）

A. 理性化　　B. 民主化　　C. 科学化

D. 合理化　　E. 专业化

答案及解析：ABCE。伴随着全球范围内的现代化浪潮，许多前所未有的政策问题大量涌现，使公共决策的范围不断扩大，难度日益增加，影响空前突出，这客观上要求公共决策过程实现理性化、专业化、科学化、民主化。

小试牛刀

多选题

公共决策的科学化与民主化具体表现为（　　）

A. 政策过程的理性化　B. 政策过程的专业化　C. 政策过程的科学化

D. 政策过程的民主化　E. 公共选择的民主规则

答案及解析：ABCD。公共决策的科学化与民主化有四方面内容或者四个表现，政策过程的理性化；政策过程的专业化；政策过程的科学化；政策过程的民主化。

知识点 2

决策过程的专业化☆

决策过程的专业化是公共决策科学化的重要内容。

重点解读 决策过程专业化的趋势表现在以下几方面。

（1）专业技术人员由于其接触范围广、掌握的信息多，具有专业优势和特长，尽管在原则上那些处于最高层次的人有权正式决策，但实际上政策议程的确立常常需要考虑专业技术人员的研究意见。

（2）提供政策建议，充当咨询参谋。

（3）作为行政官僚的专业技术人员直接参与政策的执行，他们的价值观、素质与利益等因素经常影响到政策的实施效果。

（4）政策的执行效果一般也需要具有特定技术专长的人员进行评估，他们的判断和诊断能对政策的命运产生巨大的影响。

知识解读

本知识点一般考查单选题、多选题和简答题。

本知识点属于不常考知识点，了解公共决策的现代化要求决策过程的专业化即可。

小试牛刀

简答题

简述决策过程的专业化。

答案及解析：（1）专业技术人员由于其接触范围广、掌握的信息多，具有专业优势和特长，尽管在原则上那些处于最高层次的人有权正式决策，但实际上政策议程的确立常常需要考虑专业技术人员的研究意见。（2）提供政策建议，充当咨询参谋。（3）作为行政官僚的专业技术人员直接参与政策的执行，他们的价值观、素质与利益等因素经常影响到政策的实施效果。（4）政策的执行效果一般也需要具有特定技术专长的人员进行评估，他们的判断和诊断能对政策的命运产生巨大的影响。

知识点 3

决策过程的科学化☆

重点解读

（1）决策过程科学化的内涵。

所谓科学决策或决策过程科学化，就是决策者及其他决策参与者尊重客观规律，采用合理的决策程序，从实际出发，充分利用现代科学技术知识和方法，对政策问题及其产生的客观环境，实事求是地进行分析，并以此为基础对未来做出预测、判断和抉择。

（2）决策过程科学化的体现。

①制定和执行任何一项公共政策，都必须在科学理论指导下，全面正确地把握政策问题的形成、政策分析、政策评估等环节，遵循科学原则和方法进行操作。

②公共政策的逻辑过程的环节和程序是从大量决策实践经验中总结出来的，因而具有一定的科学性。

③决策手段的自动化。（主要受科学技术发展的影响）

知识解读

本知识点一般考查单选题、简答题和论述题。

重点掌握决策过程科学化的含义及其具体表现。

小试牛刀

单选题

决策者及其他决策参与者尊重客观规律，采用合理的决策程序，从实际出发，充分利用现代科学技术知识和方法，对政策问题及其产生的客观环境，实事求是地进行分析，并以此为基础对未来做出预测、判断和抉择，这指的是（　　）

A. 决策过程的民主化　　B. 决策过程的科学化

C. 决策过程的集中化　　D. 决策过程的专业化

答案及解析：B。所谓科学决策或决策过程科学化，就是决策者及其他决策参与者尊重客观规律，采用合理的决策程序，从实际出发，充分利用现代科学技术知识和方法，对政策问题及其产生的客观环境，实事求是地进行分析，并以此为基础对未来做出预测、判断和抉择。

知识点 4

决策过程的民主化☆

民主决策或政策过程的民主化，是指保障公民和各种社会政治团体以及政策研究组织能够充分参与公共决策过程，保障政策内容尽可能地反映广大人民群众的根本利益与要求，在决策系统及其运行过程中形成民主的体制、程序和气氛。

就形式而言，决策过程的民主化主要包括以下几点。

（1）在政策目标确立后，直接决策者要及时征求各部门、各地方的意见与建议，尤其要听取政策执行部门的意见。

（2）在征求意见时，力求广泛而全面。除了听取政策执行部门的意见，还要通过听证会等各种制度化形式，征求广大群众的意见。

（3）在实际决策过程中，要有一个反复研究和拟订、修改政策方案的过程，最大限度地听取各方面的意见和看法，完善决策。

小拓展

（1）作为一种非市场决策，公共政策指向的是一系列公共问题。由于这类问题涉及的是公共利益，无法依靠市场中的个人行为得到解决，因此，公共决策过程是一个“公共选择”过程，是一个类似于市场决策的复杂交易过程。

（2）在我国，民主集中制是公共决策所遵循的一个基本原则。

知识解读

本知识点一般考查单选题和简答题。

重点掌握决策过程民主化的含义及其表现形式。

真题小练

单选题

（2011 年 7 月全国）由于公共问题涉及的是公共利益，无法依靠市场中的个人行为得到解决，因此，公共决策过程是一个（　　）

A. 市场决策过程　　B. 个人选择过程

C. 非理性决策过程　　D. 公共选择过程

答案及解析：D。作为一种非市场决策，公共政策指向的是一系列公共问题。由于这类问题涉及的是公共利益，无法依靠市场中的个人行为得到解决，因此，公共决策过程是一个“公共选择”过程，是一个类似于市场决策的复杂交易过程。

简答题

（2015 年 4 月全国）简述公共决策过程民主化的含义。

答案及解析：民主决策或政策过程的民主化，是指保障公民和各种社会政治团体以及政策研究组织能够充分参与公共决策过程，保障政策内容尽可能地反映广大人民群众的根本利益与要求，在决策系统及其运行过程中形成民主的体制、程序和气氛。

论述题

（2016 年 4 月全国）试述决策过程科学化与民主化的含义。

答案及解析：（1）所谓科学决策或决策过程科学化，就是决策者及其他决策参与者尊重客观规律，采用合理的决策程序，从实际出发，充分利用现代科学技术知识和方法，对政策问题及其产生的客观环境，实事求是地进行分析，并以此为基础对未来做出预测、判断和抉择。①制定和执行任何一项公共政策，都必须在科学理论指导下，全面正确地把握政策问题的形成、政策分析、政策评估等环节，遵循科学原则和方法进行操作。②公共政策的逻辑过程的环节和程序是从大量决策实践经验中总结出来的，因而具有一定的科学性。③决策手段的自动化。（2）民主决策或政策过程的民主化，是指保障公民和各种社会政治团体以及政策研究组织能够充分参与公共决策过程，保障政策内容尽可能地反映广大人民群众的根本利益与要求，在决策系统及其运行过程中形成民主的体制、程序和气氛。①在政策目标确立后，直接决策者要及时征求各部门、各地方的意见与建议，尤其要听取政策执行部门的意见。②在征求意见时，力求广泛而全面。除了听取政策执行部门的意见，还要通过听证会等各种制度化形式，征求广大群众的意见。③在实际决策过程中，要有一个反复研究和拟订、修改政策方案的过程，最大限度地听取各方面的意见和看法，完善决策。

小试牛刀

单选题

1. 保障公民和各种社会政治团体以及政策研究组织能够充分参与公共决策过程，保障政策内容尽可能地反映广大人民群众的根本利益与要求，在决策系统及其运行过程中形成民主的体制、程序和气氛是指（　　）

A. 科学决策　　B. 民主决策

C. 管理决策　　D. 自主决策

答案及解析：B。民主决策或政策过程的民主化，是指保障公民和各种社会政治团体以及政策研究组织能够充分参与公共决策过程，保障政策内容尽可能地反映广大人民群众的根本利益与要求，在决策系统及其运行过程中形成民主的体制、程序和气氛。

2. 在我国，公共决策所遵循的一个基本原则是（　　）

A. 行政首长负责制　　B. 集体决定制

C. 民主集中制　　D. 全民公决制

答案及解析：C。在我国，民主集中制是公共决策所遵循的一个基本原则。

第五章　政策问题与议程设定

公共问题的形成或认定及其被纳入政府的政策议程是政策制定过程的起点，也是它的一个十分重要的环节。如果政府要解决问题，那么首先就要感知和界定问题。问题认识不清楚，公共政策就产生不了预期的效果。建立在假问题之上的决策，不仅不能够取得预期的效果，却会适得其反。不是所有的问题都需要由政府来解决，也不是所有的问题都能够进入政府的议程。为此，我们有必要首先弄清公共政策问题的内涵和属性，并探究公共问题的提出和认定的方法与步骤，最后则要分析政策议程，即如何将公共问题纳入政府的议事日程而上升为公共政策问题。

历年考情直击

考点	考纲要求	考试题型	重要程度
政策问题的概念、属性与分类	识记、领会	单选、多选、简答、论述	★
公共问题的提出	识记、领会	单选、多选	★
问题认定与政策议程	识记、领会、简单应用、综合运用	单选、多选、简答、论述	★★★

第一节　政策问题的概念、属性与分类

本节内容提要

本节内容主要介绍公共政策问题的相关概念、基本内涵，以及公共政策问题的基本属性和分类。

知识点 1

私人问题、公共问题与政策问题☆☆

（1）所谓问题，通常泛指实际状态与期望之间的差距。就一个社会而言，问题通常可分为私人问题和社会问题或公共问题两类。

（2）私人问题、公共问题与政策问题的含义。

问题	含义
私人问题	问题发生后，只影响某个人或少数个人，它不属于政府机关要管辖和解决的范围，而是应当由当事者私人自行解决的问题。
社会问题 与 公共问题	一旦某个群体或很多人的期望与实际状态出现差距时，问题就超出了个人的范围而呈现出集体性或社会性。如社会上在一定时期很多人失业，造成国家或某一地区失业率的提高，那么它就转变成了公共问题或社会问题。 通常，我们把社会问题与公共问题看作在外延上和内涵上相同的概念。 公共问题指一定数量的社会成员感知其期望的目标、价值或景况，与现实获得的价值、利益或景况存在显著差距，因而通过各种方式将其缩小差距的要求公之于众，以争取社会的同情与支持，并谋求引起政府关注和予以解决的一种情境。
政策问题	指统治集团或社会大多数人感觉到现实中出现的某种情况与他们的利益、期望、价值和规范有相当严重的矛盾和冲突，进而通过团体或组织活动要求有关社会组织和政府采取行动加以解决，并被后者列入政策议程的社会或公共问题。

①社会问题、公共问题和政策问题三者当中，以公共问题范围最宽。

②公共问题的形成或认定及其被纳入政府的政策议程是政策制定过程的起点，也是它的一个十分重要的环节。

（3）公共政策问题的基本内涵。

①客观的事实或问题情境。

②问题的察觉。

③现实与利益期望等的冲突性。

④团体或组织活动。

⑤政府或社会公共组织的必要政策行动。

知识解读

本知识点一般考查单选题和简答题。

重点掌握公共政策问题的含义及基本内涵。

真题小练

单选题

（2014 年 4 月全国）一定数量的社会成员感知其期望的目标、价值或景况，与现实获得的价值、利益或景况存在显著差距，由此形成的问题属于（　　）

A. 公共问题　　B. 社会实践问题

C. 公共政策问题　　D. 私人问题

答案及解析：A。公共问题指一定数量的社会成员感知其期望的目标、价值或景况，与现实获得的价值、利益或景况存在显著差距，因而通过各种方式将其缩小差距的要求公之于众，以争取社会的同情与支持，并谋求引起政府关注和予以解决的一种情境。

多选题

（2018 年 4 月全国）公共政策问题的基本内涵包括（　　）

A. 客观的事实或问题情境　　B. 问题的察觉

C. 现实与利益期望等的冲突性　　D. 团体或组织活动

E. 政府或社会公共组织的必要政策行动

答案及解析：ABCDE。公共政策问题的基本内涵包括，客观的事实或问题情境；问题的察觉；现实与利益期望等的冲突性；团体或组织活动；政府或社会公共组织的必要政策行动。

简答题

（2017 年 4 月全国）简述政策问题的含义及其基本属性。

答案及解析：政策问题指统治集团或社会大多数人感觉到现实中出现的某种情况与他们的利益、期望、价值和规范有相当严重的矛盾和冲突，进而通过团体或组织活动要求有关社会组织和政府采取行动加以解决，并被后者列入政策议程的社会或公共问题。政策问题的基本属性包括，关联性与公共性；客观性与主观性；历史性与动态性。

小试牛刀

单选题

统治集团或社会大多数人感觉到现实中出现的某种情况与他们的利益、期望、价值和规范有相当严重的矛盾和冲突，进而通过团体或组织活动要求有关社会组织和政府采取行动加以解决，并被后者列入政策议程的问题称为（　　）

A. 个人问题　　B. 政策问题　　C. 组织问题　　D. 群体问题

答案及解析：B。政策问题指统治集团或社会大多数人感觉到现实中出现的某种情况与他们的利益、期望、价值和规范有相当严重的矛盾和冲突，进而通过团体或组织活动要求有关社会组织和政府采取行动加以解决，并被后者列入政策议程的社会或公共问题。

知识点 2

政策问题的基本属性☆

1. 关联性与公共性

（1）关联性：任何一个政策问题都不是孤立的，而是整个政策问题体系的一个组成部分，会与其他领域、地区或部门的政策问题有不同程度的相关性，彼此相互作用、相互影响。

（2）公共性：政策问题的公共性表现在政策问题发生在社会公共领域，一般都影响到国家或某一地区的大多数人，与多数人的生活息息相关，并且它必须通过公共权力机构来加以解决。

2. 客观性与主观性

（1）无疑，任何政策问题都基于一定的客观社会现实而得以成立。例如，突发自然灾害、人为事件、社会变迁以及科技变迁等客观事实的变化多会引发政策问题。

（2）但是，同时它们又都是基于人们的主观价值判断、切身感受以及分析研究和其他主动行为才得以上升到政策问题的高度，因而必然更具有主观性。

3. 历史性与动态性

（1）所谓历史性，指公共政策问题从它的成因来看都不是突发的，而是要经过一个逐步发展的过程才会达到普遍化和严重化的程度，尤其新的公共政策问题很可能是已有政策遗留、衍生的，也可能是环境与事态的新变化所致。

（2）从公共政策问题的历史性中我们又可获知政策问题还具有动态性。所谓动态性指一定的政策问题的性质及其严重程度，是随着成因的变化而变化的。

知识解读

本知识点一般考查多选题和简答题。

重点掌握政策问题的基本属性的具体内容。

真题小练

多选题

（2005 年 7 月全国）公共政策问题的基本属性有（　　）

A. 辩证性　　B. 客观性与主观性　　C. 关联性与公共性

D. 稳定性和可预期性　　E. 历史性与动态性

答案及解析：BCE。政策问题的基本属性或基本特征包括，关联性与公共性；客观性与主观性；历史性与动态性。

论述题

（2012 年 4 月全国）试述政策问题的基本属性。

答案及解析：（1）关联性与公共性。任何一个政策问题都不是孤立的，而是整个政策问题体系的一个组成部分，会与其他领域、地区或部门的政策问题有不同程度的相关性，彼此相互作用、相互影响。政策问题的公共性表现在政策问题是发生在社会公共领域，一般都影响到国家或某一地区的大多数人，与多数人的生活息息相关，并且它必须通过公共权力机构来加以解决。（2）客观性与主观性。任何政策问题都基于一定的客观社会现实而得以成立。同时它们又都是基于人们的主观价值判断、切身感受以及分析研究和其他主动行为才得以上升到政策问题的高度,因而必然更具有主观性。（3）历史性与动态性。所谓历史性，指公共政策问题从它的成因来看都不是突发的，而是要经过一个逐步发展的过程才会达到普遍化和严重化的程度。所谓动态性，指一定的政策问题的性质及其严重程度，是随着成因的变化而变化的。

小试牛刀

单选题

1. 一定的政策问题的性质及其严重程度，是随着成因的变化而变化的。这一特性指的是政策问题基本属性中的（　　）

A. 客观性　　B. 主观性　　C. 历史性　　D. 动态性

答案及解析：D。公共政策问题的动态性指一定的政策问题的性质及其严重程度，是随着成因的变化而变化的。

2. 任何政策问题都是基于一定事实上的社会现实而得以成立，本身必然具有（　　）

A. 历史性　　B. 动态性　　C. 客观性　　D. 公共性

答案及解析：C。任何政策问题都基于一定的客观社会现实而得以成立，说明政策问题具有客观性。

知识点 3

政策问题的分类☆

1. 邓恩从政策问题的结构角度划分

（1）结构优良问题。（2）结构适度问题。（3）结构不良问题。

2. 根据政策问题发生领域的不同划分

（1）政治问题。（2）经济问题。（3）文化问题。（4）外交问题。（5）民族问题。

3. 根据政策问题的作用范围不同划分

（1）国际问题。（2）全国性问题。（3）区域性问题。（4）地方性问题。

重点解读（1）在结构优良问题中，决策者人数较少，只有一个人或少数几个人；对于问题的解决方案也仅有几个。结构优良问题的特点：决策者人数较少，问题的解决方案有限；决策者在政策方案的效用或价值方面能够达成一致；能够确定备选方案产生的结果或风险范围；通常发生在公共权力机构的较低层次。

（2）结构适度问题是指一位或数位决策者在相对有限的备选方案中进行选择。结构适度问题的特点：决策者是一位或数位；方案的效用一致能够反映目标的一致性；结果是不确定的。

（3）结构不良问题通常涉及不同的决策者，其效用无法达成一致，目标之间相互冲突。结构不良问题的特点：通常涉及不同的决策者，效用无法达成一致，目标之间相互冲突；备选方案及其结果可能是未知的，也不能够确定其风险。

知识解读

本知识点一般考查单选题。

重点注意结构优良问题、结构适度问题、结构不良问题的概念和特点。

真题小练

单选题

（2017 年 10 月全国）能够由一位或数位决策者在相对有限的备选方案中进行选择的公共政策问题是（　　）

A. 结构适度问题　　B. 结构不良问题

C. 结构混乱问题　　D. 结构残缺问题

答案及解析：A。结构适度问题指一位或数位决策者在相对有限的备选方案中进行选择；结构不良问题通常涉及不同的决策者，其效用无法达成一致，目标之间相互冲突；在结构优良问题中，决策者人数较少，只有一个人或少数几个人，对于问题的解决方案也仅有几个。

小试牛刀

多选题

从作用范围看，公共政策问题可以分为（　　）

A. 国际问题　　B. 全国性问题　　C. 区域性问题

D. 地方性问题　　E. 基层性问题

答案及解析：ABCD。从作用范围看，公共政策问题可以分为国际问题、全国性问题、区域性问题和地方性问题四种。

第二节　公共问题的提出

本节内容提要

本节内容主要介绍比较常见的几种提出公共问题的主体。

知识点 1

政府部门☆

比较常见的几种提出公共问题的主体。

（1）政府部门。公共问题最直接和最重要的提出主体。

（2）政治人物。

（3）政党组织。

（4）利益集团。往往以特定的行业或职业的代表为特征，其核心目标在于千方百计地影响政府各机关制定和执行有利于自身的公共政策。

（5）大众传媒。

（6）专家人士及咨询机构。

（7）公民和社会团体。

（8）政策网络。利益型政策网络；意见型政策网络；混合型政策网络。

详细讲解（1）广义上的政府包括立法、行政、司法等部门，它们都会成为公共问题的提出者。政府部门作为公共的权力机构，负有管理和维护社会秩序，保障个人权利，调控经济运行等职能，它们会通过自身系统收集和反馈信息，主动提出各种公共问题。由于政府部门是政策制定者，因此它们提出的公共问题往往最容易进入政府的政策议程。其中行政部门及其官僚提出的公共问题往往最多，也最易于转换成政策问题。

（2）中国政府在制定公共政策过程中遵循群众路线的决策规范，“从群众中来，到群众中去”，使得公共问题的提出主要依赖政府各级官员的体察和认定。

知识解读

本知识点一般考查单选题和多选题。

重点掌握公共问题的提出主体包括哪些，注意政府部门是公共问题最直接和最重要的提出主体。

真题小练

单选题

（2016 年 4 月全国）一般来说，公共问题最为直接和最重要的提出主体是（　　）

A. 大众传媒　　B. 利益集团　　C. 政府部门　　D. 政党组织

答案及解析：C。政府部门是公共问题最直接和最重要的提出主体，负有管理和维护社会秩序，保障个人权利，调控经济运行等职能。

多选题

（2003 年 4 月全国）公共政策问题的提出主体包括（　　）

A. 政治领袖　　B. 民意代表　　C. 大众传媒

D. 政党组织和利益集团　　E. 政府部门

答案及解析：ABCDE。比较常见的几种提出公共问题的主体包括，政府部门、政治人物、政党组织、利益集团、大众传媒、专家人士及咨询机构、公民和社会团体、政策网络。

小试牛刀

判断题

1. 公共问题最为直接和最重要的提出主体是政府部门。

A. 正确　　B. 错误

答案及解析：A。公共问题最为直接和最重要的提出主体是政府部门。

2. 政府部门是提出公共问题的主体之一。

A. 正确　　　　B. 错误

答案及解析：A。比较常见的几种提出公共问题的主体包括，政府部门、政治人物、政党组织、利益集团、大众传媒、专家人士及咨询机构、公民和社会团体、政策网络。

知识点 2

政治人物☆

（1）政治人物通常指通过法定的途径占据国家或各种政党或政治组织高层权力地位的政治领导人物。在现代民主国家，他们大多要经选举产生，或经过最高领导人物或机关的任命。

（2）无论在何种体制下，政治人物总是影响公共问题提出的一个极为重要的主体。这些人往往能够总揽全局，以政治家的战略眼光全面而准确地把握各类公共问题，并利用手中的制度授权和自身的影响力适时地向有关组织和部门提出公共问题。

知识解读

本知识点一般考查单选题。

本知识点属于不常考知识点，了解政治人物是提出公共问题的主体之一即可。

小试牛刀

判断题

政治人物通常是指通过法定的途径占据国家或各种政党或政治组织高层权力地位的政治领导人物。

A. 正确　　　　B. 错误

答案及解析：A。政治人物通常是指通过法定的途径占据国家或各种政党或政治组织高层权力地位的政治领导人物。

知识点 3

政党组织☆

政党是近现代社会中最重要的政治组织，它往往是超地区、超行业、超血缘联系的社会群体的政治代表，其核心的目标就是争取执政以解决公共问题，维护其所代表的阶级或阶层的利益，因而它必然是提出公共问题的重要主体。

知识解读

本知识点一般考查单选题。

本知识点属于不常考知识点，了解政党组织是提出公共问题的主体之一即可。

小试牛刀

判断题

政党的核心的目标就是争取执政以解决公共问题。

A. 正确　　B. 错误

答案及解析：A。政党是近现代社会中最重要的政治组织，它往往是超地区、超行业、超血缘联系的社会群体的政治代表，其核心的目标就是争取执政以解决公共问题，维护其所代表的阶级或阶层的利益，因而它必然是提出公共问题的重要主体。

知识点 4

利益集团☆

重点解读

（1）利益集团往往以特定的行业或职业的代表为特征，其核心目标并不在于上台执政，而在于千方百计地影响政府各机关制定和执行有利于自身的公共政策。出于自身利益的考虑，利益集团也会经常向政府和有关公共组织提出公共问题。

（2）多元主义理论认为，政策制定的过程就是众多利益集团代表各自成员的利益，进行利益的表达和聚合，通过竞争、讨价还价和妥协等达成各方可以接受的公共政策的过程。利益集团在政策制定过程中起到重要的作用。它们采取游说、宣传、捐款等方式，争取政府将它们提出的公共问题列入议事日程，并采纳有利于自己的政策建议，或者通过各种手段阻止对自己利益产生损害的政策。

知识解读

本知识点一般考查单选题。

重点注意利益集团提出公共问题的目的和方式。

真题小练

单选题

1.（2006 年 4 月全国）代表特定的行业或职业利益，核心目标并不在于上台执政，但竭力影响公共政策制定和执行的是（　　）

A. 政党　　B. 法院　　C. 政治领袖　　D. 利益集团

答案及解析：D。利益集团往往以特定的行业或职业的代表为特征，其核心目标并不在于上台执政，而在于千方百计地影响政府各机关制定和执行有利于自身的公共政策。出于自身利益的考虑，利益集团也会经常向政府和有关公共组织提出公共问题。

2.（2017 年 4 月全国）采取游说、宣传、捐款等方式，争取政府将它们提出的公共问题列入议事日程。以这种方式提出公共问题的主体是（　　）

A. 政党组织　　B. 大众传媒　　C. 利益集团　　D. 咨询机构

答案及解析：C。利益集团采取游说、宣传、捐款等方式，争取政府将它们提出的公共问题列入议事日程，并采纳有利于自己的政策建议，或者通过各种手段阻止对自己利益产生损害的政策。

小试牛刀

单选题

以特定的行业或职业的代表为特征，影响政府各机关制定和执行有利于自身的公共政策的群体是（　　）

A. 政党组织　　B. 利益集团　　C. 政府部门　　D. 政治人物

答案及解析：B。利益集团往往以特定的行业或职业的代表为特征，其核心目标并不在于上台执政，而在于千方百计地影响政府各机关制定和执行有利于自身的公共政策。

多选题

利益集团为了争取政府将它们提出的公共问题列入议事日程，采取的形式有（　　）

A. 游说　　B. 宣传　　C. 捐款

D. 游行　　E. 示威

答案及解析：ABC。利益集团采取游说、宣传、捐款等方式，争取政府将它们提出的公共问题列入议事日程，并采纳有利于自己的政策建议，或者通过各种手段阻止对自己利益产生损害的政策。

知识点 5

大众传媒☆

（1）大众传媒在公共政策的制定过程中发挥着非常重要的作用。特别是在如今的信息时代，除了传统的报纸、杂志、广播、电视等的影响外，互联网等新媒体的发展使得大众传媒更具有前所未有的影响力。

（2）大众传媒在提出公共问题的过程中起着不同的作用。一方面，大众传媒会以社会上大多数人的代言人形象出现，及时地反映现实生活中存在的非常重要的公共问题，并力图把这些问题转变为政策问题。另一方面，大众传媒对待社会问题存在一个选择、整理和加工的筛选和重构过程。

知识解读

本知识点一般考查单选题。

本知识点属于不常考知识点，了解大众传媒是提出公共问题的主体之一即可。

小试牛刀

多选题

下列属于大众传媒的是（　　）

A. 报纸　　B. 杂志　　C. 广播

D. 电视　　E. 互联网

答案及解析：ABCDE。大众传媒在公共政策的制定过程中发挥着非常重要的作用。特别是在如今的信息时代，除了传统的报纸、杂志、广播、电视等的影响外，互联网等新媒体的发展使得大众传媒更具有前所未有的影响力。

判断题

大众传媒对待社会问题存在一个选择、整理和加工的筛选和重构过程。

A. 正确　　B. 错误

答案及解析：A。大众传媒对待社会问题并不是简单的机械反映，而是存在一个选择、整理和加工的筛选和重构过程。

知识点 6

专家人士及咨询机构☆

在现代社会中，随着社会问题的日益复杂，政府决策越来越要求科学化。因此，适应决策科学化需要的相关专家人士及政策咨询机构的作用也日渐突出。它们如今成为现代科学决策过程中不可或缺的一个主体。自然，它们也成为提出公共问题的一种重要主体。

知识解读

本知识点一般考查单选题。

本知识点属于不常考知识点，了解专家人士及咨询机构是提出公共问题的主体之一即可。

小试牛刀

判断题

在现代社会中，随着社会问题的日益复杂，政府决策越来越要求科学化。因此，适应决策科学化需要的相关专家人士及政策咨询机构的作用也日渐突出。

A. 正确　　B. 错误

答案及解析：A。在现代社会中，随着社会问题的日益复杂，政府决策越来越要求科学化。因此，适应决策科学化需要的相关专家人士及政策咨询机构的作用也日渐突出。

知识点 7

公民和社会团体☆

内容解读

（1）公共问题有可能由公众和社会团体以各种方式提出。例如，我国每年举行的"两会"，就是对公众反映的社会问题的全面扫描，其中的热点问题，如"看病难、看病贵""买不起房"等问题就转变成政府重点关注的公共问题而被纳入政策议程。

（2）随着公民社会的逐渐建立，一些社团组织、非营利组织逐渐活跃起来，特别在环境保护、弱势群体救助等领域发挥了积极的作用。

知识解读

本知识点一般考查单选题。

本知识点属于不常考知识点，了解公民和社会团体是提出公共问题的主体之一即可。

小试牛刀

单选题

我国每年举行的"两会"，就是对公众反映的社会问题的全面扫描，其提出问题的主体是（　　）

A. 政策网络　　B. 大众传媒

C. 公民和社会团体　　D. 政党组织

答案及解析：C。公共问题还有可能由公众和社会团体以各种方式提出。例如，我国每年举行的“两会”，就是对公众反映的社会问题的全面扫描，其中的热点问题，如“看病难、看病贵”“买不起房”等问题就转变成政府重点关注的公共问题而被纳入政策议程。

知识点 8

政策网络☆

重点解读 （1）政策网络并不是一个固化的正式组织，而是一种介于正式组织与非正式组织之间的一种网络化联合体形态。如美国国会、政府与利益集团之间构成的“铁三角关系”也被认为是政策网络的一种表现。

（2）政策网络主要可以分为利益型政策网络、意见型政策网络以及混合型政策网络三大类。

①利益型政策网络通常由与某一政策有直接或间接利益关系的相关机构及其代表人士构成，它会受到利益集团的影响，但它本身又常常不是固化的利益集团。

②意见型政策网络一般由对某一政策没有相关利益但有相近观点的专业机构或人士构成。西方社会中的议题网络就属此类。

③混合型政策网络由对某一政策既有相关利益又有相近观点的机构及人士构成。

知识解读

本知识点一般考查单选题和多选题。

本知识点是本节最为重要的一个知识点。重点掌握政策网络的三大分类及其各自的特点。

真题小练

单选题

（2012年7月全国）通常由与某一政策有直接或间接利益关系的相关机构及其代表人士构成，它会受到利益集团的影响，但它本身又常常不是固化的利益集团，这一类型的政策网络被称为（　　）

A. 利益型政策网络　　B. 意见型政策网络

C. 议题网络　　D. 混合型政策网络

答案及解析：A。利益型政策网络通常由与某一政策有直接或间接利益关系的相关机构及其代表人士构成，它会受到利益集团的影响，但它本身又常常不是固化的利益集团。

多选题

（2013 年 7 月全国）政策网络主要可以分为（　　）

A. 利益型政策网络　　B. 意见型政策网络　　C. 政党型政策网络

D. 社团型政策网络　　E. 混合型政策网络

答案及解析：ABE。政策网络并不是一个固化的正式组织，而是一种介于正式组织与非正式组织之间的一种网络化联合体形态。其实，政策网络主要可以分为利益型政策网络、意见型政策网络以及混合型政策网络三大类。

小试牛刀

单选题

1. 西方社会中的议题网络属于以下哪种政策网络（　　）

A. 利益型政策网络　　B. 意见型政策网络

C. 混合型政策网络　　D. 政党型政策网络

答案及解析：B。意见型政策网络一般由对某一政策没有相关利益但有相近观点的专业机构或人士构成。西方社会中的议题网络就属此类。

2.（　　）由对某一政策既有相关利益又有相近观点的机构及人士构成。

A. 利益型政策网络　　B. 意见型政策网络

C. 混合型政策网络　　D. 政党型政策网络

答案及解析：C。混合型政策网络由对某一政策既有相关利益又有相近观点的机构及人士构成。

第三节　问题认定与政策议程

本节内容提要

本节内容主要包括公共问题认定的含义、方法和步骤，公共政策的议程设定的含义与类型、条件与障碍、议程确立过程中的模型。

知识点 1

问题认定的含义、方法与步骤☆☆

1. 问题认定的含义

问题认定就是对需要由公共政策来解决的公共问题进行性质、范围、涉及领域及相关利益关系的界定过程。

2. 问题认定的方法

- 问题认定的方法
  - 边界分析
    - 是一种对公共问题的本质属性和实际范围进行分析和界定的方法
    - 边界分析的三个步骤：饱和抽样；诱导性提问；边界估计
  - 多角度分析
    - 即一种通过系统地运用个人、组织、技术等多重认识来获得对公共问题的全面了解和解决办法的分析方法
    - 多角度分析的三个角度：个人；组织；技术
  - 类别分析
    - 是科学研究的常规方法之一，同样也是公共问题的分析方法之一
    - 类别分析的两个过程：逻辑区分；逻辑归类
  - 层次分析
    - 将公共问题的原因划分成可能原因、合理原因和可诉原因三个层次的一种分析方法就是对问题原因的层次分析法
  - 头脑风暴法
    - 又称脑力激荡法，是指由一定数目的人员，尤其是一些专家学者或利益相关者，从各个角度共同讨论有关的公共问题，并因而激发大量新构想的一种分析过程和方法
    - 头脑风暴法的四个阶段：组建团体；意见产出；意见评估；意见排序
  - 假设分析
    - 是一种旨在将相互冲突的公共问题立论假设创造性地综合为一体的分析技术，它更具有综合性，更适合于处理结构不良的问题

3. 问题认定的步骤

（1）问题的认定、界定或形成，也是问题构建的过程。问题构建往往需要构建者能运用创造性的判断力和洞察力。邓恩把问题认定分为四个相互衔接的步骤：问题搜索、问题决定、问题详述与问题感知，并不断地从元问题到实质问题、正规问题和问题情势进行逐步深入、具体的构建或界定。

（2）帕顿和沙维奇把问题认定划分为七个步骤。

①对拟认定的问题进行初步观察：对观察到的情况给予初步整理和完整描述，弄清楚有哪些个体和群体与此有关，它们各自的价值观和利益诉求对该问题有什么影响。

②勾勒出该问题的边界的轮廓：弄清楚该问题产生和持续发展的时间；问题的发生有多大的空间范围，已造成多大影响；与哪些因素相关；发展的趋势如何。

③搜寻事实依据：系统收集该问题的事实材料，从多种途径查阅数据并使用不同的方法进行评估，核实数据并将它们与已有的事实材料进行比照。

④列举目的和目标：对与该问题有关的行为者的目的予以概要陈述或目标列举，以便能够对它们进行衡量和检测。

⑤明确政策封套：所谓政策封套，指的是政策研究者在进行政策分析时所受到的各种因素限制，即与该政策问题有关的各种力量给决策者和政策研究者设定的框框。在进行问题认定时，决策者和政策研究者须弄清楚有关政策封套的重要线索，须确定可能影响政策的广度和深度的均衡点。

⑥匡算政策相关者潜在的成本和收益。

⑦再次审视对该问题的表述：要最后思考一下是否现在就必须针对该问题制定公共政策。

小提示

问题认定是政策制定过程的初始阶段。

知识解读

本知识点一般考查单选题、简答题和论述题。

了解问题认定的定义，着重掌握问题认定的方法以及每个方法的内涵，重点了解问题认定的步骤。

真题小练

单选题

1.（2018 年 4 月全国）一种旨在将相互冲突的公共问题立论假设创造性地综合为一体的分析技术，被称为（　　）

A. 头脑风暴法　　B. 层次分析　　C. 综摄法　　D. 假设分析

答案及解析：D。假设分析，是一种旨在将相互冲突的公共问题立论假设创造性地综合为一体的分析技术。

2.（2016 年 4 月全国）将公共问题的原因划分成可能原因、合理原因和可诉原因的问题认定方法属于（　　）

A. 假设分析　　B. 层次分析　　C. 类别分析　　D. 多角度分析

答案及解析：B。层次分析是将公共问题的原因划分成可能原因、合理原因和可诉原因三个层次的一种分析方法。

论述题

（2011 年 7 月全国）试述公共问题认定的步骤。

答案及解析：（1）对拟认定的问题进行初步观察。对观察到的情况给予初步整理和完整描述，弄清楚有哪些个体和群体与此有关，它们各自的价值观和利益诉求对该问题有什么影响。（2）勾勒出该问题的边界的轮廓。弄清楚该问题产生和持续发展的时间；问题的发生有多大的空间范围，已造成多大影响；与哪些因素相关；发展的趋势如何。（3）搜寻事实依据。系统收集该问题的事实材料，从多种途径查阅数据并使用不同的方法进行评估，核实数据并将它们与已有的事实材料进行比照。（4）列举目的和目标。对与该问题有关的行为者的目的予以概要陈述或目标列举，以便能够对它们进行衡量和检测。（5）明确政策封套。所谓政策封套，指的是政策研究者在进行政策分析时所受到的各种因素限制，即与该政策问题有关的各种力量给决策者和政策研究者设定的框框。在进行问题认定时，决策者和政策研究者须弄清楚有关政策封套的重要线索，须确定可能影响政策的广度和深度的均衡点。（6）匡算政策相关者潜在的成本和收益。（7）再次审视对该问题的表述。要最后思考一下是否现在就必须针对该问题制定公共政策。

小试牛刀

单选题

1. 边界分析法的步骤为（　　）

A. 饱和抽样—边界估计—诱导性提问　　B. 诱导性提问—饱和抽样—边界估计

C. 饱和抽样—诱导性提问—边界估计　　D. 边界估计—诱导性提问—饱和抽样

答案及解析：C。边界分析往往有三个步骤。一是饱和抽样，通过多重阶段的抽样尽可能广泛地获得利益相关人的饱和样本；二是诱导性提问，以多种形式（如当面交谈、电话交谈等）诱导性地引出利益相关人对问题的各种不同陈述；三是边界估计，随着被调查者所提出的新问题数量的变化，曲线就会呈现不同的走势，起初会直线上升，到了一定的阶段则呈现水平态势。

2. 在问题认定的方法中，通过系统地运用个人、组织、技术等多重认识来获得对公共问题的全面了解和解决办法的分析方法是（　　）

A. 边界分析　　B. 多角度分析　　C. 类别分析　　D. 层次分析

答案及解析：B。多角度分析即一种通过系统地运用个人、组织、技术等多重认识来获得对公共问题的全面了解和解决办法的分析方法。

知识点 2

公共政策的议程设定☆☆☆

1. 政策议程的含义与类型

（1）政策议程的含义：指有关公共问题受到政府及公共组织的高度重视并被正式纳入其政策讨论和被确定为应予以解决的政策问题的过程。

（2）议程通常分为系统议程和政府议程两大类。

- 政策议程
  - 系统议程：系统议程由政治群体的成员共同认为值得公众关注并且处于政府管辖范围之内的所有问题构成，指政治系统讨论和认定有关公共政策问题的过程。从实质上看，系统议程就是一种政治系统中的公众共同讨论某一现象或问题的是非好坏以及社会应持态度和对策的过程。
  - 政府议程
    - 又称正式议程，指政府组织正式讨论和认定有关公共政策问题的过程。
    - 政府议程的分类：
      - 按照议程项目的新旧状况，分为：旧项目和新项目
      - 按照其建立过程中各项功能活动的先后次序，分为：界定或认定议程；规划议程；磋商议程；循环议程

（3）国外也有学者将公共政策议程按政策问题的重要性程度分为实质性议程和象征性议程两大类。

①实质性议程是指认定那些影响深远和潜在意义重大的政策问题的议程。一般说来，实质性公共政策问题大多来源于经济领域，其中税收问题对社会的影响最直接、最广泛，也最重要。近来一些社会问题也日趋重要，如移民、种族关系、环境、暴力犯罪、死刑、吸毒等。

②象征性议程则指一些政策问题虽然属象征性的，但也引起社会和决策者政治上的关注的议程。例如，焚烧国旗等问题以及一些庆典、授奖仪式，都仅具有象征性，但因它们涉及社会的一些价值、感情和精神激励因素而同样会受到有关方面的重视。

2. 进入政策议程的条件与障碍

（1）进入政策议程的条件。

①事件或问题必须明朗而严重。

②要有政治权威领导人及专家学者的预测性发动。

③要有正常、民主和开放的察觉机制与过程。

（2）进入政策议程的障碍。

①事件和问题并没有明显的严重化，政策问题仍处于潜在的状态和轻微的程度上。

②领导人和有关学者并未察觉其严重性。

③社会缺乏正常的、民主和开放的察觉机制。

④不合乎社会既得利益者价值规范的要求，不合乎社会制度和程序要求的问题。

⑤表达方式不当。

3．政策议程确立过程的模型

（1）科珀等学者的模型理论。

科珀等学者根据政府在议程建立中所起的不同作用以及创始者扩散问题的程度和方向，提出三种模型：外在创始模型、动员模型和内在创始模型。

①外在创始模型：属非政府团体创始政策问题的过程，通常先散布到公众议程，再介入政府议程，该模型通常在民主和平等的社会中比较常见。

②动员模型：属政府直接创始政策问题并将该问题扩散到政策议程的过程，该模型通常出现在不太民主的社会中。

③内在创始模型：属政府因解决纯政府内部的事务而提出政策问题且不愿将该问题扩散到公众议程当中的过程，该模型在财富和权力高度集中的社会较为流行。

（2）芭芭拉·尼尔森的模型理论。

芭芭拉·尼尔森将议程的确立过程分为四个具体阶段，议题确认；议题采纳；议题重要程度排序；议题持续。

（3）约翰·金登的模型理论。

①问题流：问题流主要关注于问题的含义。

②政策流：政策流与解决问题的技术可行性、问题解决方案的公众接受度等有关。

③政治流：政治流涉及政治对于问题解决方案的影响。

重点解读 三源流模型是建立在问题流、政策流、政治流基础上的政策议程设定模型。当问题流、政策流和政治流汇合到一起，“政策窗口”就打开了。政策窗口是指提出公共问题及其解决办法的机会。如果问题流、政策流和政治流通过政策经营者而结合，那么政策问题进入议程的机会将显著增加。

（4）中国学者的模型理论。

中国学者结合中国的实际情况，从议程提出者和民众参与度两个纬度出发，把中国的公共政策议程模式划分为关门模式、动员模式、内参模式、借力模式、上书模式和外压模式等，并认为关门模式日渐式微，其他模式日趋活跃。

知识解读

本知识点一般考查单选题、简答题和论述题。

本知识点属于常考知识点，建议将本知识点内容通篇学习。

真题小练

单选题

1.（2018 年 4 月全国）在三源流模型中，提出公共问题及其解决办法的机会，被称作（ ）

A. 政策倡议　B. 政策采纳　C. 政策窗口　D. 政策过程

答案及解析：C。政策窗口是指提出公共问题及其解决办法的机会。

2.（2017 年 10 月全国）建立在问题流、政策流、政治流基础上的政策议程设定模型是（ ）

A. 外在创始模型　B. 动员模型　C. 内在创始模型　D. 三源流模型

答案及解析：D。三源流模型是建立在问题流、政策流、政治流基础上的政策议程设定模型。

多选题

（2017 年 4 月全国）公共问题进入政策议程的条件有（ ）

A. 极少受到社会大众所察觉的问题

B. 事件或问题必须明朗而严重

C. 有政治权威领导人及专家学者的预测性发动

D. 有正常、民主和开放的察觉机制与过程

E. 存在社会制度和程序要求外的问题

答案及解析：BCD。公共问题进入政策议程的条件。（1）事件或问题必须明朗而严重。（2）要有政治权威领导人及专家学者的预测性发动。（3）要有正常、民主和开放的察觉机制与过程。

小试牛刀

单选题

政府直接创始政策问题并将问题扩散到政策议程的过程属于（ ）

A. 动员模型　B. 外在创始模型

C. 内在创始模型　D. 关门模式

答案及解析：A。动员模型属政府直接创始政策问题并将该问题扩散到政策议程的过程。

论述题

联系实际，论述政策问题进入政策议程的条件和障碍。

答案及解析:（1）进入政策议程的条件。①事件或问题必须明朗而严重。②要有政治权威领导人及专家学者的预测性发动。③要有正常、民主和开放的察觉机制与过程。（2）进入政策议程的障碍。①事件和问题并没有明显的严重化，政策问题仍处于潜在的状态和轻微的程度上。②领导人和有关学者并未察觉其严重性。③社会缺乏正常的、民主和开放的察觉机制。④不合乎社会既得利益者价值规范的要求，不合乎社会制度和程序要求的问题。⑤表达方式不当。

简答题

简述三源流模型的含义。

答案及解析:（1）问题流主要关注于问题的含义。（2）政策流与解决问题的技术可行性、问题解决方案的公众接受度等有关。（3）政治流涉及政治对于问题解决方案的影响。（4）当问题流、政策流和政治流汇合到一起，政策窗口就打开了。如果问题流、政策流和政治流通过政策经营者而结合，那么政策问题进入议程的机会将显著增加。

第六章　政策方案的规划与抉择

本章主要探讨的是公共政策制定过程中的政策规划、抉择及其合法化问题。所谓公共政策制定，就是公共组织特别是政府针对有关的重要政策问题，依照一定的程序和原则确定政策目标，拟订、评估和最终择定有关政策方案的过程。

历年考情直击

考点	考纲要求	考试题型	重要程度
公共政策目标的确定	识记、领会	单选、多选、简答、论述	★
公共政策方案的规划	识记、领会、简单应用	单选、多选、简答、论述	★★★
公共政策的抉择与合法化	识记、领会、简单应用、综合运用	单选、多选、简答、论述	★★★

第一节　公共政策目标的确定

本节内容提要

本节内容主要介绍公共政策目标的含义、特征、分类及其意义与原则。

知识点 1

政策目标的含义与特征☆

1. 政策目标的含义

（1）政策问题得以认定之后，政策制定者首当其冲要考虑的就是确定有关政策目标。

（2）政策目标就是有关公共组织特别是政府为了解决有关政策问题而采取的行动所要达到的目的、指标和效果。

2. 政策目标的特征

（1）问题的针对性。（2）未来的预期性。（3）目的的多元性。

知识解读

本知识点一般考查单选题、多选题和简答题。

政策问题得以认定之后，政策制定者首当其冲要考虑的就是确定有关政策目标。重点掌握政策目标的定义和特征。

真题小练

单选题

1.（2018 年 4 月全国）公共组织特别是政府为解决政策问题而采取的行动所要达到的目的、指标和效果，被称作（　　）

A. 政策规划　　B. 政策评估

C. 政策目标　　D. 政策抉择

答案及解析：C。政策目标是有关公共组织特别是政府为了解决有关政策问题而采取的行动所要达到的目的、指标和效果。

2.（2013 年 4 月全国）政策问题认定之后，政策制定者首当其冲要考虑的就是（　　）

A. 政策移植　　B. 政策论证

C. 政策方案评估　　D. 确定政策目标

答案及解析：D。政策问题得以认定之后，政策制定者首当其冲要考虑的就是确定有关政策目标。

简答题

（2015 年 4 月全国）简述公共政策目标的含义与特征。

答案及解析：政策目标就是有关公共组织，特别是政府为了解决有关政策问题而采取的行动所要达到的目的、指标和效果。公共政策目标的特征包括，（1）问题的针对性；（2）未来的预期性；（3）目的的多元性。

小试牛刀

多选题

政策目标一般主要具有（　　）

A. 问题的针对性　　B. 内容的综合性　　C. 对象的虚拟性

D. 未来的预期性　　E. 目的的多元性

答案及解析：ADE。政策目标的特征包括问题的针对性；未来的预期性；目的的多元性。

名词解释题

名词解释：政策目标

答案及解析：政策目标就是有关公共组织特别是政府为了解决有关政策问题而采取的行动所要达到的目的、指标和效果。

单选题

政策目标的特征包括问题的针对性、未来的预期性和目的的（　　）

A. 全局性　　B. 相关性　　C. 独特性　　D. 多元性

答案及解析：D。政策目标的特征包括问题的针对性；未来的预期性；目的的多元性。

知识点 2

政策目标的分类☆

1. 政策目标的类型划分

（1）根据政策目标所着眼的时间范围划分：①长远政策目标。②近期政策目标。③其他的政策目标。

（2）根据政策目标所服务的地域或空间范围划分：①全国性政策目标和地方性政策目标。②国内政策目标和对外政策目标。③全局性政策目标和局部性政策目标。

（3）根据政策本身所属的社会领域划分：①政治统治性和管理性政策目标。②经济政策目标。③文化政策目标。④社会政策目标。

（4）根据政策所服务的主体是普通社会大众还是社会少数人群划分：①公益性政策目标。②特殊性政策目标。

（5）根据目标的实质性程度划分：①实质性政策目标。②象征性政策目标。

（6）根据政策目标彼此的重要程度划分：①主要政策目标。②次要政策目标。

2. 公共政策的基本目标

（1）公平：每人或每个群体得到同样的利益。

（2）效率：在给定投入中的最大化产出或既定产出所需要的最小化投入。

（3）自由：人们能做他们想做的事情，除非会伤害其他人和群体的利益。

（4）安全：生理生存上的最低保障，但在政治共同体中它则是非常复杂的概念。

小提示

依据政策目标的地位，可有基本目标和具体目标之分。其中基本目标也称元目标。

小拓展

（1）就分配而言，公平总会涉及三大内容。

①从分配对象方面看，它涉及谁有权得到分配、不同层级如何分配、不同群体如何分配等问题。

②从分配物来看，它涉及可分配物的范围多大、可分配物的价值如何等问题；

③从分配过程来看，它涉及竞争机会是否平等、统计学意义上的平等分配过程、投票等政治参与机会平等问题。对于这些问题，我们还可以把它们归纳为三种公平：第一是机会公平；第二是分配公平；第三是最终状态公平。

（2）效率通常既需要考虑投入、成本、努力等因素，还要考虑产出、效益、成果等因素，更要把两方面的因素加以比较。

知识解读

本知识点一般考查单选题和多选题。

重点掌握公益性政策目标和特殊性政策目标的划分依据，着重注意公共政策的基本目标。

真题小练

单选题

（2014 年 7 月全国）根据政策所服务的主体是普通社会大众还是社会少数人群体，可将政策目标分为（　　）

A. 长远政策目标和近期政策目标　　B. 公益性政策目标和特殊性政策目标

C. 全国性政策目标和地方性政策目标　　D. 全局性政策目标和局部性政策目标

答案及解析：B。依据政策所服务的主体是普通社会大众还是社会少数人群体，可将政策目标分为公益性政策目标和特殊性政策目标。

小试牛刀

单选题

将目标分为政治统治性和管理性政策目标、经济政策目标、文化政策目标、社会政策目标是依据（　　）

A. 政策目标所服务的地域　　B. 政策本身所属的社会领域

C. 政策的空间范围　　D. 政策所服务的主体

答案及解析：B。依据政策本身所属的社会领域，可以有政治统治性和管理性政策目标、经济政策目标、文化政策目标、社会政策目标等。

简答题

简述公共政策的公平目标。

答案及解析：（1）公平即每人或每个群体得到同样的利益。（2）就分配而言，公平总会涉及三大内容。①从分配对象方面看，它涉及谁有权得到分配、不同层级如何分配、不同群体如何分配等问题。②从分配物来看，它涉及可分配物的范围多大、可分配物的价值如何等问题。③从分配过程来看，它涉及竞争机会是否平等、统计学意义上的平等分配过程、投票等政治参与机会平等问题。（3）对于这些问题，我们还可以把它们归纳为三种公平，第一是机会公平；第二是分配公平；第三是最终状态公平。

知识点 3

确定政策目标的意义与原则☆

1. 确定政策目标的意义

（1）能为制定政策方案提供方向性指导。政策目标就是政策方案所要遵循的方向，如果目标不明确，政策方案也就失去了明确的方向。

（2）能为政策方案的规划和实施提供核心的评估标准。政策评估的最核心的标准是把方案的可能后果与政策原本的目标进行对比，或者是把政策的执行结果与政策目标进行对比，看两者的差距到底有多大，以及产生这种差距的原因何在，从而决定是修改政策方案和完善实施手段与步骤，还是调整政策目标，甚至完全废止有关政策。

2. 确定政策目标的原则

（1）实事求是：实事求是是确定政策目标的一个基本原则。

（2）面向未来：政策目标本身的一个重要特征就是对未来的预期性，该特征要求在确定政策目标时必须面向未来。

（3）系统协调：在政策目标的确定阶段就力求让同一政策的多项目标相互协调，也让某项政策的目标与已有政策的有关目标或即将出台的其他政策的目标相一致。

（4）明确具体：一旦能确定有关政策目标，就要使目标明确具体。

（5）伦理考量：政策目标既要体现相对的社会公平，关心、帮助社会中的一些弱势群体，同时也要不影响社会的有效运转和正常发展。

小拓展

（1）实事求是是确定政策目标的一个基本原则。首先，政策目标的确定必须从实际的公共政策问题出发。其次，该原则还要求我们在确定政策目标时一定要切实可行。其中最关键的是政策目标要有可行性。例如，考虑到人民群众在经济体制转型的初期对物价改革的心理承受力较弱，我国物价改革的目标就不能是“一步到位”而只能是“稳步实现”。

（2）面向未来。例如，我国目前的人口政策目标就应该着手充分考虑未来老龄化社会的有关问题，及早筹划。

知识解读

本知识点一般考查单选题、多选题和简答题、论述题。

重点掌握确定政策目标的意义和原则。

真题小练

单选题

（2009 年 7 月全国）我国物价改革的目标不能是“一步到位”，而只能是“稳步实现”，这属于确定政策目标的（　　）

A. 实事求是原则　　B. 面向未来原则

C. 系统协调原则　　D. 伦理考量原则

答案及解析：A。实事求是是确定政策目标的一个基本原则。首先，政策目标的确定必须从实际的公共政策问题出发。其次，该原则还要求我们在确定政策目标时一定要切实可行。其中最关键的是政策目标要有可行性。例如，考虑到人民群众在经济体制转型的初期对物价改革的心理承受力较弱，我国物价改革的目标就不能是“一步到位”而只能是“稳步实现”。

多选题

（2003 年 7 月全国）确定政策目标的原则是（ ）

A. 实事求是　　B. 面向未来　　C. 面向现代化

D. 明确具体　　E. 伦理考量

答案及解析：ABDE。确定政策目标的原则包括，实事求是；面向未来；系统协调；明确具体；伦理考量。

论述题

（2002 年 7 月全国）联系实际，论述确立政策目标的原则和意义。

答案及解析：（1）在确定政策的具体目标时，应主要遵循的原则是，实事求是；面向未来；系统协调；明确具体；伦理考量。（2）确定政策目标的价值意义主要体现为如下两点。①它能为制定政策方案提供方向性指导。政策目标就是政策方案所要遵循的方向，如果目标不明确，政策方案也就失去了明确的方向。②它能为政策方案的规划和实施提供核心的评估标准。政策评估的最核心的标准是把方案的可能后果与政策原本的目标进行对比，或者是把政策的执行结果与政策目标进行对比，看两者的差距到底有多大，以及产生这种差距的原因何在，从而决定是修改政策方案和完善实施手段与步骤，还是调整政策目标，甚至完全废止有关政策。

小试牛刀

判断题

实事求是是确定政策目标的一个基本原则。

A. 正确　　B. 错误

答案及解析：A。实事求是是确定政策目标的一个基本原则。

单选题

以下哪项属于确定政策目标的意义（ ）

A. 它能为制定政策方案提供方向性指导　　B. 能为人民的生活提供保障

C. 能帮助我们达成某种活动　　D. 能整体上提升我们国家综合实力

答案及解析：A。确定政策目标的意义是，它能为制定政策方案提供方向性指导；它能为政策方案的规划和实施提供核心的评估标准。

第二节　公共政策方案的规划

本节内容提要

本节内容主要介绍公共政策方案的规划与设计，以及规划设计中涉及的主体、原则、模式和框架。

知识点 1

政策规划与政策设计☆☆

1. 政策规划的含义及其特点

（1）政策规划的含义：指在建立有关政策议程后，为了实现一定的政策目标，公共权力机关组织力量草拟政策方案与行动步骤的过程。

（2）政策规划的特征：①从政策规划的主体来说，多元化与政府主导并存。参与政策规划的主体通常是多元的，但其中政府往往起着发起规划、组织规划、帮助规划等作用。显然，政府起的是主导作用。②从时间进程上看，政策规划主要存在于政策目标的确定与政策抉择之间。

小拓展

政策规划也称政策构建。

2. 政策设计的含义及逻辑结构

（1）最近随着学者对于政策过程阶段论的批评，“政策设计”成为政策规划的替代性概念之一。政策设计的含义是，政策分析人员有系统地探讨政策问题，并组合解决问题的相关政策要素，产生政策方案，使各政策要素间具有一致关系，并符合现实环境，以达成政策问题能够解决的一种不断调整的动态过程。

（2）政策设计的逻辑结构主要包括两大组成部分。①方案设计的基本要素。②基本要素间的联系机制。这两大组成部分的具体内容如下图所示。

- 政策设计的逻辑结构
  - 方案设计的基本要素
    - 结果：方案设计中的结果包括两个层面的含义：一是在制定政策方案时，政策制定者所预期产生的结果；二是政策本身所产生的实际结果
    - 目标人群：目标人群是公共政策所直接或者间接影响到的团体和个人，政策制定者期望通过公共政策引导、改变和规范目标人群的行为
    - 执行机构：执行机构指具体执行政策方案的相关政府机关或其他机构
    - 法规：法规指政策方案所依据的法律基础，也就是说政策方案从内容到程序都应当符合各种法律的规定
  - 政策的联系机制
    - 规则：在政策设计中，政策制定者、目标人群以及执行机构等都要遵循社会的规则
    - 工具：工具指促使政府和目标人群遵守政策方案的各种政策措施，即将政策目标转换为具体政策行动的各种工具和机制
    - 假定
      - 假定是指对政策因果关系的各种陈述
      - 技术假定、行为假定、规范假定：假定包括的内容

3. 政策规划与政策设计的联系与区别

（1）政策规划与政策设计的联系。

政策规划和政策设计作为概括提出政策方案的过程的概念经常交替使用，从这个角度看，两者具有较高程度的相似性。

（2）政策规划与政策设计的区别。

①政策规划重点考虑解决方案的形成和研判，偏重理性和技术层面的分析。

②政策设计在很大程度上是打破阶段论划分的新概念。

③政策设计从范围来看更为广阔，从政策设计的结构逻辑来看，不强调政策阶段划分。

知识解读

本知识点一般考查单选题和多选题。

重点掌握政策规划的含义及其特点、政策设计的含义及逻辑结构。了解政策规划与政策设计的联系与区别即可。

真题小练

单选题

1.（2017 年 4 月全国）政策设计的逻辑结构中，政策的联系机制构成包括规则、工具和（　　）

A. 假定　　B. 结果　　C. 过程　　D. 目标人群

答案及解析：A。政策方案的要素之间需要一定的机制相互联系。政策的联系机制分别由规

则、工具和假定构成。

2.（2016 年 10 月全国）政策分析人员有系统地探讨政策问题，产生政策方案，以达成政策问题能够解决的一种不断调整的动态过程称作（　　）

A. 政策设计　　B. 政策评估　　C. 政策修正　　D. 政策抉择

答案及解析：A。政策设计是政策分析人员有系统地探讨政策问题，并组合解决问题的相关政策要素，产生政策方案，使各政策要素间具有一致关系，并符合现实环境，以达成政策问题能够解决的一种不断调整的动态过程。

3.（2013 年 7 月全国）在建立有关政策议程后，为了实现一定的政策目标，公共权力机关组织力量草拟政策方案与行动步骤的过程称为（　　）

A. 政策设计　　B. 政策规划　　C. 政策论证　　D. 政策制定

答案及解析：B。政策规划指在建立有关政策议程后，为了实现一定的政策目标，公共权力机关组织力量草拟政策方案与行动步骤的过程。

多选题

（2016 年 10 月全国）政策方案的要素之间需要一定的机制互相联系，政策要素的联系机制主要有（　　）

A. 规则　　B. 工具　　C. 假定

D. 目标人群　　E. 执行机构

答案及解析：ABC。政策方案的要素之间需要一定的机制相互联系。政策的联系机制分别由规则、工具和假定构成。

小试牛刀

单选题

1. 在政策规划的多元化主体中，起主导作用的是（　　）

A. 公众　　B. 立法机关　　C. 政府　　D. 司法机关

答案及解析：C。从政策规划的主体来说，多元化和政府主导并存。参与政策规划的主体通常是多元的，但其中政府往往起着发起规划、组织规划、帮助规划（提供规划中的经济、信息等条件）等作用。显然，政府起的是主导作用。

2. 在制定政策的过程中，处于政策目标的确定与政策抉择之间的环节是（　　）

A. 政策执行　　B. 政策规划　　C. 政策终结　　D. 政策倡导

答案及解析：B。参考国外学者的论述，我们认为对政策规划的特征应主要强调如下两点。（1）从政策规划的主体来说，多元化和政府主导并存。（2）从时间进程上来看，政策规划主要存在于政策目标的确定与政策抉择之间。

多选题

政策方案设计的基本要素包括（　　）

A. 结果　　B. 目标人群　　C. 可行性评估

D. 法规　　E. 执行机构

答案及解析：ABDE。从结构上看，政策设计包括通过一定的内在机制联系起来的各种要素及其结构逻辑，它主要包括两大组成部分，一是方案设计的基本要素；二是这些基本要素间的联系机制。其中方案设计的基本要素包括，结果、目标人群、执行机构和法规。政策的联系机制分别由规则、工具和假定构成。

知识点 2

政策规划的主体☆

1. 不同学者对于政策规划主体的不同观点

（1）有的学者从政策系统的复杂性出发，强调政策规划的次系统和次主体，如在美国就有基于利益驱动的由利益集团、议会委员会和政府机构之间的所谓“铁三角”关系，也有如赫克罗主张的政策议题网络，还有将政策构建系统称之为由享有一套基本信仰（含政策目标等）和试图影响政府规则、预算和人事以长期实现其目标的各级政府的各类公私机构组成的“支持联盟”，以及由国家和社会主体共同构成的由利益驱动的政策网络或政策社群等。

（2）我国台湾学者林水波、张世贤认为，介入政策规划的主体包括行政机关、立法机关、研究机构和利益团体四类。

2. 政策规划的政府主导化

主要体现在规划的组织和管理方面。在现实的政策规划过程中，政府可能不仅仅在规划组织和管理上占主导地位，在规划方案进入抉择阶段上也可能常常占主导地位。

3. 政策规划的主体多元化

政策规划主体可以是单一式的，也可以是多元式的。

（1）单一主体的政策规划。优点：对问题能从全局上进行考量。缺点：公正、科学难以保证；缺乏民主性。

（2）多元主体的政策规划。优点：公正、科学、民主。缺点：缺乏深入、全面的了解，规划失之片面。

重点解读（1）为了实现政策规划主体的多元化，不少国家通常会特别重视充分发挥各类政策分析组织（政策咨询或参谋组织）的作用。同时，许多国家还特别重视采取听证制度实现政策规划主体的多元化。

（2）听证制的核心要求是政府在规划政策方案时要听取有关专家、管理主体、利益代表和公众的意见，以利于政策规划和抉择的透明化、科学化、民主化、公正化和规范化。其最大的优点就是能克服代议民主制的不足，实现各方利益主体、官员、专家与百姓之间面对面的直接交流和沟通，从而发扬民主，维护公平，达成共识，并提高决策的质量与水平。

小拓展

实行听证制度是适应我国现实需要的一种非常重要的公共决策体制变革。

知识解读

本知识点一般考查单选题。

着重注意多元主体的政策规划中，听证制的内容。了解政策规划的政府主导化。

真题小练

单选题

1.（2016 年 10 月全国）能克服代议民主制的不足，实现各方利益主体、官员、专家与百姓之间面对面的直接沟通的政府政策过程的重要制度形式称作（　　）

A. 科层制　　B. 集中制　　C. 听证制　　D. 多党制

答案及解析：C。听证制的核心要求是政府在规划政策方案时要听取有关专家、管理主体、利益代表和公众的意见，以利于政策规划和抉择的透明化、科学化、民主化、公正化和规范化，其最大的优点就是能克服代议民主制的不足，实现各方利益主体、官员、专家与百姓之间面对面的直接交流和沟通，从而发扬民主，维护公平，达成共识，并提高决策的质量与水平。

2.（2008 年 7 月全国）美国政策规划的“铁三角”主要包含（　　）

A. 利益集团、公民团体和政府执行局

B. 利益集团、议会委员会和地方政府

C. 利益集团、议会委员会和政府机构

D. 政党、议会委员会和政府执行局

答案及解析：C。有的学者从政策系统的复杂性出发，强调政策规划的次系统和次主体，如在美国就有基于利益驱动的由利益集团、议会委员会和政府机构之间的所谓“铁三角”关系。

3.（2007 年 7 月全国）采取听证制是为了实现政策规划的（　　）

A. 主体多元化　　B. 政府主导化　　C. 程序法制化　　D. 主体结构化

答案及解析：A。许多国家特别重视采取听证制度实现政策规划主体的多元化。

小试牛刀

单选题

1. 在下列制度中，能够实现政策规划主体多元化的是（　　）

A. 招聘制度　　B. 奖惩制度　　C. 听证制度　　D. 考任制度

答案及解析：C。为了实现政策规划主体的多元化，不少国家通常会特别重视充分发挥各类政策分析组织（政策咨询或参谋组织）的作用。同时，许多国家还特别重视采取听证制度实现政策规划主体的多元化。听证，最早源于西方的司法实践，后来被逐渐运用到立法实践和行政实践之中，从而成为政府政策过程（尤其是政策规划过程）中的一项重要的制度形式。

2. 许多国家在制定政策过程中实行的听证制度的核心要求是（　　）

A. 政府在制定政策时必须听取议会的意见

B. 政府在制定政策时必须听取权威法律专家的意见

C. 政府在制定政策时必须听取有关各方的意见

D. 政府的决策过程必须向公众公开

答案及解析：C。许多国家特别重视采取听证制度实现政策规划主体的多元化。听证制的核心要求是政府在规划政策方案时要听取有关专家、管理主体、利益代表和公众的意见，以利于政策规划和抉择的透明化、科学化、民主化、公正化和规范化。

知识点 3

政策方案的设计原则☆

1. 紧扣政策目标

设计政策方案是达成政策目标的一个重要规划步骤，因此它首先必须紧紧围绕针对某一或某些问题的政策目标，科学地设计实现有关政策目标的具体政策行动方案。

2. 规划多重方案

一般而言，五个左右的政策方案通常就已基本满足多重方案的原则要求。

3. 方案彼此独立

所设计的多重方案彼此要相对独立，互不隶属，当然彼此可以同属。方案彼此独立，就容易真正产生多种方案供评估和选择。

4. **方案要有创新**

尽管有些政策问题具有重复性、雷同性，方案的设计从内容到思路依靠已有的经验和模式也可以进行，但我们还是应该看到每一个问题的特殊性及其未来的变化性，应该力求通过不同程度的创新性方案更好地解决问题。

5. **方案切实可行**

目标要可行，实现目标的方案也要可行。要充分考量现有和将来的条件，去设计实现目标的主体、手段、技术、步骤等，力争它们都具有可行性和可操作性。

知识解读

本知识点一般考查简答题和单选题。

重点掌握公共政策方案设计的基本原则。

真题小练

单选题

（2002 年 4 月全国）以下四项，不属于政策方案设计基本原则的是（　　）

A. 方案为多数人认可　　B. 方案切实可行

C. 方案紧扣政策目标　　D. 规划多重方案

答案及解析：A。政策方案设计基本原则包括，紧扣政策目标、规划多重方案、方案彼此独立、方案要有创新、方案切实可行。

简答题

（2010 年 7 月全国）简述政策方案设计的基本原则。

答案及解析：政策方案的设计是政策制定过程中十分关键的一个步骤，要确保方案的质量，必须注意以下几项原则。（1）紧扣政策目标。设计政策方案是达成政策目标的一个重要规划步骤，因此它首先必须紧紧围绕针对某一或某些问题的政策目标，科学地设计实现有关政策目标的具体政策行动方案。（2）规划多重方案。一般而言，五个左右的政策方案通常就已基本满足多重方案的原则要求。（3）方案彼此独立。所设计的多重方案彼此要相对独立，互不隶属，当然彼此可以同属某一大类。方案彼此独立，就容易真正产生多种方案供评估和选择。（4）方案要有创新。尽管有些政策问题具有重复性、雷同性，方案的设计从内容到思路依靠已有的经验和模式也可以进行，但我们还是应该看到每一个问题的特殊性及其未来的变化性，应该力求通过不同程度的创新性方案更好地解决问题。（5）方案切实可行。目标要可行，实现目标的方案也要可行。要充分考量现有和将来的条件，去设计实现目标的主体、手段、技术、步骤等，力争它们都具有可行性和可操作性。

小试牛刀

单选题

要达到真正的政策方案多重化的要求，使政策方案的设计合理，就要求所设计的多重方案（　　）

A. 互为因果　　B. 彼此独立　　C. 互相交叉　　D. 互相影响

答案及解析：B。政策方案的设计是政策制定过程中十分关键的一个步骤，要确保方案的质量，必须注意以下几项原则，紧扣政策目标、规划多重方案、方案彼此独立、方案要有创新、方案切实可行。其中，方案彼此独立的内容包括，所设计的多重方案彼此要相对独立，互不隶属，当然彼此可以同属某一大类。方案彼此独立，就容易真正产生多种方案供评估和选择。

判断题

政策方案设计基本原则包括五大类。

A. 正确　　B. 错误

答案及解析：A。政策方案设计基本原则包括，紧扣政策目标、规划多重方案、方案彼此独立、方案要有创新、方案切实可行。

知识点 4

政策规划的模式与参考框架☆

政策规划是针对政策问题而提出各种可能解决方案的过程。在这个过程中，政策制定者需要有理论上的参考框架，以促进对政策问题的分析、政策方案的拟订和评估。公共政策学者的政策分析框架为实际决策者的规划活动提供了理论基础，在一定程度上可视为政策规划所应遵循的步骤和方法。

1. 韦默和维宁的政策分析框架

> **重点解读** 韦默和维宁认为，在政策分析中，如何定义、解释和模拟问题在很大程度上决定了政策目标和分析方法的选择，最终影响备选政策方案的抉择。因此，他们主要将政策分析过程分为两个阶段：问题分析和解决方案分析。

2. 帕顿与沙维奇的政策分析框架

（1）帕顿与沙维奇的初步政策分析包括六个步骤。界定问题；确定评估标准；确认备选方案；评估备选方案；比较备选方案；评估结果。

（2）在这六个主要的步骤之下，还分为很多具体的组成部分。这些分析步骤构成了一个分析模型，具体包括以下六类内容。①认定和细化问题。②建立评估标准。③确认备选政策。④评估备选政策。⑤展示和区分备选政策。⑥监督和评估政策实施。

知识解读

本知识点一般考查单选题。

掌握政策规划的定义以及对政策规划的模式做出贡献的人物。

真题小练

单选题

1.（2016 年 4 月全国）将政策分析过程分为问题分析和解决方案分析的学者是（　　）

A. 弗里德曼　　B. 韦默和维宁　　C. 帕顿和沙维奇　　D. 邓恩

答案及解析：B。韦默和维宁将政策分析过程分为问题分析和解决方案分析两个阶段。

2.（2012 年 4 月全国）针对政策问题而提出或草拟各种可能解决方案的过程被称为（　　）

A. 政策对话　　B. 政策采纳　　C. 政策论证　　D. 政策规划

答案及解析：D。政策规划是针对政策问题而提出各种可能解决方案的过程。

小试牛刀

简答题

简述帕顿和沙维奇的初步政策分析包括的六个步骤。

答案及解析：（1）界定问题。（2）确定评估标准。（3）确认备选方案。（4）评估备选方案。（5）比较备选方案。（6）评估结果。

知识点 5

政策学习与政策移植☆

在政策规划中，政策制定者常常要参考、借鉴不同国家、地区或者其他部门相关的政策方案，学习其中的知识、技术或者是政策观念，并从其中汲取灵感和受到启发。这个过程被称为政策学习。

1. 政策学习及其类型

（1）政策学习是集体学习的一种形式。

（2）政策学习的类型。

①工具学习：指学习的内容主要是技术、政策制定、过程以及政策工具等。政策水平和质量与政策所采用的具体技术、政策过程以及工具等有关。

②概念学习或者问题学习：指在政策制定中从一个不同的评价角度来看待事物。如果

以既定的角度来看待政策问题，那么解决办法也常常是传统办法，而如果以一种新观念看待问题，将会产生全新的解决办法。

③社会学习：指决策者学习有关政策价值以及规范、目标、责任等其他深层次的特质。社会学习能够使决策者反思政策制定所依据的根本价值、原则和过程，从而导致决策理论上的重大变迁。

小提示

与政策学习相类似的概念还包括政策转移或政策移植、政策扩散以及经验汲取等。

2. 政策移植及其类型

（1）政策移植就是一个政策借用国采纳其他国家的公共政策、行政体制、制度及思想等来解决本国所面临的政策问题。

（2）政策移植的类型。

按政策借鉴的程度不同：复制、效法、混合、启发。

从政策制定者的意愿角度：自愿的政策移植；被迫的政策移植。

知识解读

本知识点一般考查单选题。

分别掌握政策学习和政策移植的具体含义及其具体类型。

真题小练

单选题

1.（2018 年 4 月全国）在政策规划中，政策制定者参考、借鉴不同国家、地区或其他部门相关政策方案，这个过程被称为（　　）

A. 政策规划　　B. 政策学习　　C. 政策抉择　　D. 政策论证

答案及解析：B。在政策规划中，政策制定者常常要参考、借鉴不同国家、地区或者其他部门相关的政策方案，学习其中的知识、技术或者是政策观念，并从其中汲取灵感和受到启发。这个过程被称为政策学习。

2.（2012 年 7 月全国）政策学习的主要内容是技术、政策制定、过程以及政策工具等，这种政策学习的类型被称为（　　）

A. 问题学习　　B. 概念学习　　C. 工具学习　　D. 社会学习

答案及解析：C。工具学习指学习的内容主要是技术、政策制定、过程以及政策工具等。政策水平和质量与政策所采用的具体技术、政策过程以及工具等有关。

3.（2011年7月全国）在政策学习的类型中，决策者学习有关政策价值以及规范、目标、责任等其他深层次的特质被称为（　　）

A. 工具学习　　B. 概念学习　　C. 问题学习　　D. 社会学习

答案及解析：D。社会学习指决策者学习有关政策价值以及规范、目标、责任等其他深层次的特质。

4.（2014年7月全国）政策借用国采纳其他国家的公共政策、行政体制、制度及思想等来解决本国所面临的政策问题称为（　　）

A. 政策学习　　B. 政策移植　　C. 政策扩散　　D. 政策借鉴

答案及解析：B。政策移植就是一个政策借用国采纳其他国家的公共政策、行政体制、制度及思想等来解决本国所面临的政策问题。

小试牛刀

单选题

在政策制定中从一个不同的评价角度来看待事物属于（　　）

A. 工具学习　　B. 问题学习　　C. 社会学习　　D. 组织学习

答案及解析：B。概念学习或者问题学习是指在政策制定中从一个不同的评价角度来看待事物。

多选题

政策学习的主要类型，包括（　　）

A. 工具学习　　B. 概念学习　　C. 问题学习

D. 社会学习　　E. 政治学习

答案及解析：ABCD。从学习的内容以及程度上，一般认为存在着三种类型的政策学习，即工具学习、概念学习或问题学习和社会学习。（1）工具学习指学习的内容主要是技术、政策制定、过程以及政策工具等。（2）概念学习或者问题学习指在政策制定中从一个不同的评价角度来看待事物。（3）社会学习指决策者学习有关政策价值以及规范、目标、责任等其他深层次的特质。

第三节　公共政策的抉择与合法化

本节内容提要

本节内容主要介绍公共政策的抉择主体、原则，以及政策论证、审议、采纳与合法化的过程。

知识点 1

公共政策的抉择主体☆

重点解读 （1）公共政策的抉择，就是由公共政策的制定者根据政策规划建议和要考量的相关事项，按照一定的决策制度和程序规定，对解决有关政策问题的行动方案做出决定性选择的过程。这一过程是公共政策制定过程中最具实质性意义的阶段。

（2）随着政策制定过程的推进，相关的政策参与者越趋减少。

我们可以将公共政策抉择的主体（这里主要指直接决策者）大致分为如下几类。①国家元首。②行政首长。③民意代表。④法官。⑤执政党首脑。⑥军事首长。

小提示

（1）各级行政机关及其所属各部门的最高行政决策者和执行者统称行政首长。

（2）民意代表掌握着重要的国家公共政策的抉择权。

知识解读

本知识点一般考查单选题、多选题和简答题。

重点掌握公共政策抉择的定义，以及公共政策抉择的主体。

真题小练

单选题

1.（2015 年 4 月全国）各级行政机关及其所属各部门的最高行政决策者和执行者统称（　　）

A. 主任　　B. 政治领导人　　C. 政府首脑　　D. 行政首长

答案及解析：D。各级行政机关及其所属各部门的最高行政决策者和执行者统称行政首长。

2.（2009 年 4 月全国）公共政策制定过程中最具实质性意义的阶段为（　　）

A. 政策目标的确定　　B. 政策问题的认定

C. 政策方案的设计　　D. 公共政策的抉择

答案及解析：D。公共政策的抉择，就是由公共政策的制定者根据政策规划建议和要考量的相关事项，按照一定的决策制度和程序规定，对解决有关政策问题的行动方案做出决定性选择的过程。这一过程是公共政策制定过程中最具实质性意义的阶段。

多选题

（2014 年 7 月全国）公共政策的抉择主体主要有（　　）

A. 国家元首　　B. 行政首长　　C. 民意代表

D. 法官　　E. 执政党首脑以及军事首长

答案及解析：ABCDE。公共政策抉择的主体大致分为如下几类：国家元首、行政首长、民意代表、法官、执政党首脑以及军事首长等。

简答题

（2007 年 7 月全国）简述公共政策抉择的含义。

答案及解析：公共政策的抉择，就是由公共政策的制定者根据政策规划建议和要考量的相关事项，按照一定的决策制度和程序规定，对解决有关政策问题的行动方案做出决定性选择的过程。这一过程是公共政策制定过程中最具实质性意义的阶段。

小试牛刀

判断题

民意代表掌握着重要的国家公共政策的抉择权。

A. 正确　　B. 错误

答案及解析：A。民意代表掌握着重要的国家公共政策的抉择权。

知识点 2

公共政策的抉择原则☆

根据决策科学化、民主化和制度化的要求，决策者应该注意以下几点。

（1）尊重科学分析的价值。

（2）考虑各方利益的平衡。

（3）发挥决策者的能动作用。

（4）遵照有关程序的规定。

注意事项	具体内容
尊重科学分析的价值	公共政策抉择的科学化对于最终的抉择者来说，就是要求抉择者充分尊重依据科学程序、运用科学方法和技术而提出的政策规划建议。
考虑各方利益的平衡	决策者要看到，人的理性认识能力毕竟是有限的，决策者不能完全依赖科学分析，而应该一方面利用民主决策机制，引导冲突各方通过互动实现信息对称、达成谅解、妥协和一致等，另一方面要在不易利用民主机制时充分了解各方利益需求、全面权衡各方的利害关系，尽量避免出现零和博弈，而让各方都能从决策中得到自己想得到的东西，从而最大限度地实现双赢或多赢的结局。

续表

注意事项	具体内容
发挥决策者的能动作用	作为决策者，应该有能力进行独立决断。决策者独立决断事关决策的整体质量问题。第一，在集体决策条件下，每一位决策参与者的独立决断正是决策民主化和科学化的一个体现和要求，它与决策民主化和科学化是一致的；第二，在个人决策条件下，决策者的地位往往能让决策者得到其他人不可能得到的信息，从而占有信息优势，还容易让决策者比其他人站得高、看得远、考虑得更周全；第三，正确决策与抓住时机往往具有极其密切的联系。
遵照有关程序的规定	决策的法制化要求决策者还应该注意按规定的制度和程序进行决策。

知识解读

本知识点一般考查简答题和论述题。

重点掌握现代决策对决策者的要求。

真题小练

论述题

（2009 年 4 月全国）试述现代决策对决策者的要求。

答案及解析：根据决策科学化、民主化和制度化的要求，决策者应该注意以下几点。（1）尊重科学分析的价值。公共政策抉择的科学化对于最终的抉择者来说，就是要求抉择者充分尊重依据科学程序、运用科学方法和技术而提出的政策规划建议。之所以要充分重视科学分析的价值，是因为这种尊重实际上在一定程度上体现了理性决策模式的运用。（2）考虑各方利益的平衡。决策者还要看到，人的理性认识能力毕竟是有限的，决策者不能完全依赖科学分析，而应该一方面利用民主决策机制，引导冲突各方通过互动实现信息对称、达成谅解、妥协和一致等，另一方面要在不易利用民主机制时充分了解各方利益需求、全面权衡各方的利害关系，尽量避免出现零和博弈，而让各方都能从决策中得到自己想得到的东西，从而最大限度地实现双赢或多赢的结局。（3）发挥决策者的能动作用。作为决策者，还应该有能力进行独立决断。第一，在集体决策条件下，每一位决策参与者的独立决断正是决策民主化和科学化的一个体现和要求，它与决策民主化和科学化是一致的。第二，在个人决策条件下，决策者的地位往往能让决策者得到其他人不可能得到的信息，从而占有信息优势，还容易让决策者比其他人站得高、看得远、考虑得更周全。第三，正确决策与抓住时机往往具有极其密切的联系。（4）遵照有关程序的规定。决策的法制化要求决策者还应该注意按规定的制度和程序进行决策。

小试牛刀

简答题

简述公共政策的抉择原则。

答案及解析:（1）尊重科学分析的价值。（2）考虑各方利益的平衡。（3）发挥决策者的能动作用。（4）遵照有关程序的规定。

知识点 3

政策论证、政策审议与政策采纳☆

拟制出若干政策方案以后，就进入了政策论证、政策审议与政策采纳的阶段。对于决策者来说，这个阶段属于政策抉择的前期。

政策论证、政策探究和政策对话是政策抉择的第一个环节。其中，政策探究和政策对话是政策论证的特殊形式。

政策抉择的第二个环节是政策审议。

政策抉择的第三个环节是政策采纳。

1. 政策论证

政策论证指政策方案的论证以有力的信息来强化自己的政策主张，并且对决策者和利益相关者已经提出或有可能提出的不同意见进行有理有据的抗辩，旨在推动决策者采纳自己的政策方案而拒绝其他政策方案的做法。

（1）政策论证的六要素。

①政策相关信息：指与所论证的政策方案相关的信息，包括政策问题、政策目标、政策工具、政策行动、成本—收益匡算、利益相关者等方面的信息。

②政策主张：指政策论证的结论，即政策相关信息的逻辑结果。

③立论理由：指政策论证中的假定，这些假定往往是某种公认的事实、原理、定律或常识，它们把政策相关信息与政策主张连接起来。

④立论依据：指用来证明立论理由或驳斥理由成立的根据，这些根据旨在以更深层次和更具说服力的假定或事实来支持、充实立论理由或驳斥理由所做的论证。

⑤驳斥理由：指的是对立论理由无法被接受的原因、结论、假定所做的分析。

⑥可信度：指立论理由及其立论依据压倒驳斥理由及其立论依据的程度。

（2）邓恩认为，政策论证的模式是把支持相关信息转换为支持主张的工具。至少有八种转换的模式或者方式：权威模式、统计模式、类别模式、直觉模式、分析模式、解释模式、实用模式、价值评价模式。

小提示

权威模式指利用政策论证者自身的社会成就或特殊身份（如专家、教授、院士、诺贝尔奖获得者等）所产生的权威性影响，作为论证信息的可信度的基础。

（3）政策论证的两种特殊形式。

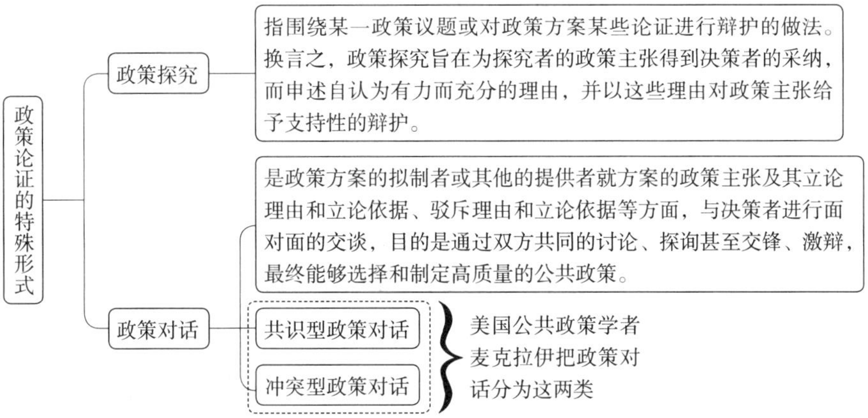

2. 政策审议

政策审议就是决策者对各个方案进行最后的比较并选择一种最满意的方案，或者以某一方案为主干并综合、吸收其他方案的可取之处而形成的一个新的方案，然后对该方案的适时性、适当性、可行性、完善性等进行深入考察和研讨，以完成可供最终采纳和批准的政策文本的过程。

内容解读

（1）政策审议的基本方法是评估和择优。评估是对各政策方案效果的预测性分析和比较；择优则是在评估和比较的基础上提出政策决策意见。

（2）评估和择优的具体内容。

①有必要关注一下评估和择优的标准问题。

②方案的评估与择优，是在比较的基础上进行的判断和选择。

③为了尽可能地做到判断和选择的正确，要注意使用“逆向决策”的方法。

④方案的评估与择优，还须对择定方案进行审查和评定。

方案评估与择优的两种主要方法：预测性评估和可行性评估。

（1）预测性评估。

预测性评估方法是政策方案评估的一种最基本的方法。

①预测性评估的步骤。

- 预测性评估的步骤
  - 方案调查
  - 详细研究
  - 进一步的分析
  - 试验式证实

②预测性评估的方法（邓恩归纳）。

- 预测性评估的方法
  - 外推预测：外推预测是分析人员根据目前的和历史的数据，来判断未来的社会状况。
  - 理论预测：理论预测帮助分析人员以理论假设，以及当前和历史的数据为基础对未来的社会状况做出预测。
  - 判断预测：与外推预测、理论预测技术中经验数据和理论起关键作用不同，判断性预测试图就各种判断进行推导和合成。

（2）可行性评估。

公共政策的可行性评估指的是在政策抉择过程中，对拟采用的政策方案进行技术可行性、经济可能性、政治可行性和行政可操作性等方面的评估。

可行性评估的四大方面。

①技术可行性：主要衡量政策的具体产出能否达到预期目的。

②经济可能性：主要关心政策实施的成本大小、产出的收益多少。

③政治可行性：主要考量政策规划对相关权力或利益集团的影响来衡量政策的成效。

④行政可操作性：主要关注在特定的社会环境特别是行政环境中实施某项政策的可能性，如人员配备是否到位等。

3. 政策采纳

所谓政策采纳，就是决策者正式同意采用某一政策方案来解决列在政策议程中的特定问题。这是政策抉择的最后一环。

知识解读

本知识点一般考查单选题、简答题和论述题。

掌握政策论证、政策审议与政策采纳的定义及其相关内容。

真题小练

单选题

1.（2012 年 4 月全国）政策抉择的第一个环节是（　　）

A. 政策设计　　B. 政策论证　　C. 政策审议　　D. 政策采纳

答案及解析：B。拟制出若干政策方案以后，就进入了政策论证、政策审议与政策采纳的阶段。对于决策者来说，这个阶段属于政策抉择的前期。政策抉择的第一个环节是政策论证。

2.（2013 年 7 月全国）政策抉择前期的第三个环节是（　　）

A. 政策论证　　B. 政策审议　　C. 政策确定　　D. 政策采纳

答案及解析：D。政策抉择前期的三个环节分别为政策论证、政策审议与政策采纳。政策抉择的第三个环节是政策采纳。

3.（2008 年 7 月全国）政策方案的评估和择优首先要关注（　　）

A. 评估和择优的标准问题　　B. 各方案间的比较

C. 使用“逆向决策”的方法　　D. 对所选方案进行审查和评定

答案及解析：A。政策审议的基本方法是评估和择优。评估是对各政策方案效果的预测性分析和比较；择优则是在评估和比较的基础上提出政策决策意见。这两者都是履行正式的政策抉择程序之前不可或缺的步骤。两者呈现的并不是简单的前后承递关系，而是反复、循环和错综复杂的关系。首先，我们有必要关注一下评估和择优的标准问题。就一般意义而言，评估标准是从政策目标细化而来，沿着总目标、具体目标、评估标准和测量标准等线路逐步细化。其次，方案的评估与择优，是在比较的基础上进行的判断和选择。再次，为了尽可能地做到判断和选择的正确，要注意使用“逆向决策”的方法。最后，方案的评估与择优，还须对择定方案进行审查和评定。

论述题

（2018 年 4 月全国）试述在政策审议过程中正确实施政策方案评估和择优有哪些方法。

答案及解析：方案评估与择优的两种主要方法是预测性评估和可行性评估。（1）预测性评估的方法。①外推预测。外推预测是分析人员根据目前的和历史的数据，来判断未来的社会状况。这种方法是以实际资料和事物发展的连续性为依据的，把过去和现在的发展趋势延伸到未来，并根据各种外推的结果进行政策预测。②理论预测。理论预测帮助分析人员以理论假设，以及当前和历史的数据为基础对未来的社会状况做出预测。③判断预测。与外推预测、理论预测技术中经验数据和理论起关键作用不同，判断性预测试图就各种判断进行推导和合成。（2）可行性评估的四个方面。①技术可行性，主要衡量政策的具体产出能否达到预期目的。②经济可能性，主要关心政策实施的成本大小、产出的收益多少。③政治可行性，主要考量政策规划对相关权力或利益集团的影响来衡量政策的成效。④行政可操作性，主要关注在特定的社会环境特别是行政环境中实施某项政策的可能性，如人员配备是否到位等。

小试牛刀

单选题

预测性评估的第一步是（　　）

A. 试验式证实　　B. 详细研究　　C. 进一步的分析　　D. 方案调查

答案及解析：D。预测性评估的步骤，方案调查、详细研究、进一步的分析、试验式证实。

知识点 4

公共政策抉择的合法化☆☆

1. 政策内容的合法化

就是决策者择定的政策在内容上不能与既定宪法和法律相抵触，必须合乎有关法律的原则甚至具体规定。具体说来，政策内容的合法化要求所制定的政策与既定的法律相一致。

2. 决策程序的合法化

政策合法化的另一个重要方面就是政策抉择过程应合乎法定的程序要求。下面主要介绍行政系统和立法系统的决策程序。

（1）行政系统的决策程序。

在当代中国，行政决策一般实行的是行政首长负责制，这项制度把决策权主要赋予行政首长，但同时又要求行政首长应在行政领导会议集体讨论决定的基础上行使决策权。具体的行政决策程序如下。

①法制部门的审查。

②领导会议的讨论决定。

③行政首长的签署发布。

（2）立法系统的决策程序。

①提出议案：政策议案的提出主体既可以是立法机关的民意代表、有关委员会以及领导机构等，也可以是其他国家机关，如行政机关、司法机关、军事机关等。

②审议议案：西方国家立法机关奉行的审议程序有一读、二读和三读程序。其中英国等国的三读审议程序最复杂，一项政策议案要在民意代表与专门委员会之间接受多次反复的审议、辩论和修改。

③通过议案：规则一般是过半数通过。

④公布政策：政策通过后还必须经过法定的公布程序，才能生效。

3. 政策的法制化

（1）政策的法制化就是有立法权的国家机关将有些成熟、稳定的政策上升为法律法规的过程，也称政策立法。它实际上就是一种立法过程，它遵循的就是立法程序。

（2）政策立法的主体，一为立法机关，二为有权将一般的行政决策上升为行政法规的那些行政机关。

（3）从政策制定过程本身来看，政策法制化是政策合法化的一种极其重要的形式。它是一种特殊的政策制定过程，即将有关政策提升为更具强制力、更具普适性的法律的过程。

知识解读

本知识点一般考查单选题、多选题和简答题。

重点记忆并理解公共政策抉择合法化的内容。

真题小练

单选题

1.（2010 年 4 月全国）从政策制定过程本身看，政策法制化是（　　）

A. 政策科学化的一种形式　　B. 政策方案选择的一种形式

C. 公布政策的一种形式　　D. 政策上升为法律的过程

答案及解析：D。政策的法制化就是有立法权的国家机关将有些成熟、稳定的政策上升为法律法规的过程，也称政策立法。它实际上就是一种立法过程，它遵循的就是立法程序。从政策制定过程本身来看，政策法制化是政策合法化的一种极其重要的形式。它是一种特殊的政策制定过程，即将有关政策提升为更具强制力、更具普适性的法律的过程。

2.（2012 年 7 月全国）决策者择定的政策在内容上不能与既定宪法和法律相抵触，必须合乎有关法律的原则甚至具体规定，这是指公共政策抉择的合法化中的（　　）

A. 政策内容的合法化　　B. 决策过程的合法化

C. 决策程序的合法化　　D. 政策的法制化

答案及解析：A。政策内容合法化，就是决策者择定的政策在内容上不能与既定宪法和法律相抵触，必须合乎有关法律的原则甚至具体规定。

多选题

（2017 年 4 月全国）政策合法化的内容包括（　　）

A. 政策内容的合法化　　B. 政策制定的科学化

C. 制定过程的公开化　　D. 决策程序的合法化

E. 有关政策的法制化

答案及解析：ADE。政策合法化的内容包括三个方面，政策内容的合法化；决策程序的合法化；有关政策的法制化。

简答题

（2006年4月全国）简述公共政策抉择合法化的内容。

答案及解析：公共政策抉择的合法化主要包括以下几点。（1）政策内容的合法化。就是决策者择定的政策在内容上不能与既定宪法和法律相抵触，必须合乎有关法律的原则甚至具体规定。（2）决策过程的合法化。即政策抉择过程应合乎法定的程序要求。（3）政策的法制化。即有立法权的国家机关将有些成熟、稳定的政策上升为法律法规的过程。

小试牛刀

单选题

1. 立法决策通过议案的规则一般是（　　）

A. 全部通过　　B. 三分之二多数通过

C. 四分之三多数通过　　D. 过半数通过

答案及解析：D。虽然各国在立法机关抉择程序的复杂性程度方面存在很大的差异，但是它们都会包括提出议案、审议议案、通过议案和公布政策这几个阶段。其中通过议案的规则一般是过半数通过。一些特别重要的议案，如宪法修正案等，则要求更高比例的通过率，甚至有些议案还会要求最终进行全民公决。

2. 政策法制化实际上是一种（　　）

A. 立法过程　　B. 司法过程　　C. 政府过程　　D. 执法过程

答案及解析：A。政策的法制化就是有立法权的国家机关将有些成熟、稳定的政策上升为法律法规的过程，也称政策立法。它实际上就是一种立法过程，它遵循的就是立法程序。

3. 政策立法的主体有（　　）

A. 立法机关、司法机关

B. 有权将一般的行政决策上升为行政法规的那些行政机关、司法机关

C. 立法机关、有权将一般的行政决策上升为行政法规的那些行政机关

D. 立法机关、有权将一般的行政决策上升为行政法规的那些行政机关、司法机关

答案及解析：C。政策立法的主体，一为立法机关，二为有权将一般的行政决策上升为行政法规的那些行政机关。

4. 当代中国的行政决策制度一般实行（　　）

A. 全民公决　　B. 委员会制

C. 行政首长负责制　　D. 个人负责制

答案及解析：C。在当代中国，行政决策一般实行的是行政首长负责制，这项制度把决策权主要赋予行政首长，但同时又要求行政首长应在行政领导会议集体讨论决定的基础上行使决策权。

知识点 5

常规决策与危机决策☆

1. 公共决策的划分

（1）从决策的内容划分：平时决策；危机决策。

（2）根据决策的常规性与否划分：常规决策；非常规性决策。

小提示

危机决策一般是一种特殊类型的决策，具有显而易见的不可逆转性，它要求在相当有限的时间里和在相当有限资源的约束下做出重大决策和快速反应。

2. 危机决策的构成需要具备三个要素

（1）决策问题的发生、发展具有突然性、急剧性，需要决策者当机立断。

（2）可供决策者利用的时间和信息等资源非常有限。

（3）事态的发展危及决策单位、决策者的根本利益，并且决策的后果很难预料。

3. 政府组织的常规决策与危机决策的差异

对比维度		具体差异
目标取向		常规决策解决一些常见的公共问题，实现公共利益；危机决策迅速控制危机事态的蔓延，保护民众的生命和财产等安全。
约束条件	时间	常规决策时间充足，反复决策；危机决策时间急迫，即时决策。
	信息	常规决策信息比较安全，经过详细分析获得全面而准确的信息；危机决策信息有限。
	人力	常规决策经由日常的培训、训练、教育等措施提高决策者的素质；危机决策的决策者自身素质和专业技术都严重匮乏。
	技术	常规决策技术手段比较成熟，能基本实现自动化；危机决策中，在危机发生后，一般的专业技术设备往往也告失灵，特别需要一些高精尖的技术及设备。
决策程序		常规决策属于民主科学决策，遵循特定的例行程序和标准化的操作规程，决策权力分散，经民主协商定夺最后方案；危机决策属于快速决策，决策权力高度集中，决策者主要依靠自己的智慧和胆略审时度势，相机决断，同时也需要聘请相关专家介入决策过程。
决策效果		常规决策可控可调可预期；危机决策的结果往往很难预料，风险极大。

知识解读

本知识点一般考查简答题和论述题。

重点记忆危机决策的含义、特点及构成要素，注意常规决策与危机决策的差异。

真题小练

简答题

（2018 年 4 月全国）简述危机决策的含义及构成要素。

答案及解析：危机决策一般是一种特殊类型的决策，具有显而易见的不可逆转性，它要求在相当有限的时间里和在相当有限资源的约束下做出重大决策和快速反应。一般而言，危机决策的构成需要具备三个要素。（1）决策问题的发生、发展具有突然性，急剧性，需要决策者当机立断。（2）可供决策者利用的时间和信息等资源非常有限。（3）事态的发展危及决策单位、决策者的根本利益，并且决策的后果很难预料。

论述题

（2016 年 4 月全国）试述常规决策与危机决策的差异。

答案及解析：（1）目标取向。常规决策解决一些常见的公共问题，实现公共利益；危机决策迅速控制危机事态的蔓延，保护民众的生命和财产等安全。（2）约束条件。常规决策时间充足，反复决策；危机决策时间急迫，即时决策。常规决策信息比较安全，经过详细分析获得全面而准确的信息，危机决策信息有限。常规决策经由日常的培训、训练、教育等措施提高决策者的素质；危机决策的决策者自身素质和专业技术都严重匮乏。常规决策技术手段比较成熟，能基本实现自动化；危机决策中，在危机发生后，一般的专业技术设备往往也告失灵，特别需要一些高精尖的技术及设备。（3）决策程序。常规决策遵循特定的例行程序和标准化的操作规程，决策权力分散，经民主协商定夺最后方案；危机决策的决策权力高度集中，决策者主要依靠自己的智慧和胆略审时度势，相机决断，同时也需要聘请相关专家介入决策过程。（4）决策效果。常规决策可控可调可预期；危机决策的结果往往很难预料，风险极大。

小试牛刀

判断题

从决策的形式划分，公共决策可以分为平时决策和危机决策。

A. 正确　　　B. 错误

答案及解析：B。从决策的内容划分，公共决策可以分为平时决策和危机决策。

多选题

从决策的内容划分，公共决策可以分为（　　）

A. 平时决策　　　B. 危机决策　　　C. 临时决策

D. 突然决策　　　E. 常规决策

答案及解析：AB。从决策的内容划分，公共决策可以分为平时决策和危机决策。

第七章　公共政策执行

公共政策执行是政策过程的重要环节，是实现政策目标和解决政策问题的直接途径。然而在公共政策学发展的早期阶段，人们更多关注的是政策的制定而忽略了政策的执行。政策制定与现实执行层面之间的巨大反差引起人们的关注。从 20 世纪 70 年代开始，西方特别是美国的学者将公共政策研究的主题和重心从政策制定转移到政策的执行上。

历年考情直击

考点	考纲要求	考试题型	重要程度
公共政策执行的意义、特点与模型	识记、领会	单选、多选、简答、论述	★★★
政策执行者与政策执行力	识记、领会	单选、多选、简答	★
影响政策执行的主要因素	识记、领会	单选、论述	★
公共政策执行偏差及其矫正	识记、领会	单选、简答、论述	★★
公共政策的无效执行与有效执行	识记、领会	单选、简答、论述	★

第一节　公共政策执行的意义、特点与模型

本节内容提要

本节内容主要介绍公共政策执行的意义、特点和模型。

知识点 1

公共政策执行的含义、特点和作用☆☆

小知识

从20世纪70年代开始，西方特别是美国的学者将公共政策研究的主题和重心从政策制定转移到政策的执行上。公共政策执行是政策过程的重要环节，是实现政策目标和解决政策问题的直接途径。

1. 公共政策执行的含义

（1）公共政策经合法化过程确定并公布之后，开始进入执行阶段。公共政策执行是政策过程的实践环节，是将公共政策目标转化为政策现实的唯一途径。

（2）所谓公共政策执行就是政策执行主体为了实现公共政策目标，通过各种措施和手段作用于公共政策对象，使公共政策内容变为现实的行动过程。

（3）公共政策执行的本质是遵循政策指令所进行的变革，是将一种政策付诸实施的所有行动的总和。

2. 公共政策执行的特点

（1）目标的导向性：公共政策是以公共政策目标为行动方向的，政策目标是政策执行的出发点和归宿点。

（2）内容的务实性：公共政策执行要面对具体的公共问题，因此其计划、步骤、措施、手段等必须务实，须具有可操作性和实践性。

（3）行为的能动性：公共政策执行是构筑公共政策与现实生活的桥梁和纽带，必须着眼于具体的现实社会问题的解决。

（4）手段的权威性：公共政策不同于一般的道德规范，其执行具有强制性。

3. 公共政策执行的作用

公共政策执行是政府公共管理活动的基本环节，是实现公共政策目标的最直接的决定

因素。具体而言，它在政策过程中具有的地位和作用有以下几点。

（1）公共政策执行是实现政策目标的重要途径。

（2）公共政策执行是检验政策质量的唯一环节。

（3）公共政策执行是制定后继政策的基本依据。

小拓展

毛泽东指出，“判定认识或理论之是否真理，不是依主观上觉得如何而定，而是依客观上社会实践的结果如何而定。真理的标准只能是社会的实践。”公共政策正确与否、质量优劣、效果有无都必须经过政策执行才能得到检验。

知识解读

本知识点一般考查单选题、多选题和简答题。

本知识点属于常考知识点，建议将本知识点内容通篇学习。

真题小练

单选题

1.（2007 年 7 月全国）检验政策方案正确与否的唯一标准是（　　）

A. 政策评估　　B. 政策分析　　C. 政策执行　　D. 政策反馈

答案及解析：C。公共政策执行是检验政策质量的唯一环节。公共政策经过程序化的逻辑推理和理论预设后，无论其建构多么完美，都仅仅是纸面上的东西，其正确与否、质量优劣、效果有无都必须经过政策执行才能得到检验。

2.（2009 年 4 月全国）将政策目标转化为政策现实的唯一途径是（　　）

A. 公共政策制定　　B. 公共政策执行

C. 公共政策评估　　D. 公共政策监控

答案及解析：B。公共政策经合法化过程确定并公布之后，开始进入执行阶段。公共政策执行是政策过程的实践环节，是将公共政策目标转化为政策现实的唯一途径。

多选题

（2007 年 7 月全国）政策执行的特点包括（　　）

A. 目标的导向性　　B. 内容的务实性　　C. 行为的能动性

D. 时间上的周期性　　E. 手段的权威性

答案及解析：ABCE。公共政策执行是公共政策的具体实践过程，它具有如下特点。（1）目标的导向性。（2）内容的务实性。（3）行为的能动性。（4）手段的权威性。

简答题

（2008 年 7 月全国）简述公共政策执行的定义与本质。

答案及解析：公共政策执行就是政策执行主体为了实现公共政策目标，通过各种措施和手段作用于公共政策对象，使公共政策内容变为现实的行动过程。公共政策执行的本质是遵循政策指令所进行的变革，是将一种政策付诸实施的所有行动的总和。

小试牛刀

单选题

实现政策目标和解决政策问题的直接途径是（　　）

A. 政策研究　　B. 政策调整　　C. 政策执行　　D. 政策学习

答案及解析：C。公共政策执行是政策过程的重要环节，是实现政策目标和解决政策问题的直接途径。公共政策执行是政策过程的实践环节，是将公共政策目标转化为政策现实的唯一途径。

多选题

政策执行对于政策过程的重要性体现在（　　）

A. 是进行政策调整、提出政策建议的重要依据

B. 是实现政策目标的重要途径

C. 是检验政策方案正确与否的唯一标准

D. 其后果是后续决策的基本依据

E. 是政策过程的第一环节

答案及解析：BCD。公共政策执行是政府公共管理活动的基本环节，是实现公共政策目标的最直接的决定因素。具体而言，它在政策过程中具有的地位和作用有以下几点。（1）公共政策执行是实现政策目标的重要途径。（2）公共政策执行是检验政策质量的唯一环节。（3）公共政策执行是制定后继政策的基本依据。

知识点 2

政策执行研究的发展路径☆

1. 第一代政策执行研究路径

第一代政策执行研究路径被称为“向前推进策略”，即所谓的“自上而下”政策执行研究路径，又被称为“以政策为中心的途径”或“政策制定者透视”。这一研究路径强调政策制定和政策执行的分立性，偏重政策执行实务与个案研究，主张政策是由上层通过集权、命令、控制来规划和制定的；然后，它们被转化成为各种具体化的指示，由下级部门的官员或职员来执行完成。

2. 第二代政策执行研究路径

第二代政策执行研究采取的是“自下而上”的研究路径，又被称为“向后推进策略”强调政策制定者与执行者之间的互动。我国台湾学者林永波将其称为“草根路径”。

3. 第三代政策执行研究路径

第三代政策执行研究的整合路径试图建立能够结合自上而下与自下而上模式的整合性概念架构。

知识解读

本知识点一般考查单选题和论述题。

掌握政策执行研究的发展路径及每个路径的具体内容。

真题小练

单选题

1.（2012 年 4 月全国）在政策执行研究中，强调政策制定和政策执行的分立性，偏重政策执行实务与个案研究的研究路径是（　　）

A.“自上而下”执行研究路径　　B.“自下而上”执行研究路径

C. 整合性执行研究路径　　D. 执行研究的“向后推进策略”

答案及解析：A。第一代政策执行研究路径被称为“向前推进策略”，即所谓的“自上而下”政策执行研究路径，又被称为“以政策为中心的途径”或“政策制定者透视”。这一研究路径强调政策制定和政策执行的分立性，偏重政策执行实务与个案研究，主张政策是由上层通过集权、命令、控制来规划和制定的；然后，它们被转化成为各种具体化的指示，由下级部门的官员或职员来执行完成。

2.（2016 年 10 月全国）第二代政策执行研究采取的是“自下而上”的研究路径，又被称作（　　）

A. 向前推进策略　　B. 以政策为中心的途径

C. 整合路径　　D. 草根路径

答案及解析：D。第二代政策执行研究采取的是“自下而上”的研究路径，强调政策制定者与执行者之间的互动。我国台湾学者林永波将其称为“草根路径”。

论述题

（2017 年 4 月全国）试述政策执行研究的发展路径。

答案及解析：政策执行研究经历了三代发展路径。（1）第一代政策执行研究路径被称为“向前推进策略”，采取的是自上而下的研究路径。这一路径强调政策制定和政策执行的分立性，偏重政策执行实务与个案研究，主张政策是由上层通过集权、命令、控制来规划和制定的；然后，它们被转化成为各种具体化的指示，由下级部门的官员或职员来执行完成。（2）第二代政策执行研究采取的是自下而上的研究路径。这一路径强调政策制定者与执行者之间的互动，认为政策制定者的核心任务不是设定政策执行的架构，而是提供一个充分自主的空间，给予基层官僚或地方执行机关更多的自由裁量权，使其能够采取适当的措施，建立起一个适应政策执行环境的政策执行过程。（3）第三代政策执行研究试图建立能够结合自上而下与自下而上模式的整合性概念架构。成功的政策执行一方面在于“向前推进策略”的运用，期望由政策制定者缜密规划政策工具与其他资源的运用，另一方面则必须采用“向后推进策略”，广泛掌握目标人群的诱因结构。

小试牛刀

单选题

1. 政策执行研究经历了三代发展路径，第一代政策执行研究路径是（　　）

A.“向前推进策略”　　B.“向后推进策略”

C.“自上而下策略”　　D.“自下而上策略”

答案及解析：A。第一代政策执行研究路径被称为“向前推进策略”。

2. 政策执行研究经历了三代发展路径，其中第二代政策执行研究路径被称为（　　）

A.“向前推进策略”　　B.“向后推进策略”

C.“整合策略”　　D.“以政策为中心的路径”

答案及解析：B。第二代政策执行研究路径被称为“向后推进策略”。

知识点 3

基于中国经验的政策执行“上下来去”模型☆

重点解读 基于中国经验的政策执行“上下来去”模型，是在结合中国实际情况的基础上构建的政策执行研究路径。它具有以下内涵。

（1）政策执行是一个“从群众中来，到群众中去”的过程。

（2）政策执行是一个“实验—推广”的过程。

（3）政策执行是一个“执行—总结”的过程。

知识解读

本知识点一般考查简答题。

掌握基于中国经验的政策执行“上下来去”模型的内涵。

真题小练

简答题

（2014年10月全国）简述“上下来去”政策执行模型的内涵。

答案及解析：（1）基于中国经验的政策执行“上下来去”模型，是在结合中国实际情况的基础上构建的政策执行研究路径。（2）政策执行是一个“从群众中来，到群众中去”的过程。（3）政策执行是一个“实验—推广”的过程。（4）政策执行是一个“执行—总结”的过程。

小试牛刀

单选题

下列关于基于中国经验的政策执行“上下来去”模型的内涵的说法中，不正确的是（　　）

A. 政策执行是一个“从群众中来，到群众中去”的过程

B. 政策执行是一个“实验—推广”的过程

C. 政策执行是一个“执行—总结”的过程

D. 政策执行是一个“向前—向后”的过程

答案及解析：D。基于中国经验的政策执行“上下来去”模型，是在结合中国实际情况的基础上构建的政策执行研究路径。它具有以下内涵。（1）政策执行是一个“从群众中来，到群众中去”的过程。（2）政策执行是一个“实验—推广”的过程。（3）政策执行是一个“执行—总结”的过程。

知识点4

基于西方经验的政策执行理论模型☆☆☆

1. 公共政策学者从不同的角度出发，形成了多种政策执行理论

（1）行动理论：将政策执行视为对某一项公共政策所要采取的广泛的行动。

（2）组织理论：强调组织在政策执行中的核心地位，认为只有了解组织是怎样工作的，才能理解所要执行的政策以及它在执行中如何被调整和塑造。

（3）因果理论：将政策看作是一种假设，将政策执行看作是引导人们到达目的地的地图，关注政策过程中的因果关系。

（4）管理理论：强调政策执行是一种管理过程。

（5）交易理论：认为政策执行是一个政治上讨价还价的过程。

（6）系统理论：将政策执行理解为政策系统与环境进行物质、能量和信息的交换过程。

小知识

20 世纪 70 年代中期以后，政策研究者纷纷从各自不同的专业背景出发，从各种不同的角度来研究影响公共政策执行的因素，建立起若干政策执行的理论模型，以期帮助人们更有效地了解问题、发现问题和解决问题。

2. 基于西方经验的政策执行理论模型

（1）过程模型：这是由美国学者史密斯在其《政策执行过程》一文中首次提出的一个分析政策执行因素及其生态——执行的理论模型，因而又可称为“史密斯模型”。

（2）互适模型：有些学者称其为“互动理论模型”。这一模型的构建者是美国学者麦克拉夫林，其代表作是写于 1976 年的《互相调适的政策实施》。

（3）循环模型：当代美国公共政策学者雷恩和拉宾诺维茨在 1978 年构建了一个以循环为特色的政策执行分析框架——“雷恩—拉宾诺维茨模型”。他们认为，政策执行经历了三个阶段，遵循三个原则。三个阶段是，拟定纲领阶段、分配资源阶段和监督执行阶段。三个贯穿于每一阶段的原则是，合法原则、理性原则和共识原则。

（4）博弈模型：这是博弈论运用于公共政策执行而形成的理论模型。它以完全理性人为假设前提，认为在冲突和竞争的情况下，每一参加者的选择都遵循最大收益最小损失原则。该模型以美国公共政策学者巴达克为主要代表，他视政策执行为一种游戏或赛局，其间包括下列规定。

①竞赛者，即政策执行者与受影响者。

②利害关系，即竞赛可能的原因。

③竞赛资源，包括策略与技术等软资源与财经、权威等硬资源。

④竞赛规则，这是取胜的标准或条件。公平竞赛是最基本的原则。

⑤竞赛者之间信息沟通的性质。

⑥所得结果的不稳定程度。

（5）系统模型：又称“霍恩—米特尔模型”，是美国学者霍恩和米特尔提出的一个政策执行模型。

（6）综合模型：这是由美国学者梅兹曼尼安和萨巴蒂尔提出的，因而又被称作“梅兹曼尼安—萨巴蒂尔模型”。

小拓展

关于过程模型，史密斯认为政策执行所涉及的因素很多，但有如下四个主要变量。

（1）理想化的政策：即合法、合理、可行的政策方案。

（2）执行机关：通常指政府中具体负责政策执行的机构。

（3）目标群体：即政策对象，泛指由于特定的政策决定而必须调整其行为的群体。

（4）环境因素：即与政策生存空间相关联的因素，包括政治环境、经济环境、文化环境、历史环境等。

知识解读

本知识点一般考查单选题。

本知识点属于常考知识点，重点掌握每一种模型的提出者及模型的别称。

真题小练

单选题

1.（2015 年 10 月全国）构建政策执行博弈模型的美国学者是（　　）

A. 霍恩　　B. 巴达克　　C. 米特尔　　D. 雷恩

答案及解析：B。政策执行的博弈模型以美国公共政策学者巴达克为主要代表。

2.（2017 年 4 月全国）美国学者史密斯提出的政策执行理论模型是（　　）

A. 互适模型　　B. 过程模型　　C. 循环模型　　D. 博弈模型

答案及解析：B。过程模型是由美国学者史密斯在其《政策执行过程》一文中首次提出的一个分析政策执行因素及其生态——执行的理论模型，因而又可称为“史密斯模型”。

3.（2016 年 10 月全国）“互动理论模型”的构建者是美国学者（　　）

A. 史密斯　　B. 雷恩　　C. 麦克拉夫林　　D. 巴达克

答案及解析：C。“互动理论模型”的构建者是美国学者麦克拉夫林，其代表作是写于 1976 年的《互相调适的政策实施》。

小试牛刀

单选题

美国学者雷恩和拉宾诺维茨提出的政策执行理论模型是（　　）

A. 过程模型　　B. 互适模型　　C. 循环模型　　D. 博弈模型

答案及解析：C。循环模型是当代美国公共政策学者雷恩和拉宾诺维茨在 1978 年构建的一个以循环为特色的政策执行分析框架，又称“雷恩—拉宾诺维茨模型”。

多选题

政策执行的理论模型包括（　　）

A. 过程模型　　B. 互适模型　　C. 循环模型

D. 博弈模型和系统模型　　E. 综合模型

答案及解析：ABCDE。20 世纪 70 年代中期以后，政策研究者纷纷从各自不同的专业背景出发，从各种不同的角度来研究影响公共政策执行的因素，建立起若干政策执行的理论模型，以期帮助人们更有效地了解问题、发现问题和解决问题。这些理论模型主要有，过程模型、互适模型、循环模型、博弈模型、系统模型和综合模型。

第二节　政策执行者与政策执行力

本节内容提要

本节内容主要介绍政策执行机关、政策执行人员及其执行力。

知识点 1

政策执行机关的特性☆

（1）政策执行机关是政策执行者的主要组成部分，它主要包括行政机关、党政机关、立法与司法机关、事业机关、国有企业以及社会第三方组织等。

（2）政策执行机关的特性。

①执行性：执行性是政策执行机关最主要、最核心的特性。

②服务性：公共政策是为了满足社会公众的利益需求而采取的措施和行动，任何公共政策说到底都是为了实现社会公众的利益。

③权威性：政策执行机关必须具有权威性，否则政策将无法执行，政策目标更得不到实现。

④法制性：政策执行机关自身建设具有法制性，其机构的建立、人员的编制、职能的确定、权利的划分等都必须符合宪法、法律和行政法规的有关规定，并按法定程序经过有关机构的严格审批。

知识解读

本知识点一般考查单选题和多选题。

执行性是政策执行机关最主要、最核心的特性。重点掌握政策执行机关的四种特性。

真题小练

单选题

（2013 年 7 月全国）政策执行机关最主要、最核心的特性是（　　）

A. 执行性　　B. 服务性　　C. 权威性　　D. 法制性

答案及解析：A。政策执行机关的特性包括，执行性、服务性、权威性和法制性。其中，最主要、最核心的特性是执行性。

多选题

（2015 年 10 月全国）政策执行机关的特性包括（　　）

A. 执行性　　B. 服务性　　C. 受动性

D. 法制性　　E. 权威性

答案及解析：ABDE。政策执行机关的特性包括，执行性、服务性、权威性和法制性。

小试牛刀

单选题

任何公共政策说到底都是为了实现社会公众的利益。

A. 正确　　B. 错误

答案及解析：A。公共政策是为了满足社会公众的利益需求而采取的措施和行动，任何公共政策说到底都是为了实现社会公众的利益。

知识点 2

下级行政人员的执行行为☆

（1）在政策执行者中，下级行政人员既是构成政策执行人员的主要力量，又是影响政策执行效率的基础性因素。

（2）下级行政人员的执行行为，就是指行政机关中除行政领导者之外的其他行政人员为贯彻落实上级决定和政策，完成上级下达的指标任务而采取的一系列活动的总和。

重点解读 下级行政人员的执行行为贯穿于整个政策执行过程，是政策执行过程中最活跃、最有生命力的要素之一，在正常执行过程中有着重要的地位和作用。具体包括以下几点。

（1）下级行政人员的执行行为是政策执行的主体行为。

（2）下级行政人员的执行行为是实现政策目标的重要保证。

（3）下级行政人员的执行行为是塑造政府形象的重要途径。

知识解读

本知识点一般考查单选题和简答题。

下级行政人员的执行行为是政策执行的主体行为。重点记忆下级行政人员的地位和作用。

真题小练

单选题

1.（2017 年 4 月全国）下级行政人员的执行行为是政策执行的（　　）

A. 被动行为　　B. 参与行为　　C. 主体行为　　D. 客体行为

答案及解析：C。下级行政人员的执行行为是政策执行的主体行为。

2.（2017 年 10 月全国）既是构成政策执行人员的主要力量，又是影响政策执行效率的基础性因素的是（　　）

A. 下级行政人员　　B. 政策研究机构　　C. 公共政策执行力　　D. 政策执行机制

答案及解析：A。下级行政人员既是构成政策执行人员的主要力量，又是影响政策执行效率的基础性因素。

小试牛刀

简答题

简述下级行政人员的执行行为的作用。

答案及解析：（1）下级行政人员的执行行为是政策执行的主体行为。（2）下级行政人员的执行行为是实现政策目标的重要保证。（3）下级行政人员的执行行为是塑造政府形象的重要途径。

知识点 3

公共政策执行力☆

1. 公共政策执行力概念辨析

（1）公共政策执行力的含义：公共政策执行力是政策执行者通过对政策目标及其方向的把握，设计政策执行方案，调度和配置相关资源，运用政策工具，从而实现政策目标、最终解决社会问题的能力及其成效。简言之，就是公共政策有效执行的程度。

（2）高效的政策执行力必须具备两个方面的要素：一是必须具备较高的政策执行能力，对政策内容和精神能够准确地把握、领会，并且能有效调度、使用和配置政策执行相关资源，行动迅速有力；二是必须具备较好的成效力，政策执行必须产生较好的效果。两者缺一不可。

2. 公共政策执行力的影响因素

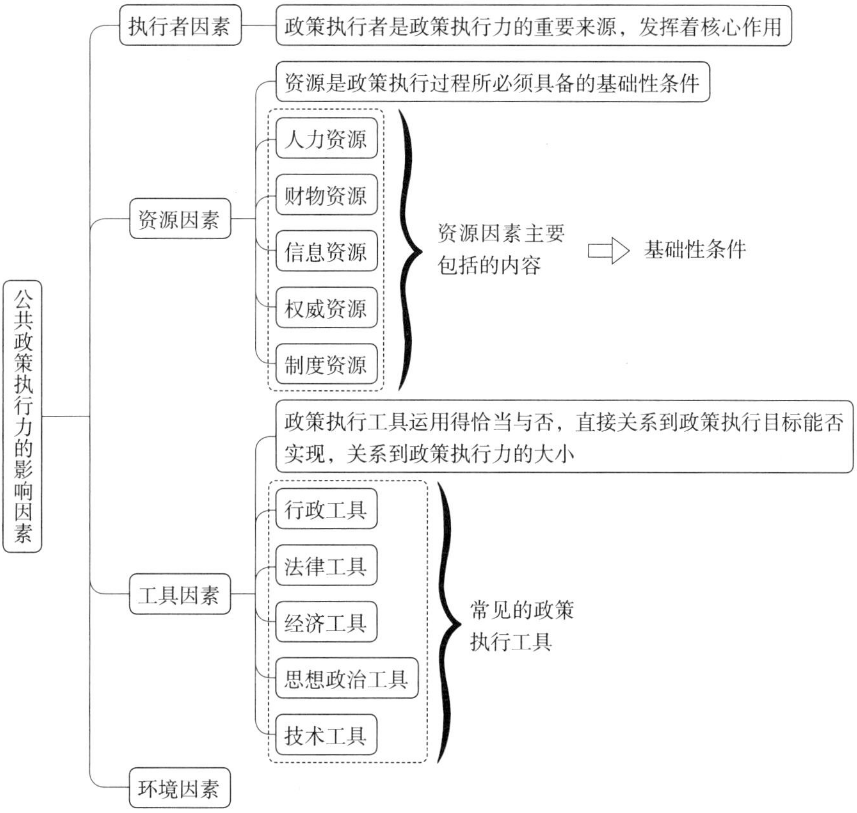

3. 创新提升公共政策执行力的机制

（1）优化公共决策机制。

（2）创新政策执行的动力机制。

（3）构建政策执行的功能共享机制。

（4）完善政策执行的利益均衡机制。

知识解读

本知识点一般考查单选题、多选题和简答题。

重点掌握公共政策执行力的影响因素。

真题小练

单选题

1.（2016 年 10 月全国）公共政策执行力的核心影响因素是（　　）

A. 资源因素　　B. 环境因素　　C. 工具因素　　D. 执行者因素

答案及解析：D。任何政策归根结底都要依靠政策执行者才能完成，因此，政策执行者是政策执行力的重要来源，发挥着核心作用。

2.（2014 年 7 月全国）政策执行过程所必须具备的基础性条件是（　　）

A. 执行者　　B. 工具　　C. 资源　　D. 环境

答案及解析：C。资源是政策执行过程所必须具备的基础性条件。

简答题

（2013 年 7 月全国）简述公共政策执行力的影响因素。

答案及解析：（1）执行者因素。（2）资源因素。（3）工具因素。（4）环境因素。

小试牛刀

多选题

1. 资源是政策执行过程所具备的基础性条件，是公共政策得以有效执行的重要保证，这些资源主要包括（　　）

A. 人力资源　　B. 财物资源　　C. 信息资源

D. 权威资源　　E. 制度资源

答案及解析：ABCDE。公共政策执行力的影响因素主要包括，执行者因素、资源因素、工具因素和环境因素。其中资源主要包括，人力资源、财物资源、信息资源、权威资源和制度资源。

2. 常见的公共政策执行工具有（　　）

A. 行政工具　　B. 法律工具　　C. 经济工具

D. 思想政治工具　　E. 技术工具

答案及解析：ABCDE。常见的公共政策执行工具有，行政工具、法律工具、经济工具、思想政治工具和技术工具。

第三节　影响政策执行的主要因素

本节内容提要

本节内容主要介绍影响政策执行的主要因素。

知识点 1

政策本身☆

美国学者史密斯认为，影响公共政策执行的因素有很多，其中首要一条即是“理想化的政策”。

一般认为，政策本身的因素主要包括，政策的合理性、政策的具体性和政策的稳定性。

（1）公共政策的合理性。①公共政策必须符合客观规律，具有科学价值，具有可执行性。②公共政策必须具有合法化程序。③政策要与社会文化保持一致，从而有利于取得社会公众对公共政策的认同感。④公共政策必须符合广大人民群众的根本利益。

（2）政策的具体性。公共政策的具体明确是公共政策具有可执行性的关键。

（3）政策的稳定性。政策的稳定性是指政策一经制定出来，就要保持相对稳定的一段时期，不能随意变动。

知识解读

本知识点一般考查单选题。

本知识点不属于常考知识点，了解政策本身的因素主要包括哪些内容即可。

小试牛刀

单选题

1. 政策本身对政策执行的影响因素不包括（　　）

A. 政策的合理性　　B. 政策的具体性

C. 政策的稳定性　　D. 政策的权威性

答案及解析：D。政策本身对政策执行的影响因素包括，政策的合理性、政策的具体性和政策的稳定性。

2. 政策的稳定性是指政策一经制定出来，就要保持相对稳定的一段时期，不能随意变动。

A. 正确　　B. 错误

答案及解析：A。政策的稳定性与连续性是统一的。政策的稳定性是指政策一经制定出来，就要保持相对稳定的一段时期，不能随意变动。

填空题

公共政策的________是公共政策具有可执行性的关键。

答案及解析：具体明确。公共政策的具体明确是公共政策具有可执行性的关键。

知识点 2

执行主体☆

所谓公共政策执行主体，是指负责组织落实公共政策的人员或组织，主要包括国家和地方的行政机关、司法机关、被赋予执行权的其他公共权力机关以及供职于这些机关的公职人员。在当代中国，还包括党的各级领导机关、领导者和其他享有执行权的党的干部。

1. **政策执行组织**

分析执行组织的配置情况对于执行系统分析是不可或缺的，执行组织结构的合理性、权责的明确性直接对政策执行的力度与效度产生重大影响。

2. **政策执行人员**

执行人员是执行组织的主要元素，因而也是影响公共政策执行的主要因素。执行人员的利益、心理、知识和能力等因素影响着执行系统的有效运行。

（1）利益因素：执行人员具有多重身份，一方面代表国家，从社会整体利益的角度去理解和执行公共政策；另一方面代表本地区、本部门、本团体的利益，有时会从自身利益的角度去理解和执行公共政策。因此，在政策执行过程中渗透着国家利益与地区利益、部门利益与个人利益的冲突、斗争和整合。

（2）心理因素：执行者的需要、动机、价值观、态度、情绪与情感、意志等都对公共政策执行有一定影响。公共政策执行是一种复杂的社会行为。从实际情况来看，常常由于政策环境的复杂多变以及政策执行资源的有限性，也由于政策内容不明确、政策缺少可操作性、政策执行授权不够等，政策执行更多地需要依靠执行者的自身因素的作用。

（3）知识因素：当今是一个“知识激增”“信息爆炸”的知识经济时代，执行者如果没有广博的学识，没有丰富的实践经验，就不能正确理解相关政策，就不能有效地分析和解决政策问题，保证公共政策的贯彻执行。

（4）能力因素：政策执行者的创造性思维能力、语言表达能力、人际交往能力、社会活动能力、学习能力、灵活应变能力、组织管理能力等，对于有效的政策执行都是必不可少的。

知识解读

本知识点一般考查论述题。

了解政策执行的主体有哪些，重点记忆政策执行人员对政策执行系统有效运行的影响。

真题小练

论述题

（2018 年 4 月全国）试述政策执行人员对政策执行系统有效运行有哪些影响。

答案及解析：执行人员的利益、心理、知识和能力等因素影响着执行系统的有效运行。（1）利益因素。执行人员具有多重身份，一方面代表国家，从社会整体利益的角度去理解和执行公共政策；另一方面代表本地区、本部门、本团体的利益，有时会从自身利益的角度去理解和执行公共政策。因此，在政策执行过程中渗透着国家利益与地区利益、部门利益与个人利益的冲突、斗争和整合。（2）心理因素。执行者的需要、动机、价值观、态度、情绪与情感、意志等都对公共政策执行有一定影响。公共政策执行是一种复杂的社会行为。从实际情况来看，常常由于政策环境的复杂多变以及政策执行资源的有限性，也由于政策内容不明确、政策缺少可操作性、政策执行授权不够等，政策执行更多地需要依靠执行者的自身因素的作用。（3）知识因素。当今是一个“知识激增”“信息爆炸”的知识经济时代，执行者如果没有广博的学识，没有丰富的实践经验，就不能正确理解相关政策，就不能有效地分析和解决政策问题，保证公共政策的贯彻执行。（4）能力因素。政策执行者的创造性思维能力、语言表达能力、人际交往能力、社会活动能力、学习能力、灵活应变能力、组织管理能力等，对于有效的政策执行都是必不可少的。

知识点 3

政策对象☆

1. 公共政策对象的含义

公共政策目标总要表现为对一部分人、群体或组织的利益进行分配或调整，表现为对一部分个人、群体或组织行为的指导、制约或改变。这些个体、群体和组织就是政策对象，即政策执行主体在实施政策过程中所发生影响和作用的承受者。

2. 公共政策对象的特点

（1）政策规定性。（2）受动性。（3）主观差异性。

小拓展

对公共政策的规定性的理解：例如，外交政策的对象是除本国之外的其他国家。

知识解读

本知识点一般考查单选题、多选题和论述题。

重点掌握公共政策对象的特点。

真题小练

多选题

（2011 年 7 月全国）公共政策对象具有的特点有（　　）

A. 政策规定性　　B. 主动性　　C. 受动性

D. 主观差异性　　E. 效果统一性

答案及解析：ACD。公共政策对象具有的特点有，政策规定性、受动性和主观差异性。

综合题

（2015 年 10 月全国）应急车道为何难应急

随着节后返程高峰期到来，多地出现高速公路拥堵状况。在某高速公路上，近日就发生这样一幕：由于发生车祸，返程车流把高速公路包括应急车道都堵死了。急救车艰难前行，不得不反复广播："我们过不去，你们也走不了。"只可惜道路被塞死，效果不佳。急救车只要 1 分钟就走完的路却足足拖了 15 分钟。应急车道乃"生命通道"，是发生应急抢险、事故处理等紧急状态时留给特殊车辆通行的。交通规则明确规定，不得随意在应急车道行车。把"生命通道"堵死，不仅可能拖延道路疏通时间，而且还可能延误生命救治。这个道理谁都明白，但一碰到堵车，经常有人投机取巧，随意抢占应急车道。

保持"生命通道"畅通，需要人人参与、共同维护。遵守交通规则，自觉让路于生命救援，是行车人理应具备的基本素质。如果每个人都自觉遵守交通规则，不随意占用应急车道，哪怕道路堵塞，也不会影响急救、抢险等道路功能的发挥，应急车道就能真正发挥应急的作用。

（1）什么是政策对象？

答案及解析：公共政策目标总要表现为对一部分人、群体或组织的利益进行分配或调整，表现为对一部分个人、群体或组织行为的指导、制约或改变。这些个体、群体和组织就是政策对象，即政策执行主体在实施政策过程中所发生影响和作用的承受者。

（2）试依据政策对象的特点，分析应急车道为什么难以应急？

答案及解析：公共政策对象具有如下特点，一是政策规定性，政策执行是根据政策方案进行的，任何政策方案都包括关于政策对象的规定，都明确界定政策适用对象的范围；二是受动性，在政策执行过程中，政策对象是客体，是受动者，总体上处于受动境地：三是主观差异性，政策对象所涉及的个人、组织和集团，受自身利益、文化心理因素以及受教育程度的影响呈现出主观差异性。本案例中，高速公路行车者是"应急车道不得随意行车"这一交通规则的政策对象，应急车道之所以出现难以应急的情况，是因为作为政策对象的部分高速公路行车者，由于主观差异性所体现的素质低下，没有遵守交通规则，随意占用应急车道造成的。

小试牛刀

单选题

以下哪项不属于政策对象的特点（　　）

A. 政策规定性　　B. 受动性　　C. 主观差异性　　D. 针对性

答案及解析：D。公共政策对象具有的特点是，政策规定性、受动性和主观差异性。

知识点 4

政策环境☆

影响公共政策执行的政策环境可区分为自然环境和社会环境。

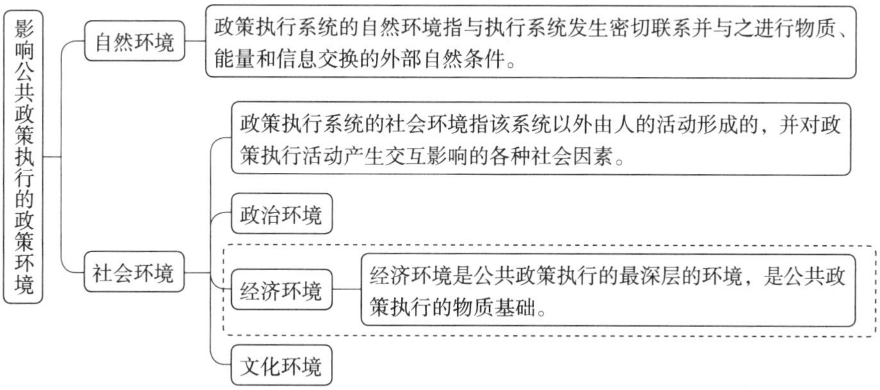

知识解读

本知识点一般考查单选题。

影响公共政策执行的政策环境可区分为自然环境和社会环境。重点掌握社会环境的相关内容。

真题小练

单选题

（2018 年 4 月全国）公共政策执行的最深层的环境和物质基础是（　　）

A. 自然环境　　B. 政治环境　　C. 经济环境　　D. 社会环境

答案及解析：C。经济环境是公共政策执行的最深层的环境，是公共政策执行的物质基础。

小试牛刀

单选题

1. 政策执行系统的（　　）指与执行系统发生密切联系并与之进行物质、能量和信息交换的外部自然条件。

A. 自然环境　　B. 经济环境　　C. 社会环境　　D. 政治环境

答案及解析：A。政策执行系统的自然环境指与执行系统发生密切联系并与之进行物质、能量和信息交换的外部自然条件。

2. 政策执行系统的社会环境指该系统以外由人的活动形成的，并对政策执行活动产生交互影响的各种社会因素。

A. 正确　　　　　　　　　　　　　　B. 错误

答案及解析：A。政策执行系统的社会环境指该系统以外由人的活动形成的，并对政策执行活动产生交互影响的各种社会因素。

第四节　公共政策执行偏差及其矫正

本节内容提要

本节内容主要介绍公共政策执行偏差的含义、表现形式、产生的原因以及矫正的方法。

知识点 1

什么是公共政策执行偏差☆

（1）所谓公共政策执行偏差，指政策执行者在实施政策过程中，由于主客观因素的作用，其行为效果偏离政策目标并产生了不良后果的政策现象。

（2）政策执行偏差的表现形式。

①象征式政策执行：即在执行公共政策过程中，只重视表面文章和形象包装，而忽视了深层问题的解决，政策执行成为一面到处挥舞的旗帜，政策目标则没有落到实处。例如“阳奉阴违”。

②附加式政策执行：即在执行公共政策过程中，人为地附加了与政策目标背离的其他内容，使政策执行超出了政策的基本要求，为谋取地方或个人利益提供方便。“土政策”就是这种附加式政策执行的典型表现。

③残缺式政策执行：即政策执行的不配套、不完备、不及时，政策内容只有部分被执行，而其余则被“遗忘”；或政策执行得不及时，缺乏时效性，导致了政策目标实现得不全面、不充分。例如“断章取义，为我所用”。

④替代式政策执行：也就是“挂羊头，卖狗肉”，即在执行政策过程中，执行者用自己的一套政策替代既定政策，对符合自身利益的政策就充分利用，对不符合的就予以曲解变形，并用是否符合地方利益为标准来决定对政策执行的态度。例如“上有政策，下有对策”。

⑤观望式政策执行：即政策执行主体或因疲于应付具体事务，或担心目标群体的抵抗，或因自身私利受损等原因，导致行动迟缓、思想犹豫、心理矛盾，对政策执行持观望态度。

⑥照搬式政策执行：即在执行政策的过程中，执行机关不经过认真的政策学习与思考，不做调研，习惯于机械地照抄照转上级文件，不能根据地方实际情况提出政策执行的指导性文件，因而对下属部门的政策执行工作缺乏有效的指导，也导致下级政策执行机关的盲目和随意。

⑦规避式政策执行：即在执行政策的过程中，分工不合理，权责不明确，该完成的工作不能保质保量完成，该承担的责任则相互推诿。

知识解读

本知识点一般考查单选题和论述题。

重点掌握每种政策执行偏差的典型表现形式。

真题小练

单选题

1.（2017 年 10 月全国）由于执行行为效果偏离政策目标并产生了不良后果的政策现象是（　　）

A. 政策制定偏差　　B. 政策执行偏差　　C. 政策评估偏差　　D. 政策规划偏差

答案及解析：B。所谓公共政策执行偏差，指政策执行者在实施政策过程中，由于主客观因素的作用，其行为效果偏离政策目标并产生了不良后果的政策现象。

2.（2016 年 10 月全国）在政策执行中“挂羊头，卖狗肉”“上有政策，下有对策”的行为，属于政策执行偏差中的（　　）

A. 象征性执行　　B. 附加性执行　　C. 替代性执行　　D. 残缺性执行

答案及解析：C。替代式政策执行，也就是“挂羊头，卖狗肉”，即在执行政策过程中，执行者用自己的一套政策替代既定政策，对符合自身利益的政策就充分利用，对不符合的就予以曲解变形，并用是否符合地方利益为标准来决定对政策执行的态度。

3.（2018 年 4 月全国）“土政策”属于（　　）

A. 替代式政策执行　　B. 附加式政策执行

C. 象征式政策执行　　D. 残缺式政策执行

答案及解析：B。附加式政策执行，即在执行公共政策过程中，人为地附加了与政策目标背离的其他内容，使政策执行超出了政策的基本要求，为谋取地方或个人利益提供方便。“土政策”就是这种附加式政策执行的典型表现。

论述题

（2014 年 7 月全国）试述公共政策执行偏差的含义及其表现形式。

答案及解析：所谓公共政策执行偏差，指政策执行者在实施政策过程中，由于主客观因素的作用，其行为效果偏离政策目标并产生了不良后果的政策现象。政策执行偏差有如下一些表现形式。①象征式政策执行。②附加式政策执行。③残缺式政策执行。④替代式政策执行。⑤观望式政策执行。⑥照搬式政策执行。⑦规避式政策执行。

小试牛刀

单选题

1. 反映象征式政策执行的现象是（　　）

A. 阳奉阴违　　B. 土政策

C. 断章取义，为我所用　　D. 上有政策，下有对策

答案及解析：A。政策执行偏差表现形式之一是象征式政策执行。即在执行公共政策过程中，只重视表面文章和形象包装，而忽视了深层问题的解决，政策执行成为一面到处挥舞的旗帜，政策目标则没有落到实处。

2. 反映附加式政策执行的现象是（　　）

A. “阳奉阴违”　　B. “土政策”

C. “断章取义，为我所用”　　D. “上有政策，下有对策”

答案及解析：B。“土政策”是反映附加式政策执行的现象。

知识点 2

执行偏差产生的原因☆

1. 主观原因

（1）政策执行者的自身利益和需求偏离公共利益。

（2）执行者的素质缺陷。①有限的专业知识水平。②有限的执行能力。③缺乏战略主见和迎接挑战的心理素质。

（3）执行机构的管理缺陷。①不合理的组织结构和人员结构。②执行机构中沟通和协调困难。③组织制度缺陷。④政策关系处理不当。

（4）政策执行的宣传缺陷。①宣传不足。②宣传过度：干打雷，不下雨。③宣传不实。

（5）准备工作不够完善。

2. 客观原因

（1）政策问题本身的复杂性。

（2）政策环境的变化。

（3）目标群体的压力。①利益集团的压力。②目标群体的文化障碍。

（4）缺乏健全的监督机制。

小提示

如果执行机构中沟通和协调困难，就容易造成在政策执行中思想分歧，行动异步，“各吹各的号，各唱各的调”，产生执行偏差。

知识解读

本知识点一般考查简答题、论述题。

重点记忆政策执行偏差产生的主客观原因。

真题小练

单选题

（2014 年 10 月全国）“各吹各的号，各唱各的调”反映的是政策执行机构的一种管理缺陷，即（　　）

A. 执行中缺乏沟通和协调　　B. 组织制度缺陷

C. 政策关系处理不当　　D. 人员结构不合理

答案及解析：A。如果执行机构中沟通和协调困难，就容易造成在政策执行中思想分歧，行动异步，“各吹各的号，各唱各的调”，产生执行偏差。

简答题

（2016 年 10 月全国）简述公共政策执行偏差产生的主观原因。

答案及解析：（1）政策执行者的自身利益和需求偏离公共利益。（2）执行者的素质缺陷。（3）执行机构的管理缺陷。（4）政策执行的宣传缺陷。（5）准备工作不够完善。

论述题

（2012 年 7 月全国）试述导致公共政策执行偏差的主客观原因。

答案及解析：（1）主观原因。①作为一种普遍现象，政策执行者的自身利益和需求影响着政策的有效执行。②执行者的素质缺陷也是造成政策执行偏差的原因，这种缺陷表现为，有限的专业知识水平、有限的执行能力以及缺乏战略主见和迎接挑战的心理素质。③执行机构的管理缺陷也会导致执行偏差。④政策执行的宣传缺陷也容易造成政策执行偏差，主要表现为，宣传不足，宣传过度，宣传不实。⑤在政策执行过程中，准备工作不够完善，如计划不周、投入不足等也往往是造成执行偏差的重要原因。（2）客观原因。①政策问题本身的复杂性，使政策执行“牵一发而动全身”，难以如预想的那样及时取得成效。②政策环境的变化，给政策执行增加了复杂性和困难。③如果没有得到目标群体的认同与支持，政策执行就会寸步难行。④监督法制不健全、监督方法不恰当、监督机构无权威、监督渠道不畅通，也会导致对政策执行行为监督的缺位与乏力，不能对执行者的行为与结果进行有效的责任追究，从而导致政策执行偏差的产生与扩大。

小试牛刀

单选题

政策执行的宣传缺陷也容易造成政策执行偏差，其主要表现不包括（　　）

A. 宣传不足　　B. 宣传过度　　C. 宣传不实　　D. 宣传无效

答案及解析：D。政策执行的宣传缺陷容易造成政策执行偏差，主要表现为，宣传不足、宣传过度和宣传不实。

知识点 3

公共政策执行偏差的矫正☆

（1）公共政策执行偏差的矫正指政策执行主体采取一定的纠正措施，使政策执行回到正确的方向，并且消除或尽可能减少其负面效应和不良后果的过程。

（2）矫正政策执行偏差的对策如下。

①加强公共政策执行的成本—收益分析。

②加强公共政策的认知力度。

③努力提高公共政策执行者的素质。

④加强公共政策执行的控制与监督。

⑤加强公共政策执行的制度创新。

知识解读

本知识点一般考查单选题。

本知识点不属于常考知识点，了解矫正政策执行偏差的对策即可。

小试牛刀

简答题

简述矫正公共政策执行偏差的对策。

答案及解析：（1）加强公共政策执行的成本—收益分析。（2）加强公共政策的认知力度。（3）努力提高公共政策执行者的素质。（4）加强公共政策执行的控制与监督。（5）加强公共政策执行的制度创新。

第五节　公共政策的无效执行与有效执行

本节内容提要

本节内容主要介绍公共政策的无效执行与有效执行的相关内容。

知识点 1

政策失灵与公共政策的无效执行☆

（1）政策失灵通常又被称为“政策失效”和“政策失败”，其实质指政策执行之后，政策不一定总是能产生政策主体所希望的结果。

（2）公共政策的无效执行是政策失灵的主要表现之一。

（3）政策失灵的主要原因。

①执行机制与执行者素质的缺陷。

②利益群体或压力集团的影响。

③政策执行原则把握不好。

④政策执行环境的影响。

⑤目标群体的不配合或抵触。

（4）政策失灵不仅意味着政策不能发挥其应有的作用，造成政策投入浪费，同时还会给社会造成破坏，危害公众利益和降低政府威信力。

知识解读

本知识点一般考查单选题、简答题和综合题。

了解政策失灵的定义，重点掌握并灵活运用政策失灵产生的原因。

真题小练

单选题

（2015 年 10 月全国）政策执行之后，政策不一定总是能产生政策主体所希望的结果，这种情况称为（　　）

A. 政策终结　　B. 政策失误　　C. 政策失灵　　D. 政策调整

答案及解析：C。政策失灵通常被称为“政策失效”“政策失败”，其实质指政策执行之后，政策不一定总是能产生政策主体所希望的结果。

简答题

（2011 年 7 月全国）简述导致政策无效执行的因素。

答案及解析：（1）执行机制与执行者素质的缺陷是导致政策失灵的重要原因。（2）利益群体或压力集团的影响。（3）政策执行原则把握不好。（4）政策执行环境的影响。（5）目标群体的不配合或抵触。

综合题

（2012 年 4 月全国）州领导三次批示难阻项目开工

水泥业作为高污染、高耗能、产能过剩的行业，一直是宏观调控的重点行业。而记者近日在采访时发现，一个按国家规定不得开工建设，且被 Y 州州委州政府数次批示叫停的水泥项目，却正在大张旗鼓地抢建。有关专家称这是一个典型的“产能过剩行业调控失灵范本”。2010 年 2 月 24 日，Y 州工信局《关于 Y 州水泥产业发展情况的汇报》称：该水泥项目，州委州政府明确要求缓建，但项目所在地、该州所属的 T 市一直在推进，建议按州委州政府意见办事。2 月 25 日，州领导在这份材料上批示：“赞成工信局意见，关于 T 市的水泥项目，应采取措施予以缓建，T 市应从大局出发配合工作。”但是作为 Y 州管辖的 T 市并未听从州领导的意见。不久，T 市水利部门批准了该项目的用水审批文件。此后不到两个月，该项目土建工程强行开工。5 月 28 日，在 Y 州工信局《关于 T 公司项目进展情况汇报》上，州领导再次批示“州委州政府是一直不赞成此项目的，要想尽办法缓建。”与此同时，该项目开始挖地基，进行更大规模的施工建设。2010 年 8 月 19 日，T 市市委书记、市长带领市四大班子成员及各委、办、局负责人共 100 余人赴承建该项目的公司视察工作。该公司负责人向市领导表示：克难攻坚，抓紧施工，争取早投产、早见效。10 月 28 日，州领导第三次在一份材料上批示“这个项目以缓建为好。”在这次批示后，T 市和承建该项目的公司反而加快了建设步伐。11 月中旬，记者在施工现场看到，“战胜困难抢工期”的红色条幅在猎猎寒风中飘舞。

（1）公共政策失灵的主要原因有哪些？

答案及解析：（1）执行机制与执行者素质的缺陷。（2）利益群体或压力集团的影响。（3）政策执行原则把握不好。（4）政策执行环境的影响。（5）目标群体的不配合或抵触。

（2）从政策失灵的角度分析本案例中州领导三次批示难阻项目开工的原因。

答案及解析：本案例中政策失灵的主要表现是执行原则把握不好、利益集团的影响以及目标群体的不配合甚至抵触。

小试牛刀

单选题

政策不能发挥其应有的作用，造成政策投入浪费，同时还会给社会造成破坏，危害公众利

益和降低政府威信力。这是指（　　）

A. 政策失灵　　B. 政府失灵　　C. 市场失灵　　D. 协调失灵

答案及解析：A。政策失灵不仅意味着政策不能发挥其应有的作用，造成政策投入浪费，同时还会给社会造成破坏，危害公众利益和降低政府威信力。

知识点 2

公共政策有效执行的原则以及机制☆

1. 公共政策有效执行的原则

（1）忠实原则。这是公共政策执行的基本原则。

（2）民主原则。

（3）法治原则。

（4）创新原则。创新是一个民族的灵魂，是国家兴旺发达的不竭动力，也是一个政党永葆生机的源泉。

> **小提示**
>
> “有利就执行，无利就变形”“上有政策，下有对策”都是有悖于忠实原则的，必然导致政策执行偏差乃至失败。

2. 公共政策有效执行的机制

（1）公共政策信息沟通机制。

（2）公共政策的公民参与机制。

（3）公共政策的激励、责任与监督机制。

知识解读

本知识点一般考查单选题和简答题。

重点掌握公共政策有效执行应遵循的基本原则以及公共政策执行要重点构建和完善的机制。

真题小练

单选题

（2011 年 7 月全国）公共政策有效执行应遵循的基本原则是（　　）

A. 法治原则　　B. 创新原则　　C. 民主原则　　D. 忠实原则

答案及解析：D。忠实原则是公共政策执行的基本原则。“有利就执行，无利就变形”“上有政策，下有对策”都是有悖于忠实原则的，必然导致政策执行偏差乃至失败。

论述题

（2011 年 4 月全国）试述公共政策有效执行的原则与机制。

答案及解析:（1）公共政策有效执行的原则包括,忠实原则、民主原则、法治原则和创新原则。（2）公共政策有效执行的机制包括，公共政策信息沟通机制；公共政策的公民参与机制；公共政策的激励、责任与监督机制。

小试牛刀

单选题

“上有政策，下有对策”有悖于公共政策有效执行的（　　）

A. 忠实原则　　B. 民主原则　　C. 法治原则　　D. 创新原则

答案及解析：A。公共政策有效执行应遵循的原则有忠实原则、民主原则、法治原则、创新原则，“上有政策，下有对策”有悖于公共政策有效执行的忠实原则。

多选题

公共政策执行要重点构建和完善的机制包括（　　）

A. 公共政策信息沟通机制　　B. 公共政策的公民参与机制

C. 公共政策的激励机制　　D. 公共政策的责任机制

E. 公共政策的监督机制

答案及解析：ABCDE。公共政策执行要重点构建和完善的机制包括以下几点。（1）公共政策信息沟通机制。（2）公共政策的公民参与机制。（3）公共政策的激励、责任与监督机制。

第八章　公共政策的评估与监控

科学、完整的公共政策过程离不开政策评估与政策监控，两者都是整个政策过程的有机组成部分，贯穿在政策过程的始终，制约着政策制定过程、政策执行过程和政策调整过程的功能发挥，影响政策系统的产出。政策评估和政策监控还有一个显著的共同点，即政策监控是一种特殊形式的政策评估，或者说是建立在评估基础上的一种权力行为。

历年考情直击

考点	考纲要求	考试题型	重要程度
公共政策评估的含义、作用、主体、类型和内容	识记、领会	单选、多选、简答、论述	★★★
公共政策评估的过程、标准与影响因素	识记、领会	单选、多选、简答、论述	★★
公共政策评估的方法	识记、领会	单选、论述	★
公共政策监控	识记、领会	单选、简答	★★

第一节　公共政策评估的作用、主体与类型

本节内容提要

本节内容主要介绍公共政策评估的内涵、作用、评估主体和评估类型。

知识点 1

什么是公共政策评估☆

1. 政策评估与政策监控的关系

政策监控是一种特殊形式的政策评估，或者说是建立在评估基础上的一种权力行为。

2. 评估的出现

现代意义上的评估出现在 20 世纪 30 年代美国的霍桑实验。

3. 公共政策评估的核心概念

公共政策评估须以“政策结果”为核心概念。政策结果有两类：一是政策产出，二是政策影响。政策产出是政府从事某项活动的计划结果，是目标群体和受益者所获得的物资、服务或其他各种资源。政策影响指政策产出所引起的人们在行为和态度方面的实际变化。

4. 公共政策评估的含义

公共政策评估就是评估主体依据一定的评价标准，通过相关的评价程序，考察公共政策过程的各个阶段、各个环节，对政策产出和政策影响进行检测，以判断政策结果实现政策目标的程度。

知识解读

本知识点一般考查单选题、多选题和简答题。

现代意义上的评估出现在 20 世纪 30 年代美国的霍桑实验。了解公共政策评估的含义及其核心概念。

真题小练

单选题

1.（2008 年 4 月全国）现代意义的政策评估兴起于（　　）

A. 20 世纪 30~40 年代　　B. 20 世纪 50~60 年代

C. 20 世纪 60~70 年代　　D. 20 世纪 70~80 年代

答案及解析：A。现代意义上的评估出现在 20 世纪 30 年代美国的霍桑实验。但从公共政策评估来讲，以社会科学研究方法评估各类社会行动方案，则始于史蒂芬用实验设计的方法为美国总统罗斯福新政计划成效所做的分析，而且从那时起评估研究逐渐成为一种潮流。

2.（2010 年 4 月全国）作为一种特殊形式的政策评估，即建立在评估基础上的一种权力行为，指的是（　　）

A. 正式评估　　B. 内部评估

C. 政策监控　　D. 非正式评估

答案及解析：C。科学、完整的公共政策过程离不开政策评估与政策监控，两者都是整个政策过程的有机组成部分，贯穿在政策过程的始终，制约着政策制定过程，政策执行过程和政策调整过程的功能发挥，影响政策系统的产出。政策评估和政策监控还有一个显著的共同点，即政策监控是一种特殊形式的政策评估，或者说是建立在评估基础上的一种权力行为。

3.（2016 年 10 月全国）现代意义上的评估是从美国霍桑实验开始的，这一实验发生在（　　）

A. 20 世纪末　　B. 20 世纪 30 年代

C. 20 世纪 50 年代　　D. 20 世纪 60 年代

答案及解析：B。现代意义上的评估出现在 20 世纪 30 年代美国的霍桑实验。

多选题

（2016 年 4 月全国）公共政策评估须以“政策结果”为核心概念，“政策结果”包括（　　）

A. 政策产出　　B. 政策服务　　C. 政策影响

D. 政策审议　　E. 政策工具

答案及解析：AC。公共政策评估须以“政策结果”为核心概念。政策结果有两类：一是政策产出，二是政策影响。

小试牛刀

填空题

政策监控是一种特殊形式的________。

答案及解析：政策评估。政策评估和政策监控还有一个显著的共同点，即政策监控是一特殊形式的政策评估，或者说是建立在评估基础上的一种权力行为。

名词解释题

名词解释：政策评估

答案及解析：公共政策评估就是评估主体依据一定的评价标准，通过相关的评价程序，考察公共政策过程的各个阶段、各个环节，对政策产出和政策影响进行检测，以判断政策结果实现政策目标的程度。

知识点 2

公共政策评估的目的与作用☆

1．公共政策评估的目的

（1）积极目的。

①发现政策制定过程中的偏差，为备选方案确定优先顺序提供依据。

②通过政策评估活动明确政策的可行性程度，得出继续执行政策或停止执行政策的判断。

③依据评估结果，改善政策执行程序与技术。

④对政策资源进行重新配置，为下次政策制定、执行和调整过程准备一定的有利条件。

（2）消极目的。

①炫耀工作业绩，为本级政府或相关政府部门歌功颂德，追求个人职位的升迁。

②夸大工作难度，要求追加政策活动预算，增加工作机构和人员。

③规避责任。

④批评政策以达到改变政策的目的。

2．公共政策评估的作用

（1）政策评估是获取政策运行可靠和有效信息的重要手段。

通过政策评估，利用一切可行的技术和手段来收集相关信息，并把信息的可靠性与有效性置于特别重要的地位，力求通过政策评估掌握第一手的政策运行数据，从而为政策改进提供指导性信息。

（2）政策评估是进行政策调整，提出政策建议的重要依据。

（3）政策评估是检验政策结果的必要途径。

政策结果是怎样的，不能仅凭人们的主观判断，必须重在客观现实，通过评估活动计算出政策产出，明确政策的优势与缺陷，检测政策对政策目标的实现程度，同时衡量政策结果使人们的行为和态度发生变化的程度。

（4）政策评估是重新配置政策工具和政策资源的基本前提。

通过政策评估，既可以使政府决策者利用手中掌握的权力，根据管理理论，使有限的物质资源、人力资源、时间资源等发挥出最大的效益，又可以避免片面性和私利导致对某些政策给予过度的资源投入。

（5）政策评估是构建良好公共关系的有效策略。

政策评估重心在于处理评估主体与社会公众的关系，使政策评估成为构建良好公共关系的有效策略，以便提高政策的认同度，加快政策的执行速度。

（6）政策评估是管理科学化和民主化的必要保证。

通过政策评估，可以为下一阶段政策活动提高科学化、民主化水平奠定坚实的基础。

知识解读

本知识点一般考查简答题和论述题。

重点掌握公共政策评估的作用，了解公共政策评估的目的。

真题小练

单选题

（2005 年 7 月全国）公共管理科学化、民主化的必由之路是（　　）

A. 政策制定　　B. 政策执行　　C. 政策评估　　D. 政策监控

答案及解析：C。政策评估是公共管理科学化、民主化的必要保证。通过政策评估，可以为下一阶段政策活动提高科学化、民主化水平奠定坚实的基础。

简答题

（2018 年 4 月全国）简述公共政策评估的作用。

答案及解析：（1）政策评估是获取政策运行可靠和有效信息的重要手段。（2）政策评估是进行政策调整、提出政策建议的重要依据。（3）政策评估是检验政策结果的必要途径。（4）政策评估是重新配置政策工具和政策资源的基本前提。（5）政策评估是构建良好公共关系的有效策略。（6）政策评估是管理科学化和民主化的必要保证。

论述题

（2010 年 7 月全国）试述公共政策评估的用途。

答案及解析：政策评估作为政策运行过程的重要环节，在实际政策过程中发挥着以下六方面的作用。（1）政策评估是获取政策运行可靠和有效信息的重要手段。通过政策评估，利用一切可行的技术和手段来收集相关信息，并把信息的可靠性与有效性置于特别重要的地位，力求通过政策评估掌握第一手的政策运行数据，从而为政策改进提供指导性信息。（2）政策评估是进行政策调整、提出政策建议的重要依据。（3）政策评估是检验政策结果的必要途径。政策结果是怎样的，不能仅凭人们的主观判断，必须重在客观现实，通过评估活动计算出政策产出，明确政策的优势与缺陷，检测政策对政策目标的实现程度，同时衡量政策结果使人们的行为和态度发生变化的程度。（4）政策评估是重新配置政策工具和政策资源的基本前提。通过政策评估，既可以使政府决策者利用手中掌握的权力，根据管理理念，使有限的物质资源、人力资源、时间资源等发挥出最大的效益，又可以避免片面性和私利导致对某些政策给予过度的资源投入。（5）政策评估是构建良好公共关系的有效策略。政策评估重心在于处理评估主体与社会公众的关系，使政策评估成为构建良好公共关系的有效策略，以便提高政策的认同度，加快政策的执行速度。（6）政策评估是管理科学化和民主化的必要保证。通过政策评估，可以为下一阶段政策活动提高科学化、民主化水平奠定坚实的基础。

小试牛刀

单选题

1. 为政策调整、提出政策建议提供重要依据的是（　　）

A. 政策规划　　B. 政策执行　　C. 政策评估　　D. 政策监控

答案及解析：C。本题考查公共政策评估的作用。政策评估为政策调整、提出政策建议提供重要依据。

2. 重新配置政策工具和政策资源的基本前提是（　　）

A. 政策制定　　B. 政策执行　　C. 政策评估　　D. 政策监控

答案及解析：C。政策评估是重新配置政策工具和政策资源的基本前提。

3. 检验政策结果的必要途径是（　　）

A. 政策制定　　B. 政策评估　　C. 政策监控　　D. 政策调整

答案及解析：B。政策评估是检验政策结果的必要途径。

知识点 3

公共政策评估的主体☆

公共政策评估的主体决定着评估标准的制定、评估范围的大小、评估方法的选择，发挥着主导性的作用。评估主体所持的评估理念与具有的评估能力素质，直接影响到评估工作的成败。

小提示

在政策评估活动中，除立法机关、政党组织、司法机关、社会组织和公民外，比较重要的主体是政策制定者和执行者、专业机构和人员、大众传播媒介。

1. 政策制定者和执行者

政策制定者和执行者处于政策活动的中心位置。一般来说，政策制定者和执行者做的政策评估主要包括以下五方面的工作。

（1）政策调查报告（这是目前中国政府常用的政策评估方式）。

（2）政府工作报告。

（3）公民意见和投诉。

（4）政策听证会。

（5）政府效能考评或绩效考评。

2. 专业机构和人员

专业机构和人员指具备政策评估的专门理论、知识与技术，专职从事政策评估的机构和人员。

3. 大众传播媒介

广播、电视、报纸、杂志、书籍、电影和电子信息网络等大众传播媒介在一定程度上扮演着政策评估主体的角色。

考虑到中国正处于转型期，各级政府信息披露程度较低，政府对社会需求反应较迟滞，因此大众传播媒介作为政策评估主体占有很重要的地位。

知识解读

本知识点一般考查单选题和多选题。

了解公共政策评估的主体，掌握政策制定者和执行者做的政策评估所包括的工作内容。

真题小练

多选题

（2013 年 7 月全国）一般来说，政策制定者和执行者所做的政策评估工作主要有（　　）

A. 政策调查报告　B. 政府工作报告　C. 公民意见和投诉

D. 政策听证会　E. 政府效能考评或绩效考评

答案及解析：ABCDE。政策制定者和执行者做的政策评估包括五方面的工作，政策调查报告、政府工作报告、公民意见和投诉、政策听证会、政府效能考评或绩效考评。

小试牛刀

多选题

公共政策评估的主体包括（　　）

A. 政策制定者　B. 政策执行者　C. 专业机构

D. 专业人员　E. 大众传播媒介

答案及解析：ABCDE。公共政策评估的主体包括政策制定者、政策执行者、专业机构、专业人员、大众传播媒介。

单选题

中国政府常用的政策评估方式是（　　）

A. 政策调查报告　B. 政府工作报告　C. 公民意见和投诉　D. 政策听证会

答案及解析：A。政策调查报告是中国政府常用的政策评估方式。

知识点 4

公共政策评估的类型☆

小提示

政府制定各种各样的政策来解决公共事务问题。由于政策的广泛性以及人们关注政策的角度差异，政策评估的类型呈现出多样化的特点。

1. 正式评估和非正式评估

评估类型	含义	特点
正式评估	专门的组织机构和人员根据一定的评估理论，为了实现评估目标，按照一定的评估程序而对相关的评估对象所进行的评估。	一是有评估组织机构和人员专门从事政策评估活动；二是评估方法比较规范；三是具有一定的客观性。
非正式评估	没有严格的专门组织机构，评估主体、评估形式和评估内容也没有固定化，但最后仍有某些评估结果的评估。	政策评估方式多种多样，既可以是记者采访中居民对某项政策的随意评论，也可以是政府领导人视察某地的即兴评说；评估的结论可能具有一定的主观性和片面性。

2. 内部评估和外部评估

- 公共政策评估的类型
  - 内部评估
    - 含义：政府内部的评估组织和人员所进行的评估
    - 内部评估的两种类别：
      - 由政策运行机构和人员自身所进行的评估
      - 由政府专职评估组织和人员所进行的评估
  - 外部评估
    - 含义：政府部门外的评估主体所完成的评估
    - 受委托进行的评估
      - 这是最主要的外部评估方式
      - 被委托对象：
        - 营利性或非营利性的研究机构
        - 学术团体
        - 专业性的咨询公司
        - 高等院校的专家学者
    - 不受委托进行的评估
      - 立法机关评估
      - 司法机关评估
      - 大众传播媒介评估
      - 投资者（如企业）评估
      - 公民评估：如仅凭小道消息做出的评估、热线电话投诉式的评估、信访评估等
      - 社会团体（第三部门）评估
      - 研究机构评估

3．预评估、过程评估和结果评估

（1）预评估是在政策执行前即政策方案处在规划阶段时所进行的一种带有预测性质的评估。

（2）过程评估是对政策运行过程所进行的评估。

（3）结果评估是政策执行后对政策所取得结果的评估，包括政策产出评估和政策影响评估。

小提示

预评估的内容。①政策可行性评估。②政策优缺点评估。③政策优先顺序评估。④政策有效性评估。⑤政策影响评估。

4．单一政策评估与复合政策评估

（1）单一政策评估。

单一政策评估指评估者只对某一项政策所进行的评估。

（2）复合政策评估。

复合政策评估是对一项以上的政策同时进行的评估。每一项政策都有其特定的性质，而且，各项政策之间有密切的联系，因此，将一项以上的政策综合起来进行评估，能够考察政策的整体性效果，反映政府综合处理公共事务的能力。复合政策评估的不足是每项政策产出量的计算较难，不能完整地反映每项政策本身的特点。

知识解读

本知识点一般考查单选题。

了解每一种评估方式的含义及其相关内容，重点掌握正式评估与非正式评估、内部评估与外部评估的相关内容。

真题小练

单选题

1.（2017年4月全国）政策评估中的公众热线电话投诉属于（　　）

A. 研究机构评估　　　　B. 公民评估

C. 大众传媒评估　　　　D. 企业评估

答案及解析：B。公民评估：公民凭借着政策执行过程中的亲身感受和期望值，对政策进行各种形式的评估，如仅凭小道消息做出的评估、热线电话投诉式的评估、信访评估等。

2.（2016 年 10 月全国）外部评估可分为委托评估和非委托评估两种类型，属于委托评估的是（　　）

A. 专业性的咨询公司评估　　B. 立法机关评估

C. 司法机关评估　　D. 公民评估

答案及解析：A。外部评估可分为委托评估和非委托评估两种类型，营利性或非营利性的研究机构、学术团体、专业性的咨询公司、高等院校的专家学者的评估属于委托评估。

3.（2014 年 4 月全国）记者采访中居民对某项政策发表评论，这种形式的政策评估属于（　　）

A. 内部评估　　B. 委托评估　　C. 正式评估　　D. 非正式评估

答案及解析：D。在非正式评估活动中，政策评估方式多种多样，既可以是记者采访中居民对某项政策的随意评论，也可以是政府领导人视察某地的即兴评说。

简答题

（2018 年 4 月全国）简述复合政策评估的含义。

答案及解析：复合政策评估是对一项以上的政策同时进行的评估。每一项政策都有其特定的性质，而且，各项政策之间有密切的联系，因此，将一项以上的政策综合起来进行评估，能够考察政策的整体性效果，反映政府综合处理公共事务的能力。复合政策评估的不足是每项政策产出量的计算较难，不能完整地反映每项政策本身的特点。

小试牛刀

单选题

1. 平民百姓的街谈巷议属于（　　）

A. 正式评估　　B. 非正式评估

C. 事前评估　　D. 执行评估

答案及解析：B。非正式评估是指没有严格的专门组织机构，评估主体、评估形式和评估内容也没有固定化，但最后仍有某些评估结果的评估。在非正式评估活动中，政策评估方式多种多样，既可以是记者采访中居民对某项政策的随意评论，也可以是政府领导人视察某地的即兴评说。

2. 属于内部评估方式的是（　　）

A. 立法机构评估　　B. 政府部门评估

C. 投资者评估　　D. 专业咨询公司评估

答案及解析：B。内部评估指政府内部的评估组织和人员所进行的评估，它可分为，由政策运行机构和人员自身所进行的评估；由政府专职评估组织和人员所进行的评估。由政策运行机构和人员自身所进行的评估，评估主体就是政策的制定者和执行者。

3. 当代政策评估的类型呈现出的一个突出特点是（　　）

A. 多样化　　B. 单一化　　C. 简单化　　D. 一元化

答案及解析：A。政府制定各种各样的政策来解决公共事务问题。由于政策的广泛性以及人们关注政策的角度差异，政策评估的类型呈现出多样化的特点。

4. 在规划阶段，对政策方案进行的一种带有预测性质的评估被称作（　　）

A. 非正式评估　　B. 预评估　　C. 正式评估　　D. 结果评估

答案及解析：B。预评估是在政策执行前即政策方案处在规划阶段时所进行的一种带有预测性质的评估。

简答题

简述公共政策的非正式评估。

答案及解析：（1）指没有严格的专门组织机构，评估主体、评估形式和评估内容也没有固定化，但最后仍有某些评估结果的评估。（2）在非正式评估活动中，政策评估方式多种多样。（3）非正式评估的结论可能具有一定的主观性和片面性。

知识点 5

公共政策评估的内容☆

公共政策评估所指向的客体就是公共政策评估的内容，它是政策评估主体与政策评估对象共同关注的问题。

在评估活动中，一般常见的有以下六方面的评估内容。

（1）政策成本评估：政策成本评估就是评估政策投入与产出之间的比例关系。

（2）政策需求评估：政策需求评估是评估政策运作所需的社会条件及满足社会问题的程度等问题，即评估社会组织或个体有什么样的问题需要政府采取政策来解决。政策需求评估是构建政策议程、制定政策的前提和基础。

（3）政策效益评估：政策效益评估就是评估政策目标得以实现的程度。

（4）政策过程评估：对政策运行各个环节进行评估就是过程评估，它涉及政策制定过程、执行过程、调整过程的操作状况。

（5）政策影响评估：政策影响评估主要涉及如下几个问题，是否获得了预期的政策结果；政策对社会环境的干预是否已经发生了作用；政策影响中是否包含着意想不到的效果。

（6）政策价值评估：通过某种方式对政策在价值上所具有的意义进行评估，就是政策价值评估。

知识解读

本知识点一般考查单选题和多选题。

本知识点主要阐述政策评估活动中常见的六种评估内容，建议将本知识点内容通篇掌握。

真题小练

单选题

1.（2018 年 10 月全国）对政策制定过程、执行过程、调整过程的操作状况进行评估的是（　　）

A. 政策需求评估　　B. 政策效益评估

C. 政策过程评估　　D. 政策价值评估

答案及解析：C。对政策运行各个环节进行评估就是过程评估，它涉及了政策制定过程、执行过程、调整过程的操作状况。

2.（2016 年 4 月全国）评估政策运作所需的社会条件及满足社会问题的程度，这种做法指的是（　　）

A. 政策成本评估　　B. 政策效益评估

C. 政策过程评估　　D. 政策需求评估

答案及解析：D。政策需求评估是评估政策运作所需的社会条件及满足社会问题的程度等问题。

3.（2017 年 4 月全国）除了成本评估、需求评估、效益评估、过程评估、影响评估以外，公共政策评估的内容还有（　　）

A. 单一评估　　B. 复合评估　　C. 价值评估　　D. 外部评估

答案及解析：C。公共政策评估的内容包括，政策成本评估、政策需求评估、政策效益评估、政策过程评估、政策影响评估、政策价值评估。

4.（2017 年 10 月全国）对政策目标实现程度所进行的评估是（　　）

A. 政策需求评估　　B. 政策效益评估

C. 政策议程评估　　D. 政策价值评估

答案及解析：B。政策效益评估就是评估政策目标得以实现的程度。

小试牛刀

单选题

1. 评估政策投入与产出之间的比例关系属于公共政策评估内容中的（　　）

A. 政策影响评估　　B. 政策效益评估

C. 政策价值评估　　D. 政策成本评估

答案及解析：D。政策成本评估就是评估政策投入与产出之间的比例关系。

2. 在公共政策评估的内容中，评估政策目标得以实现的程度属于（　　）

A. 政策成本评估　　B. 政策效益评估　　C. 政策影响评估　　D. 政策价值评估

答案及解析：B。政策效益评估就是评估政策目标得以实现的程度。

多选题

公共政策评估的内容包括（　　）

A. 政策成本评估　　B. 单一政策评估　　C. 政策需求评估

D. 复合政策评估　　E. 政策效益评估

答案及解析：ACE。公共政策评估的内容包括，政策成本评估、政策需求评估、政策效益评估、政策过程评估、政策影响评估和政策价值评估。

第二节　公共政策评估的过程、标准与影响因素

本节内容提要

本节内容主要介绍公共政策评估的过程、标准与影响因素。

知识点 1

公共政策评估的过程☆

一般而言，公共政策评估是一个有计划有步骤的活动过程。政策评估应包括评估筹划、评估实施和评估总结三个阶段。

1. 评估筹划

（1）筹划是评估的基础和起点，也是评估活动有序进行的前提条件。

（2）评估筹划主要解决的问题。

①明确评估目的。

②选定评估对象。

③制定评估计划。

④明确评估条件。

2. 评估实施

（1）政策评估实施阶段是整个评估活动中最关键的一个阶段。

（2）政策评估实施阶段的主要工作。

①按照评估已设定的目标，收集政策过程各种信息。

②通过数据分析，根据评估标准撰写评估报告，得出符合科学要求的评估结论。

3．评估总结

（1）这一阶段实际上是对评估筹划阶段和评估实施阶段做一次全面回顾。

（2）具体工作步骤。

①听取政策评估活动相关当事人的意见，以便进一步完善评估报告。

②有些评估报告需要递交给有关的政府部门，为政府评估政策提供基础性的数据和材料，使评估报告在实际工作中发挥作用。

③将评估报告公之于众，使社会公众知道评估的结论。

知识解读

本知识点一般考查单选题和多选题。

政策评估应包括评估筹划、评估实施和评估总结三个阶段。重点掌握每个阶段的特点及其相关内容。

真题小练

单选题

（2015 年 4 月全国）整个政策评估活动中最为重要的一个环节是（　　）

A. 评估筹划　　B. 评估预算　　C. 评估实施　　D. 评估总结

答案及解析：C。评估实施是整个政策评估活动中最为重要的一个环节。

多选题

（2005 年 4 月全国）科学的政策评估一般来说包括（　　）

A. 评估反馈阶段　　B. 评估总结阶段　　C. 评估筹划阶段

D. 评估实施阶段　　E. 评估分析阶段

答案及解析：BCD。一般而言，公共政策评估是一个有计划有步骤的活动过程。尽管许多评估过程比较简化，不一定按部就班地经过那些阶段和步骤，但作为一种逻辑上的流程，政策评估应包括评估筹划、评估实施和评估总结三个阶段。

小试牛刀

单选题

公共政策评估总结阶段的主要任务之一是（　　）

A. 确定评估对象　　B. 做出评估结论　　C. 制定评估方案　　D. 准备评估条件

答案及解析：B。评估总结阶段实际上是对评估筹划阶段和评估实施阶段做一次全面回顾。通过总结，检讨前两个阶段存在的问题，以便下一次开展政策评估活动时吸取教训，改正不足。具体工作步骤是，首先，听取政策评估活动相关当事人的意见，以便进一步完善评估报告；其次，有些评估报告需要递交给有关的政府部门，为政府评估政策提供基础性的数据和材料，使评估报告在实际工作中发挥作用；最后，将评估报告公之于众，使社会公众知道评估的结论。

知识点 2

公共政策评估的标准☆

评估标准是衡量有关政策利弊优劣的指标或准则。

政策评估的标准主要分为：事实标准、技术标准、价值标准。

政策评估既是一个事实判断和技术判断的过程，又是一个价值判断的过程，价值判断以事实判断和技术条件为基础。

1. 政策评估中的事实标准

事实标准能够用数量值、比率关系、统计结果等手段来反映事物过去、现在和将来的存在状况。

重点解读 政策评估中的事实标准主要包括以下内容。

（1）政策效率：政策效率指政策的产出与投入之间的比例关系。政策的投入包括政策活动所投入的人力、物力、财力、信息和时间，政策的产出是政策执行过程中直接产生的结果。

（2）政策效益：政策效益指政策目标得以实现的程度。政策效益通过比较政策运行时的实际结果与预期结果，对预期目标实现程度进行分析。

（3）政策影响：政策影响指政策产出所引起的人们在行为和态度方面的实际变化。

（4）回应性：回应性就是政策结果满足人们需求、价值与机会的有效程度。在实际生活中，政策回应程度的重点在于政策的具体内容的实际效果。

2. 政策评估中的技术标准

技术标准是以技术手段、技术规范和技术工具为手段来服务整个政策评估活动，使评估活动建立在科学、客观与可信的基础之上。

政策评估的技术标准的内容包括：多样化、系统化、数量化。

3．政策评估的价值标准

价值标准反映评估主体在评估活动中的倾向性准则和原则，建立在一个国家特定的历史与现实、伦理与文化、社会和经济价值取向的基础之上。

政策评估的价值标准的内容。

（1）社会生产力的发展：以生产力发展为标准对政策进行评估，最能体现人民的根本利益和要求。

（2）社会公正：社会公正指政策结果所表现出来的与该项政策有关的成本和收益在社会不同群体或阶层中间分配的均衡程度。

（3）社会可持续发展：政策在制定与执行过程中，须处理好当前利益与长远利益、局部利益与整体利益、经济利益与社会政治利益的关系，协调好环境（包括社会和自然）与资源、发展之间的关系，使政策活动符合社会可持续发展的基本价值准则。

知识解读

本知识点一般考查单选题和简答题。

重点掌握公共政策评估中的事实标准和价值标准的内容，了解评估标准的内涵以及技术标准的内容。

真题小练

单选题

1.（2014年7月全国）在政策评估的事实标准中，政策的产出与投入之间的比例关系称为（　　）

A. 政策效益　　　　B. 政策效率

C. 政策影响　　　　D. 回应性

答案及解析：B。政策效率指政策的产出与投入之间的比例关系。

2.（2017年4月全国）衡量有关政策利弊优劣的指标是（　　）

A. 评估标准　　　　B. 评估效率

C. 评估方法　　　　D. 评估环节

答案及解析：A。评估标准是衡量有关政策利弊优劣的指标或准则。

论述题

（2015年10月全国）试述公共政策评估的标准。

答案及解析：评估标准是衡量有关政策的利弊优劣的指标或准则。政策评估既是一个事实判断和技术判断的过程，又是一个价值判断的过程，价值判断以事实判断和技术条件为基础。（1）事实标准能够用数量值、比率关系、统计结果等手段来反映事物过去、现在和将来的存在状况。政策评估中的事实标准主要包括，政策效率、政策效益、政策影响和回应性。(2)技术标准是以技术手段、技术规范和技术工具为手段来服务整个政策评估活动，使评估活动建立在科学、客观与可信的基础之上。政策评估的技术标准的内容包括，多样化、系统化和数量化。(3)价值标准反映评估主体在评估活动中的倾向性准则和原则，建立在一个国家特定的历史与现实、伦理与文化、社会和经济价值取向的基础之上。价值标准的内容包括，社会生产力的发展、社会公正和社会可持续发展。

小试牛刀

单选题

1. 下列不属于政策评估价值标准的内容的是（　　）

A. 社会生产力的发展　　B. 社会公正

C. 政策效率　　D. 社会可持续发展

答案及解析：C。公共政策评估价值标准的内容包括，社会生产力的发展；社会公正；社会可持续发展。

2.（2016 年 4 月全国）政策结果满足人们需求、价值与机会的有效程度，这一评估标准指的是（　　）

A. 政策效率　　B. 政策效益

C. 政策影响　　D. 回应性

答案及解析：D。回应性是政策结果满足人们需求、价值与机会的有效程度。

知识点 3

影响公共政策评估的重要因素☆

1. 政策信息、资料

准确的政策信息资源是高质量评估工作的前提和基础。对政策评估而言，最基础的应该是掌握相关的政策信息和资料。

2. 政策制定者与执行者

不论是在政策评估的计划阶段，还是在政策评估的实施阶段，都需要政策制定者和执行者对评估的意义和作用有清楚的认识，能够认识到评估活动对本次政策过程和下次政策过程都有总结经验教训的作用，有利于提高政策认同度，维护政府的权威。

3. 政策目标

政策目标是评估政策的依据和前提。

4. 政策的沉淀成本

政策的沉淀成本主要指在政策运行过程中投入了较多的资源，包括人力、物力、财力、信息、风险和时间等，而政策目标有待进一步实现。此时，对该项政策进行评估时，就必须考虑这种沉淀成本。

5. 政策评估方式、方法和规范

科学的评估应该是多种评估方法的互相协调，按需适时运用。

知识解读

本知识点一般考查多选题和论述题。

掌握影响公共政策评估的因素，重点注意政策信息、资料和政策目标这两大因素。

真题小练

多选题

（2018 年 4 月全国）影响公共政策评估的重要因素包括（　　）

A. 政策信息、资料　　B. 政策制定者与执行者　　C. 政策目标

D. 政策的沉淀成本　　E. 政策稳定

答案及解析：ABCD。影响公共政策评估的重要因素包括，政策信息、资料；政策制定者与执行者；政策目标；政策的沉淀成本；政策评估方式、方法和规范。

论述题

（2013 年 4 月全国）试述影响公共政策评估的主要因素。

答案及解析：（1）政策信息、资料。准确的政策信息资源是高质量评估工作的前提和基础。对政策评估而言，最基础的应该是掌握相关的政策信息和资料。（2）政策制定者与执行者。不论是在政策评估的计划阶段，还是在政策评估的实施阶段，都需要政策制定者和执行者对评估的意义和作用有清楚的认识，能够认识到评估活动对本次政策过程和下次政策过程都有总结经验教训的作用，有利于提高政策认同度，维护政府的权威。（3）政策目标。政策目标是评估政策的依据和前提。（4）政策的沉淀成本。政策的沉淀成本主要指在政策运行过程中投入了较多的资源，包括人力、物力、财力、信息、风险和时间等，而政策目标有待进一步实现。此时，对该项政策进行评估时，就必须考虑这种沉淀成本。（5）政策评估方式、方法和规范。科学的评估应该是多种评估方法的互相协调，按需适时运用。

小试牛刀

单选题

评估政策的依据和前提是（　　）

A. 政策信息、资料　　B. 政策制定者与执行者

C. 政策目标　　D. 政策的沉淀成本

答案及解析：C。评估政策的依据和前提是政策目标。

简答题

简述影响公共政策评估的重要因素。

答案及解析：（1）政策信息、资料。（2）政策制定者与执行者。（3）政策目标。（4）政策的沉淀成本。（5）政策评估方式、方法和规范。

第三节　公共政策评估的方法

本节内容提要

本节内容主要介绍公共政策评估的方法。

知识点 1

以定量分析为主的评估方法☆

随着现代科学技术的发展，政策评估方法逐渐由直观、经验为主向以技术计量和价值选择为主演进，体现出政策评估方法的代际性特点，使政策评估方法从内容到形式趋于多样化。

以定量分析为主的评估方法包括以下三种。

1. 指标法

（1）政策指标是将公共统计数值用于评估公共政策的一种衡量工具。

（2）政策评估指标体系的价值取向。

①经济效益取向。

②主观性的福利取向。主观性福利指标是衡量公民对于某一政策满意程度的评估指标。

③公平性取向。

2. 一元线性回归分析法

所谓一元线性回归分析，指找出只有一个自变量与一个因变量之间线性相关关系的回归方程，然后再做进一步的趋势分析的技术。

3. 实验法

所谓以实验法评估公共政策，就是运用随机指派的方法，将一群受试者分配到两个以上的研究小组中，其中一组接受政策实验的处理，称为实验组，另外一组是没有接受政策实验的小组，称为对照组。

小提示

公共政策评估方法的分类最常见的是区分为以定量分析为主的评估方法和以定性分析为主的评估方法。以定性分析为主的评估方法将在下个知识点详细叙述。

知识解读

本知识点一般考查单选题。

掌握以定量分析为主的三种评估方法，了解主观性福利指标是衡量公民对于某一政策满意程度的评估指标。

真题小练

单选题

1.（2014 年 4 月全国）随着现代科学技术的发展，以经验、直观为主的政策评估方法逐渐演进的方向是（　　）

A. 以技术计量和价值选择为主

B. 以哲学思辨和价值选择为主

C. 以制度分析和哲学思辨为主

D. 以实验研究和理性选择为主

答案及解析：A。随着现代科学技术的发展，政策评估方法逐渐由直观、经验为主向以技术计量和价值选择为主演进，体现出政策评估方法的代际性特点，使政策评估方法从内容到形式趋于多样化。

2.（2014 年 4 月全国）在使用实验法进行政策评估时，接受政策实验处理的一组被称为（　　）

A. 对照组　　B. 评估组

C. 实验组　　D. 备选组

答案及解析：C。所谓以实验法评估公共政策，就是运用随机指派的方法，将一群受试者分配到两个以上的研究小组中，其中一组接受政策实验的处理，称之为实验组，另外一组是没有接受政策实验的小组，称之为对照组。

3.（2015 年 10 月全国）衡量公民对于某一政策满意程度的评估指标称为（　　）

A. 主观性福利指标　　B. 客观性福利指标

C. 效益性福利指标　　D. 效率性福利指标

答案及解析：A。主观性福利指标是衡量公民对于某一政策满意程度的评估指标。

小试牛刀

单选题

下列不属于以定量分析为主的评估方法的是（　　）

A. 指标法　　B. 回归分析

C. 相关分析　　D. 质化政策评估

答案及解析：D。定量分析的方法有，指标法、一元线性回归分析法和实验法。一元线性回归分析是一种自变量与因变量之间的线性相关关系的回归方程，也属于一种特殊的相关分析，所以相关分析属于定量分析。质化政策评估属于以定性分析为主的政策评估方法。

知识点 2

以定性分析为主的评估方法☆

1. 以定性分析为主的政策评估方法的含义

（1）最有代表性的以定性分析为主的政策评估方法称为质化政策评估。质化政策评估强调被评估者在参与政策评估过程的结果判断这一环节中的地位和作用。

（2）质化政策评估建立在建构主义的基础之上。

2. 以定性分析为主的政策评估的程序

（1）首先认定承受政策风险的利益相关者。

（2）界定出政策利益相关者的政策认知，尤其是其利益诉求。

（3）营造质化评估的网络与方法。

（4）寻找各种利益相关者的利益诉求平衡点。

（5）对于没有达成共识的政策诉求设定一个妥协的日程表。

（6）尽可能更多地采集与妥协议程相关的信息。

（7）建立利益相关者的政策论坛。

（8）将已经达成妥协和共识的政策诉求形成报告。

（9）将尚未达成共识的各种政策诉求按照上述顺序重新建构一次。

知识解读

本知识点一般考查单选题和论述题。

了解以定性分析为主的政策评估方法的含义及其程序。

真题小练

单选题

（2014 年 4 月全国）质化政策评估建立在（　　）

A. 理想主义的基础之上　　B. 实证主义的基础之上

C. 建构主义的基础之上　　D. 逻辑主义的基础之上

答案及解析：C。质化政策评估建立在建构主义的基础之上。

论述题

（2016 年 10 月全国）试述以定性分析为主的公共政策评估的程序。

答案及解析：（1）首先认定承受政策风险的利益相关者。（2）界定出政策利益相关者的政策认知，尤其是其利益诉求。（3）营造质化评估的网络与方法。采取人性关怀与社会互动相结合的方式。（4）寻找各种利益相关者的利益诉求平衡点，即找出各种利益诉求的“最大公约数”，使得各方面的利益诉求能够达成平衡并逐渐趋向共识达成。（5）对于没有达成共识的政策诉求设定一个妥协的日程表。（6）尽可能更多地采集与妥协议程相关的信息。（7）建立利益相关者的政策论坛。（8）将已经达成妥协和共识的政策诉求形成报告。（9）将尚未达成共识的各种政策诉求按照上述顺序重新建构一次。

小试牛刀

单选题

下列选项中，属于以定性分析为主的政策评估方法的是（　　）

A. 指标法　　B. 回归分析法　　C. 实验法　　D. 质化政策评估

答案及解析：D。质化政策评估属于以定性分析为主的政策评估方法。

多选题

以定性分析为主的政策评估的程序包括（　　）

A. 认定承受政策风险的利益相关者

B. 界定出政策利益相关者的政策认知，尤其是利益诉求

C. 营造质化评估的网络与方法

D. 寻找各种利益相关者的诉求平衡点

E. 对于没有达成共识的政策诉求设定一个妥协的日程表

答案及解析：ABCDE。以定性分析为主的政策评估的程序包括以下内容。（1）认定承受政策风险的利益相关者。（2）界定出政策利益相关者的政策认知，尤其是其利益诉求。（3）营造质化评估的网络与方法。（4）寻找各种利益相关者的利益诉求平衡点。（5）对于没有达成共识的政策诉求设定一个妥协的日程表。（6）尽可能更多地采集与妥协议程相关的信

息。（7）建立利益相关者的政策论坛。（8）将已经达成妥协和共识的政策诉求形成报告。（9）将尚未达成共识的各种政策诉求按照上述顺序重新建构一次。

第四节　公共政策监控

本节内容提要

本节内容主要介绍公共政策监控的含义、类型与功能以及公共政策监控机制的构成和监控的过程。

知识点 1

公共政策监控的含义、类型与功能☆

1. 公共政策监控的含义和内容

（1）含义。

为了确保政策过程各项活动的合法性、合理性和有效性，及时纠正各个环节中出现的偏差，提高决策目标实现的程度，保障公民和组织的合法权益，有必要对政策运行过程的各个环节进行检查、督促、指导和纠偏，这就是政策监控。

（2）内容。

①政策监控的主体。

②政策监控的对象。

③政策监控的目的。

④政策监控的过程。

2. 公共政策监控的类型

（1）以实施监控的时间先后为标准。

①预防性监控。

②过程性监控。

③结果监控。

（2）以监控的经常性为标准。

①经常性监控。

②引发性监控。

（3）以监控的参与程度为标准。

①单方面监控。

②抗辩性监控。

小提示

预防性监控是对政策规划和政策实施计划进行的监控。

3. 公共政策监控的功能

政策监控作为完整的政策过程的一个重要环节，贯穿在政策运行的全过程。

公共政策监控的四大功能。

（1）通过政策监控活动，使政策制定过程合法化、决策科学化和民主化，充分听取各种不同意见，拓宽人们参与的渠道，遵循科学决策程序，使政策内容最大限度地体现人们的各种利益要求。

（2）通过政策监控活动，排除主客观因素的干扰，整合政策运行活动的各种力量，充分发挥政策资源的潜能，提高政府效率，确保政策执行过程的有效性。

（3）通过政策监控活动，在保证政策评估真实性和准确性的基础上，实现政策评估的公正性，最大限度地反映政策运行过程的客观现实，体现政策评估活动的价值取向。

（4）通过政策监控活动，反映政策运行过程的实际情况，比较利弊得失，为政策调整活动确立一个基本的衡量标准，明确政策调整活动的方向。

知识解读

本知识点一般考查单选题、简答题和论述题。

公共政策监控的含义、类型与功能较为重要，建议将本知识点内容通篇学习。

真题小练

单选题

1.（2018 年 4 月全国）以监控的参与程度为标准，政策监控分为（　　）

A. 预防性监控和结果监控　　B. 经常性监控和引发性监控

C. 上级监控和下级监控　　D. 单方面监控和抗辩性监控

答案及解析：D。以监控的参与程度为标准，政策监控分为单方面监控和抗辩性监控。

2.（2017 年 10 月全国）对政策规划和政策实施计划进行的监控是（　　）

A. 引发性监控　　B. 预防性监控

C. 过程性监控　　D. 结果监控

答案及解析：B。预防性监控是对政策规划和政策实施计划进行的监控。

简答题

（2015 年 4 月全国）简述公共政策监控的功能。

答案及解析：政策监控作为完整的政策过程的一个重要环节，贯穿在政策运行的全过程。（1）通过政策监控活动，使政策制定过程合法化、决策科学化和民主化，充分听取各种不同意见，拓宽人们参与的渠道，遵循科学决策程序，使政策内容最大限度地体现人们的各种利益要求。（2）通过政策监控活动，排除主客观因素的干扰，整合政策运行活动的各种力量，充分发挥政策资源的潜能，提高政府效率，确保政策执行过程的有效性。（3）通过政策监控活动，在保证政策评估真实性和准确性的基础上，实现政策评估的公正性，最大限度地反映政策运行过程的客观现实，体现政策评估活动的价值取向。（4）通过政策监控活动，反映政策运行过程的实际情况，比较利弊得失，为政策调整活动确立一个基本的衡量标准，明确政策调整活动的方向。

小试牛刀

单选题

1. 以实施监控的时间先后为标准，可将公共政策监控分为（　　）

A. 预防性监控、过程性监控和结果监控

B. 经常性监控和引发性监控

C. 直接监控和间接监控

D. 单方面监控和抗辩性监控

答案及解析：A。以实施监控的时间先后为标准，可将公共政策监控分为预防性监控、过程性监控和结果监控。

2. 以监控的经常性为标准，可将公共政策监控分为（　　）

A. 预防性监控、过程性监控和结果监控

B. 经常性监控和引发性监控

C. 直接监控和间接监控

D. 单方面监控和抗辩性监控

答案及解析：B。以监控的经常性为标准，可将公共政策监控分为经常性监控和引发性监控。

简答题

简述公共政策监控的含义及内容。

答案及解析：（1）公共政策监控指为了确保政策过程各项活动的合法性、合理性和有效性，及时纠正各个环节中出现的偏差，提高决策目标实现的程度，保障公民和组织的合法权益，有必要对政策运行过程的各个环节进行检查、督促、指导和纠偏，这就是政策监控。（2）公共政策监控包括四个方面的内容。①政策监控的主体。②政策监控的对象。③政策监控的目的。④政策监控的过程。

知识点 2

公共政策监控机制的构成☆

1. 内部政策监控机制的构成

内部政策监控主体指各级行政机关，主要分为两种形式。

（1）自上而下监控。

（2）自下而上监控。

2. 外部政策监控机制的构成

（1）立法机关对公共政策的监控：立法机关是最重要的政策监控的主体之一。

（2）司法机关对公共政策的监控：是一种消极的形式，即表现为对政策内容、政策过程的各个环节，对与政策有关的各种违法行为在执行过程中的强制纠正。

（3）政党组织对公共政策的监控。

（4）利益集团对公共政策的监控。主要表现在，接近、提供信息、游说、提供竞选支持。

（5）大众传播媒介对公共政策的监控。

（6）公民对公共政策的监控。

知识解读

本知识点一般考查单选题和多选题。

本知识点内容比较重要，建议全部掌握。

真题小练

单选题

（2016 年 4 月全国）内部政策监控主体是指（　　）

A. 人民群众　　B. 各级行政机关

C. 专家学者　　D. 新闻媒介

答案及解析：B。内部政策监控主体是指各级行政机关，主要分为两种形式，自上而下监控；自下而上监控。

多选题

1.（2015 年 4 月全国）利益集团对公共政策监控的主要方式有（　　）

A. 视察　　B. 接近　　C. 提供信息

D. 游说　　E. 提供竞选支持

答案及解析：BCDE。利益集团对公共政策的监控，主要表现在，接近、提供信息、游说、提供竞选支持。

2.（2017 年 4 月全国）外部政策监控机制的构成包括（　　）

A. 立法机关　　B. 司法机关　　C. 政党组织

D. 公民和利益集团　　E. 大众传播媒介

答案及解析：ABCDE。外部政策监控机制的构成包括，立法机关对公共政策的监控；司法机关对公共政策的监控；政党组织对公共政策的监控；利益集团对公共政策的监控；大众传播媒介对公共政策的监控；公民对公共政策的监控。

小试牛刀

单选题

通过接近、提供信息、游说、提供竞选支持等方式来影响公共政策过程，这种监控方式是（　　）

A. 行政机关对政策的监控　　B. 政党对政策的监控

C. 利益集团对政策的监控　　D. 大众传媒对政策的监控

答案及解析：C。利益集团对公共政策的监控，主要表现在，接近、提供信息、游说、提供竞选支持。

知识点 3

公共政策监控的过程☆

（1）公共政策监控是一个有机的活动过程，它贯穿在整个政策运行的各个阶段、各个环节的始终，因此，对政策运行过程产生直接的影响，发挥着“马路清道夫”的作用。

（2）公共政策监控的过程包括四个方面。

①对公共政策制定过程的监控。

②对公共政策执行过程的监控。

③对公共政策评估过程的监控。

④对公共政策调整的监控。

知识解读

本知识点一般考查单选题和多选题。

公共政策监控对政策运行过程产生直接的影响，发挥着“马路清道夫”的作用。了解并掌握公共政策监控的过程包括的四个方面。

真题小练

单选题

（2014年10月全国）政策过程的诸环节中能够发挥“马路清道夫”作用的是（ ）

A. 政策规划 B. 政策执行 C. 政策咨询 D. 政策监控

答案及解析：D。公共政策监控是一个有机的活动过程，它贯穿在整个政策运行的各个阶段，各个环节的始终，因此，对政策运行过程产生直接的影响，发挥着“马路清道夫”的作用。

多选题

（2014年7月全国）公共政策监控过程包括（ ）

A. 政策制定过程 B. 政策执行过程 C. 政策维持过程

D. 政策评估过程 E. 政策调整过程

答案及解析：ABDE。公共政策监控过程包括政策制定过程、政策执行过程、政策评估过程和政策调整过程四个方面。

小试牛刀

单选题

下列关于政策监控的说法，错误的是（ ）

A. 政策监控的主体包括个人和组织

B. 政策监控是一个动态活动过程

C. 司法机关和利益集团都可以对政策进行监控

D. 政策监控只存在于政策执行阶段

答案及解析：D。公共政策监控是一个有机的活动过程，它贯穿在整个政策运行的各个阶段、各个环节的始终，因此，对政策运行过程产生直接的影响，发挥着“马路清道夫”的作用。公共政策监控过程包括政策制定过程、政策执行过程、政策评估过程和政策调整过程四个方面。

第九章　公共政策的稳定、变动与终结

政策稳定是实现公共政策目标的前提和基础，但政策稳定是相对的，随着时空条件的转变，政策也要随之发展变化——政策变动，才能保持政策的有效性。政策变动是绝对的，这种变动既有渐进式的量变，即政策调整，也有革命式的质变，即旧政策的终结或新政策的产生。公共政策就是在这种“稳定与维持—变动与创新—调整与接续—终结”的过程中不断向前发展。

历年考情直击

考点	考纲要求	考试题型	重要程度
公共政策的稳定和变动	识记、领会、简单应用	单选、多选、简答、论述	★★
公共政策的调整与接续	识记、领会、简单应用	单选、多选、简答、论述	★★
公共政策的终结	识记、领会、简单应用	单选、多选、简答、论述	★★

第一节　公共政策的稳定和变动

本节内容提要

本节内容主要介绍公共政策的稳定与维持、变动与创新。

知识点 1

公共政策的稳定与维持☆

小知识

政策稳定是实现公共政策目标的前提和基础。

稳定和变动是公共政策发展的一个过程的两个方面。公共政策稳定与维持是公共政策能够有效调节社会行为的基础。

1. 公共政策稳定的内涵

一项公共政策具有稳定性就意味着该政策处于一种均衡状态，这种均衡是由多种因素造成的。但政策稳定是相对的，表现在两个方面。

（1）从时间上看，政策稳定是阶段性与连续性的统一。比如，我国为实现现代化所实施的“三步走”战略，尽管每一阶段所要解决的具体问题不同，但其根本目标都是解放和发展生产力，提高人民的生活水平，最终实现现代化。

（2）从空间上看，政策稳定是局部性与全局性的统一。

2. 政策稳定的意义

（1）政策稳定有利于国家与社会的稳定。

（2）政策稳定有利于贯彻落实执政者或决策者的意志和决定，进而取得预期的成效。

（3）政策稳定有利于提高政策的可预见性，提高政策效果。

（4）政策稳定有利于降低政府成本。

3. 政策稳定的动力因素

（1）决策主体和决策网络的相对稳定。

（2）政策问题的解决需要一个过程。

（3）政策本身的稳定。

（4）政策环境的稳定。

小拓展

政策本身的稳定因素。

①政策目标的长期性。

②政策的有效性。

③政策的合法性（政策的合法性指政策获得相关的社会主体认可和接受的程度）。

④修改的复杂性。

⑤接续政策的失败。

⑥政策终结的失败。

4. 政策维持

（1）含义：政策维持就是通过分析政策稳定的积极因素使之转化为政策稳定的动力，以保持政策稳定的行为和过程。

（2）政策维持可以区分为消极的政策维持和积极的政策维持。

（3）政策维持的对策和措施。①政策主体的政策维持。②政策客体的政策维持。③政策环境创设。④提高政策绩效。⑤政策的法制化。

知识解读

本知识点一般考查单选题、多选题和简答题。

重点掌握政策稳定与政策维持的含义，记忆政策稳定的动力因素及其相关内容。其他内容大致了解，可答出选择题即可。

真题小练

单选题

1.（2018 年 4 月全国）一项公共政策具有稳定性就意味着该政策处于一种（　　）

A. 整合状态　　B. 终结状态　　C. 均衡状态　　D. 非均衡状态

答案及解析：C。一项公共政策具有稳定性就意味着该政策处于一种均衡状态，这种均衡是由多种因素造成的。

2.（2014 年 7 月全国）政策获得相关的社会主体认可和接受的程度称为（　　）

A. 政策的有效性　　B. 政策的合理性　　C. 政策的合法性　　D. 政策的法制化

答案及解析：C。政策的合法性指政策获得相关的社会主体认可和接受的程度。

3.（2016 年 4 月全国）通过分析政策稳定的积极因素使之转化为政策稳定的动力，以保持政策稳定的行为和过程称为（　　）

A. 政策变动　　B. 政策维持　　C. 政策调整　　D. 政策接续

答案及解析：B。政策维持就是通过分析政策稳定的积极因素使之转化为政策稳定的动力，以保持政策稳定的行为和过程。

小试牛刀

单选题

1. 我国为实现现代化所实施的“三步走”战略，说明政策稳定是（　　）

A. 改革开放的前提　　B. 降低政府成本的有效方式

C. 局部性与全局性的统一　　D. 阶段性与连续性的统一

答案及解析：D。从时间上看，政策稳定是阶段性与连续性的统一。比如，我国为实现现代化所实施的“三步走”战略，尽管每一阶段所要解决的具体问题不同，但其根本目标都是解放和发展生产力，提高人民的生活水平，最终实现现代化。

2. 公共政策有效地调节社会行为的基础是（　　）

A. 公共政策的适应性　　B. 公共政策的容纳性

C. 公共政策的持续稳定性　　D. 公共政策的周期性

答案及解析：C。稳定和变动是公共政策发展的一个过程的两个方面。公共政策稳定与维持是公共政策能够有效调节社会行为的基础。

多选题

就政策系统本身来说，促成政策稳定的动力因素包括（　　）

A. 政策评估机构的稳定　　B. 政策本身的稳定　　C. 政策环境的稳定

D. 政策主体的稳定　　E. 政策网络的稳定

答案及解析：BCDE。促成政策稳定的动力因素包括，决策主体和决策网络的相对稳定；政策问题的解决需要一个过程；政策本身的稳定；政策环境的稳定。

知识点2

公共政策的变动与创新☆

1. 公共政策变动的含义

（1）政策变动是政策系统的一种常态表现，是政策系统对内部因素和外部环境的变化所做出的一种适应性变革。

（2）“世异则事异，事异则备变”，政策变动是政策发展的必然，是政策适应环境变化、与时俱进的表现。

2. 公共政策变动的原因

（1）决策者的变动。

（2）政策环境的变化。

（3）政策资源的限制。

（4）政策的失效或低效。

（5）政策的合法性受到质疑。

3. 公共政策变动的类型

（1）按照变动的强度分：断裂型；渐变型。

（2）按照变动的程度分：部分变动；重大变动；完全变动。

（3）按照变动的内容分：目标变动；计划或项目变动；资源变动；机构或人员变动；政策本身的变动。

（4）按照变动的形式分：替代；合并；分解；废止；创新。

（5）按照变动的规律性分：周期性变动；不规则变动。

（6）按照变动的动力分：主动变动；被动变动。

4. 公共政策变动的模式

（1）周期型。提出者是美国学者亚瑟·施莱辛格。在研究美国政治历史后提出来的。

（2）Z 字形。提出者是埃德文·阿曼达和西达·斯考切波。

（3）学习型。提出者是萨巴提尔等人。其灵感一方面来自政治学研究中的集团理论，另一方面来自赫克罗在 20 世纪 70 年代对政策学习的研究。萨巴提尔和詹金斯·史密斯强调信念和政策学习的动态变化是理解和预测政策变动的关键所在。

5. 公共政策创新

（1）公共政策创新的内涵。

> **内容解读** 公共政策创新是公共政策主体根据政策环境变化的需求，主动改变现存政策要素的组合形态或功能，创造新政策的行为和过程。
>
> 政策创新既可能发生在政策过程的所有环节，又可能仅发生在某一环节中。

（2）公共政策创新的动力。

内部动力：①政策主体的变革愿望。②政策本身的要求。

外部动力：①经济制度和体制变革是政策创新的直接动力。②民众诉求是政策创新的根本动力。③地区之间竞争压力的需要。④参与世界竞争的需要。

知识解读

本知识点一般考查单选题、简答题和论述题。

重点掌握公共政策变动的原因及其几种模式，记忆公共政策创新的内涵与动力。其他内容大致了解，可答出选择题即可。

真题小练

1.（2017 年 10 月全国）根据政策环境变化的需求，主动改变现存政策要素组合形态或功能并创造新政策的行为和过程是（　　）

A. 政策稳定　B. 政策维持　C. 政策界定　D. 政策创新

答案及解析：D。公共政策创新是公共政策主体根据政策环境变化的需求，主动改变现存政策要素的组合形态或功能，创造新政策的行为和过程。

2.（2017 年 10 月全国）由美国学者萨巴提尔等人提出的政策变动模式属于（　　）

A. Z 字形　B. 周期型　C. 学习型　D. 突变型

答案及解析：C。学习型政策变动模式是由美国学者萨巴提尔等人提出的。

3.（2016 年 4 月全国）由美国学者施莱辛格提出的政策变动模型是（　　）

A. 学习型　B. 周期型　C. Z 字形　D. 过程型

答案及解析：B。公共政策变动模型中的周期型是美国学者亚瑟・施莱辛格在研究美国政治历史后提出来的。

论述题

（2015 年 10 月全国）试述公共政策创新的动力。

答案及解析：公共政策创新的动力，既有来自公共政策系统内部的动力，也有来自外部环境挑战的动力。（1）从内部动力看，主要有，①政策主体的变革愿望；②政策本身的要求。（2）从外部动力来看，各种政策环境因素的变化，都可能成为政策创新的动力，主要有，①经济制度和体制变革是政策创新的直接动力；②民众诉求是政策创新的根本动力；③地区之间竞争压力的需要，随着社会主义市场经济体制的逐步完善，资源和生产要素基本实现了在不同区域间的自由流动；④参与世界竞争的需要。

小试牛刀

单选题

1. 公共政策变动的政策学习模型强调理解和预测政策变动的关键所在是（　　）

A. 信念和政策学习的动态变化

B. 亚系统外部的变化和政策学习

C. 政策倡议联盟间的互动和政策学习

D. 稳定的系统因素的影响和政策学习

答案及解析：A。萨巴提尔和史密斯强调信念和政策学习的动态变化是理解和预测政策变动的关键所在。

2. 埃德文·阿曼达等人提出的公共政策变动模式是（　　）

A. 周期型　　B. 学习型　　C. 阶梯形　　D. Z 字形

答案及解析：D。公共政策变动模式中 Z 字形的提出者是埃德文·阿曼达和西达·斯考切波。

多选题

公共政策变动的原因有（　　）

A. 政策环境的稳定　　B. 政策执行偏差　　C. 政策资源的限制

D. 政策的合法性受到质疑　　E. 决策者的稳定

答案及解析：CD。公共政策变动的原因。①决策者的变动。②政策环境的变化。③政策资源的限制。④政策的失效或低效。⑤政策的合法性受到质疑。

第二节　公共政策的调整与接续

本节内容提要

本节内容主要介绍公共政策调整的含义、内容、形式、程序、原则、原因和作用，以及公共政策的接续。

知识点 1

公共政策调整的含义和内容☆

1. 公共政策调整的含义

在公共政策的实施过程中，根据政策评估和监控所反馈的信息对原有政策中不适应政策对象和政策环境变化的部分，进行的增删、修正和更新。

2. 公共政策调整的特点

（1）渐进性。（2）局部性。（3）动态性。

3. 公共政策调整的内容

（1）政策目标调整。

（2）政策方案调整。

（3）政策措施调整：最常见也最容易实现的一种调整。

（4）政策关系调整。

（5）政策主客体调整。

小拓展

政策主客体调整。

就主体而言，由于制定或执行政策的权力机关存在能力不足、机构不全、职责不清等原因，从而造成政策效果不佳或导致政策失误，这就应当对机构本身进行调整。在我国，有时决策权在党和政府之间的移植也是一种主体的调整。政策客体调整指政策问题和目标群体的调整。

知识解读

本知识点一般考查单选题和多选题。

重点掌握公共政策调整的特点和内容，了解公共政策调整的定义。

真题小练

单选题

（2013 年 7 月全国）公共政策调整中最常见也最容易实现的一种调整是（　　）

A. 政策目标调整　　B. 政策方案调整　　C. 政策措施调整　　D. 政策关系调整

答案及解析：C。公共政策调整的内容包括以下内容。①政策目标调整。②政策方案调整。③政策措施调整。④政策关系调整。⑤政策主客体调整。最常见也最容易实现的一种调整是政策措施调整。

多选题

1.（2012 年 7 月全国）政策调整的特点有（　　）

A. 渐进性　　B. 激进性　　C. 动态性

D. 局部性　　E. 全面性

答案及解析：ACD。政策调整具有以下三个特点。第一，渐进性。第二，局部性。第三，动态性。

2.（2011 年 4 月全国）公共政策调整的内容包括（　　）

A. 政策目标　　B. 政策方案　　C. 政策措施

D. 政策环境　　E. 政策主体和客体

答案及解析：ABCE。公共政策调整的内容包括政策目标调整、政策方案调整、政策措施调整、政策关系调整和政策主客体调整。

小试牛刀

单选题

决策权在党和政府之间的转移是政策调整的（　　）

A. 主体调整　　B. 客体调整　　C. 目标调整　　D. 方案调整

答案及解析：A。就主体而言，由于制定或执行政策的权力机关存在能力不足、机构不全、职责不清等原因，从而造成政策效果不佳或导致政策失误，这就应当对机构本身进行调整。在我国，有时决策权在党和政府之间的移植也是一种主体的调整。政策客体调整指政策问题和目标群体的调整。

简答题

简述公共政策调整的内容。

答案及解析：（1）政策目标调整。（2）政策方案调整。（3）政策措施调整。（4）政策关系调整。（5）政策主客体调整。

知识点 2

公共政策调整的形式、程序和原则☆

1. 公共政策调整的形式

（1）政策的增删。指在保持现行政策基本框架不变的前提下，对其具体内容和目标、适用范围和时间等进行增补和删减。

（2）政策的修正。指在保持现行政策基本框架不变的前提下，对其具体内容和目标、适用范围和时间所做的修改和订正。

（3）政策的更新。指在政策的实施过程中，为了适应形势的变化，在遵循政策目标的前提下突破原有的政策框架，或者撤旧换新，或者从无到有，对现行政策的局部内容进行调整。例如，2009 年浙江省改“暂住证”为“居住证”。

2. 公共政策调整的程序

（1）重新界定问题。（2）提出调整方案。（3）选择调整方案。（4）执行调整决定。

3. 公共政策调整的原则

（1）实事求是原则（首要原则）。（2）渐进调适原则。（3）追踪反馈原则。

知识解读

本知识点一般考查单选题、多选题和简答题、论述题。

重点掌握公共政策调整的原则，注意实事求是原则是公共政策调整的首要原则。把握公共政策调整的形式，可以看出相关例子属于哪种形式。了解公共政策调整的程序即可。

真题小练

单选题

1.（2017 年 4 月全国）公共政策调整的首要原则是（　　）

A. 渐进调适　　B. 理性主义　　C. 实事求是　　D. 追踪反馈

答案及解析：C。公共政策调整的原则包括以下内容。①实事求是原则。②渐进调适原则。③追踪反馈原则。其中，实事求是原则是公共政策调整的首要原则。

2.（2017 年 10 月全国）Z 省出台《流动人口居住登记条例》，改“暂住证”为“居住证”是（　　）

A. 政策的增删　　B. 政策的修正　　C. 政策的更新　　D. 政策的合并

答案及解析：C。政策的更新指在政策的实施过程中，为了适应形势的变化，在遵循政策目标的前提下突破原有的政策框架，或者撤旧换新，或者从无到有，对现行政策的局部内容进行调整。改“暂住证”为“居住证”是政策的更新。

论述题

（2011 年 7 月全国）试述公共政策调整的形式和程序。

答案及解析：（1）公共政策调整的主要形式包括以下内容。①政策的增删。②政策的修正。③政策的更新。（2）公共政策调整的一般程序包括以下内容。①重新界定问题。②提出调整方案。③选择调整方案。④执行调整决定。

小试牛刀

单选题

为了适应形势的变化，在遵循政策目标的前提下突破原有的政策框架，或者撤旧换新，或者从无到有，对现行政策的局部内容进行调整的公共政策调整形式是（　　）

A. 政策的增删　　B. 政策修正　　C. 政策的更新　　D. 政策的接续

答案及解析：C。政策的更新指在政策的实施过程中，为了适应形势的变化，在遵循政策目标的前提下突破原有的政策框架，或者撤旧换新，或者从无到有，对现行政策的局部内容进行调整。

知识点 3

公共政策调整的原因和作用☆

1. 公共政策调整的原因

（1）利益刚性的限制。一项政策一旦付诸实施，就会因为它对利益的调节而形成一定的利益结构。部分增减政策资源，或修正现行政策部分条款的项目，容易在决策层达成协议。

（2）现行政策的制约。现行政策本身是政策决策的环境条件，是未来政策必须适应的重要环境或背景，政策决策很难不受到它的限制和约束。

（3）公共意志的趋中。一般来说，民意也是一种正态分布，总是中间大、两头小。中间的主体部分也就是所谓的公共利益，它的变化通常不会太大。

（4）变革成本的约束。现行政策可能已投入巨额的资源，重大政策变动所引起的资源重新配置，往往需要付出极高的成本。

（5）人类理性的局限。全面的政策变革是对决策的理性能力的严峻挑战。决策者并没有时间、资金和智慧用以调整所有的政策方案。

（6）社会稳定的需要。政府为维护社会稳定，获取社会支持，通常希望保持现行的计划，而不愿意从事全面性的政策变革。

2. 公共政策调整的作用

（1）及时纠偏、预防失误。

（2）协调关系、有序运行。

（3）发展完善、保持稳定。

小提示

政策调整的根本目的在于确保公共政策沿着正确的轨道实施下去，最终达到预期的目标。

知识解读

本知识点一般考查论述题和简答题。

注意掌握公共政策调整的原因。

真题小练

论述题

（2017 年 10 月全国）试论政策调整的原因。

答案及解析：（1）利益刚性的限制。一项政策一旦付诸实施，就会因为它对利益的调节而形成一定的利益结构。部分增减政策资源，或修正现行政策部分条款的项目，容易在决策层达成协议。（2）现行政策的制约。现行政策本身是政策决策的环境条件，是未来政策必须适应的重要环境或背景，政策决策很难不受到它的限制和约束。（3）公共意志的趋中。

一般来说，民意也是一种正态分布，总是中间大、两头小。中间的主体部分也就是所谓的公共利益，它的变化通常不会太大。（4）变革成本的约束。现行政策可能已投入巨额的资源，重大政策变动所引起的资源重新配置，往往需要付出极高的成本。（5）人类理性的局限。全面的政策变革是对决策的理性能力的严峻挑战。决策者并没有时间、资金和智慧用以调整所有的政策方案。（6）社会稳定的需要。政府为维护社会稳定，获取社会支持，通常希望保持现行的计划，而不愿意从事全面性的政策变革。

小试牛刀

简答题

1. 简述政策变动采取渐进调整路线的原因。

答案及解析：政策变动采取渐进调整路线的原因主要有以下几个方面。（1）利益刚性的限制。（2）现行政策的制约。（3）公共意志的趋中。（4）变革成本的约束。（5）人类理性的局限。（6）社会稳定的需要。

2. 简述政策调整的作用。

答案及解析：（1）及时纠偏、预防失误。（2）协调关系、有序运行。（3）发展完善、保持稳定。

知识点 4

公共政策的接续☆

1. 公共政策接续主要探讨的内容及其内涵

（1）公共政策接续主要探讨的关系是调整后的新政策与原政策的延续性关系，是一种渐进性和连续性的政策变动。

（2）政策接续的内涵：以政策问题为中心，努力保持政策目标稳定和连续的行为和过程，其形式通常表现为旧的政策、政策执行程序或执行组织被新的政策、政策执行程序或执行组织所替代。

2. 公共政策接续的意义

（1）政策接续有利于保持政策的稳定。

（2）政策接续有利于政策变动的实现。

（3）政策接续有利于获得社会对政策的认同。

3. 政策接续的形式和途径

（1）公共政策接续的形式。

美国学者霍格伍德和彼得斯把政策接续分为以下五种形式。①线性接续。②政策合并。③政策分解。④政策部分终结。⑤非线性接续。

小拓展

（1）线性接续是原有政策的终止和服务于同样政策目标的新政策的产生。

（2）非线性接续通常指政策对象的变化或政策衡量指标上的变化，如从根据年龄转变为根据收入确定政策受益对象。

（2）政策接续的途径。

实现政策接续的关键是保持政策目标的稳定和连续。

实现政策接续的途径包括以下内容。①要尽可能明确具体地界定政策目标。②推行政策目标管理。③加强政策过程评估，保证政策目标的连续性和稳定性。④政策目标的制度化和法制化。

知识解读

本知识点一般考查单选题和简答题。

了解政策接续的内涵、意义和途径，重点掌握公共政策接续的形式。

真题小练

单选题

1.（2015 年 10 月全国）公共政策接续主要探讨的关系是（　　）

A. 政策调整和政策创新的关系　　B. 政策稳定和政策断裂的关系

C. 政策变动和政策终结的关系　　D. 新政策和原政策延续的关系

答案及解析：D。公共政策接续主要探讨的关系是调整后的新政策与原政策的延续性关系，是一种渐进性和连续性的政策变动。

2.（2017 年 4 月全国）原有政策的终止和服务于同样政策目标的新政策的产生是政策接续中的（　　）

A. 部分终结　　B. 非线性接续　　C. 线性接续　　D. 政策分解

答案及解析：C。线性接续是原有政策的终止和服务于同样政策目标的新政策的产生。

简答题

（2013 年 4 月全国）简述政策接续的含义及其在政策过程中的意义。

答案及解析：（1）政策接续指以政策问题为中心，努力保持政策目标稳定和连续的行为和过程，其形式通常表现为旧的政策、政策执行程序或执行组织被新的政策、政策执行程序或执行组织所替代。（2）政策接续的意义包括，①政策接续有利于保持政策的稳定；②政策接续有利于政策变动的实现；③政策接续有利于获得社会对政策的认同。

小试牛刀

单选题

政策对象的变化或政策衡量指标上的变化，如从根据年龄转变为根据收入确定政策受益对象的政策接续形式是（　　）

A. 线性接续　　B. 非线性接续　　C. 政策合并　　D. 政策部分终结

答案及解析：B。非线性接续通常指政策对象的变化或政策衡量指标上的变化，如从根据年龄转变为根据收入确定政策受益对象。

第三节　公共政策的终结

本节内容提要

本节内容主要介绍公共政策终结的含义、对象、方式、原因、作用、障碍及其策略。

知识点 1

公共政策终结的含义、对象和方式☆☆

1. 公共政策终结的含义

公共政策终结是公共政策的决策者通过对政策进行审慎的评估后，通过采取必要的措施，以终止那些错误的、过时的、多余的或无效的政策、政策功能、政策计划或政策组织的一种行为。

2. 公共政策终结的对象

（1）功能：所谓功能的终结，就是终止由政策执行带来的某种或某些服务。

（2）组织：政策的终结通常伴随着组织的缩减或撤销，通常比较难。

（3）政策：这指的是政策本身的终结。

（4）计划：计划的终结也称项目的终结，指的是执行政策的具体措施和手段的终结。

> **小提示**
>
> 在政策终结的所有对象中，以功能的终结最难。

3. 公共政策终结的方式

公共政策的终结应当由公共权力机关通过合法的程序做出决定，并以文件、公告等形式向社会宣布终结的指令。一般说来，政策终结的方式有五种。

（1）政策废止：政策废止是政策终结的一种最直接、最彻底的方式。政策废止一般针对那些经评估认定已经完全过时或完全失效的政策。比如 2005 年，全国人大常委会决定废止《中华人民共和国农业税条例》。

（2）政策替代：政策替代指用新政策取代旧政策，这种推陈出新的方式可以减少政策废止所带来的冲击。比如，“公费医疗改为医疗保险”，我国在改革开放初期实行的利改税制度。

（3）政策分解：政策分解指的是将旧政策的内容按照一定的规则分解出几个部分，每个部分各自形成一项新政策。

（4）政策合并：政策合并指的是有些政策虽然被终止了，但它们所担负的功能并没有被取消，因而通过一定的程序，将仍然可行的部分重新组合后以一项新政策的面貌出现。比如，“全国普通高校不再分公费自费，统一缴费上学”。

（5）政策缩减：政策缩减指的是采用渐进的方式对政策进行终结，以缓冲终结所带来的巨大冲击，逐步协调好各方面的关系，减少损失。

知识解读

本知识点一般考查单选题、多选题、简答题和综合题。

本知识点内容都比较重要，建议通篇掌握。

真题小练

单选题

1.（2017 年 10 月全国）全国人大常委会决定废止《中华人民共和国农业税条例》，此行为是（　　）

A. 政策修正　　B. 政策更新　　C. 政策终结　　D. 政策调整

答案及解析：C。2005 年 12 月 29 日，第十届全国人民代表大会常务委员会第十九次会议通过了废止《中华人民共和国农业税条例》的决定，这标志着在中国大地上延续了数千年的农业税，自 2006 年 1 月 1 日起被完全废止。中国完全取消农业税，是因为农业税在国家和社会建设中已无足轻重，农业税已经完成了它的历史使命。这种公共政策因政策目标已经实现或政策作用已经消失而被废止的过程和行为，就是公共政策的终结。

2.（2014 年 10 月全国）政策终结最直接、最彻底的方式是（　　）

A. 政策合并　　B. 政策废止　　C. 政策分解　　D. 政策缩减

答案及解析：B。政策终结最直接、最彻底的方式是政策废止。

3.（2014 年 7 月全国）在政策终结的所有对象中，最为困难的是（　　）

A. 功能的终结　　B. 组织的终结　　C. 政策的终结　　D. 计划的终结

答案及解析：A。在政策终结的所有对象中，以功能的终结最难。

小试牛刀

单选题

1. 将旧政策的内容按照一定的规则分解出几个部分，每个部分各自形成一项新政策的政策终结方式是（　　）

A. 政策废止　B. 政策分解　C. 政策合并　D. 政策缩减

答案及解析：B。政策分解指的是将旧政策的内容按照一定的规则分解出几个部分，每个部分各自形成一项新政策。

2. 在公共政策终结的对象中，终止由政策执行而带来的某种或某些服务称为（　　）

A. 功能的终结　B. 组织的终结　C. 政策的终结　D. 计划的终结

答案及解析：A。所谓功能的终结就是终止由政策执行带来的某种或某些服务。

3. “全国普通高校不再分公费自费，统一缴费上学”是政策终结方式中的（　　）

A. 政策替代　B. 政策合并　C. 政策分解　D. 政策缩减

答案及解析：B。政策合并指的是有些政策虽然被终止了，但它们所担负的功能并没有被取消，因而通过一定的程序，将仍然可行的部分重新组合后以一项新政策的面貌出现。这样的合并通常有两种形式，一种是将被终止的政策的内容合并到一项已有的政策当中，另一种是把两项或两项以上被终止的政策合并为一项新的政策。

简答题

简述公共政策终结的方式。

答案及解析：（1）政策废止。（2）政策替代。（3）政策分解。（4）政策合并。（5）政策缩减。

知识点 2

公共政策终结的原因、作用和障碍☆

1. 公共政策终结的原因

（1）经过评估认为政策的目标已经实现，政策问题已得到解决，政策没有继续存在的必要，应该予以终止。

（2）经过评估发现政策存在的失误或局限使其无法解决所面临的问题。如果继续执行不仅浪费资源而且会带来不良后果，因此必须予以终止。

小拓展

巴达奇把推动政策终结的力量分为三类：反对者、节约者和改革者。

2. 公共政策终结的作用

（1）政策终结有利于节省政策资源。

（2）政策终结有利于提高政策绩效。

（3）政策终结有利于促进政策优化。

3. 公共政策终结的障碍

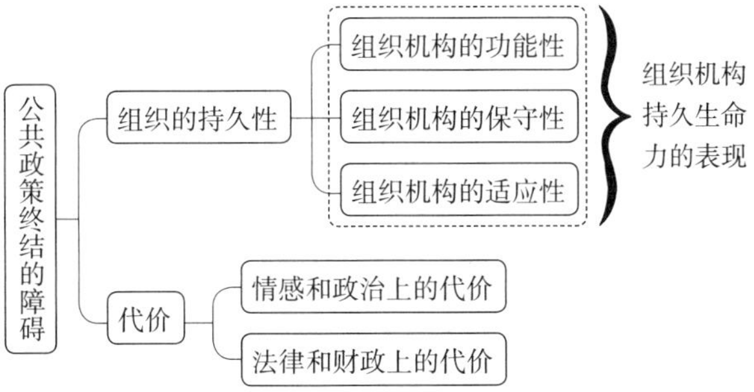

知识解读

本知识点一般考查单选题、多选题和简答题。

重点掌握公共政策终结的作用，了解公共政策终结的原因和障碍。

真题小练

多选题

（2014 年 7 月全国）巴达奇把推动政策终结的力量分为（　　）

A. 反对者　　B. 赞成者　　C. 节约者　　D. 浪费者　　E. 改革者

答案及解析：ACE。巴达奇把推动政策终结的力量分为三类，反对者、节约者和改革者。

简答题

（2009 年 7 月全国）简述政策终结的作用。

答案及解析：从政策终结的结果上看，政策终结的作用突出地表现在以下三个方面。（1）政策终结有利于节省政策资源。（2）政策终结有利于提高政策绩效。（3）政策终结有利于促进政策优化。

小试牛刀

单选题

政策终结的力量不包括（　　）

A. 反对者　　B. 节约者　　C. 改革者　　D. 中立者

答案及解析：D。巴达奇把推动政策终结的力量分为三类，反对者、节约者和改革者。

简答题

简述公共政策终结的原因。

答案及解析：（1）经过评估认为政策的目标已经实现，政策问题已得到解决，政策没有继续存在的必要，应该予以终止。（2）经过评估发现政策存在的失误或局限使其无法解决所面临的问题。如果继续执行不仅浪费资源而且会带来不良后果，因此必须予以终止。

知识点 3

公共政策终结的策略☆

（1）重视说服工作，消除抵触情绪。为了确保政策终结的顺利进行，政策主体首先应该重视做好说服工作。

（2）注意因势利导，营造有利气氛。

（3）公开评估结果，争取支持力量。

（4）废旧立新并举，缓和终结压力。

（5）通过试探试点，避免矛盾激化。

（6）终结必要的部分，减少终结代价。

知识解读

本知识点一般考查简答题。

注意掌握公共政策终结的具体策略。

真题小练

简答题

（2008 年 7 月全国）简述克服阻力，实现政策终结的策略。

答案及解析：政策终结具有很强的经验性和艺术性，我们认为要顺利完成终结需要注意以下几个方面。（1）重视说服工作，消除抵触情绪。（2）注意因势利导，营造有利气氛。（3）公开评估结果，争取支持力量。（4）废旧立新并举，缓和终结压力。（5）通过试探试点，避免矛盾激化。（6）终结必要的部分，减少终结代价。

小试牛刀

单选题

为了确保政策终结的顺利进行，政策主体首先应该重视做好（　　）

A. 利益平衡　　B. 说服工作　　C. 有效调整　　D. 后果分析

答案及解析：B。为了确保政策终结的顺利进行，政策主体首先应该重视做好说服工作。

第十章　公共政策学知识的应用

学习公共政策学的目的在于应用。政策学知识的学习者很可能也是潜在的使用者，政策学知识应用的一个主要形式就是政策分析。随着公共政策在社会发展过程中的作用日益凸显，作为政策学知识应用的生力军，职业化的应用性政策研究组织和政策分析师及其所从事的政策分析，对政策过程的影响也越来越大。作为职业组织和人员，它们也必须遵守相应的职业伦理。

历年考情直击

考点	考纲要求	考试题型	重要程度
政策学知识应用与政策分析	识记、领会	单选、多选、简答、论述	★★
应用性政策研究组织与政策分析师	识记、领会	单选、多选、简答、论述	★

第一节　政策学知识应用与政策分析

本节内容提要

本节内容主要介绍政策学知识的应用以及政策分析。

知识点 1

知识与政策学知识☆

1. 知识的含义

知识是人们通过经历、观察或学习而获得的对事物的理解或会意，它依靠人们的好奇心、思维能力、记忆和想象力等得到开发、积累、传承，并在人类的活动中得到运用并发挥效用。

2. 知识的类型

知识的类型		
知道是什么的事实知识	主要指可以观察、感知或以数据呈现出来的知识，如统计数据、调查结果等	主要是显性知识
知道为什么的原理知识	包括自然原理或法则的科学知识，还有新技术的研发、采用和销售等方法和规律	
知道怎样做的技能知识	有关技术的知识或做事的技术，比如工作人员解决问题的技巧和经验，人们的表达技巧的知识等	主要是隐性知识
知道谁有知识的人际知识	有了这种人际知识，就可以在出现问题时，能迅速明白应该请教谁	

小拓展

（1）显性知识，即可以格式化、文本化、进行编码的知识。

（2）隐性知识，即存在于个人的头脑中，表现为一种智慧、经验或感觉的知识。

3. 知识的特征

（1）不可逆性。（2）共享性。（3）非磨损性。（4）交换的不对称性。（5）可传播性。

小拓展

知识具有非磨损性。知识不同于其他物品，它可以重复使用且不会因为使用者多少或使用频率高低而出现任何销蚀与损耗。

4. 政策学知识

政策学知识是一个围绕实现政策目标而形成的信息体系，这些信息被有关的政策主体与客体所认知、掌握和应用后，有利于政策目标的有效实现。

知识解读

本知识点一般考查单选题和简答题。

重点掌握知识的类型和每个类型的典型例子，以及知识的特征。

真题小练

单选题

1.（2012 年 7 月全国）知识不同于其他物品，它可以重复使用且不会因为使用者多少或使用频率高低而出现任何销蚀与损耗。这说明知识具有（　　）

A. 不可逆性　　B. 交换的不对称性

C. 共享性　　D. 非磨损性

答案及解析：D。知识具有非磨损性。知识不同于其他物品，它可以重复使用且不会因为使用者多少或使用频率高低而出现任何销蚀和损耗。

2.（2014 年 7 月全国）从知识的层面来看，有关技术的知识或做事的技术，如工作人员解决问题的技巧和经验，人们的表达技巧的知识等属于（　　）

A. 技能知识　　B. 事实知识　　C. 原理知识　　D. 人际知识

答案及解析：A。知道怎样做的技能知识，即有关技术的知识或做事的技术，比如工作人员解决问题的技巧和经验，人们的表达技巧的知识等。

简答题

（2013 年 7 月全国）简述知识的特征。

答案及解析：（1）不可逆性。（2）共享性。（3）非磨损性。（4）交换的不对称性。（5）可传播性。

小试牛刀

单选题

1. 从知识的层面来看，可以观察、感知或以数据呈现出来的知识，如统计数据、调查结果等属于（　　）

A. 原理知识　　B. 事实知识　　C. 技能知识　　D. 人际知识

答案及解析：B。事实知识主要指可以观察、感知或以数据呈现出来的知识，如统计数据、调查结果等。

2. 可以格式化、文本化、进行编码的知识是（　　）

A. 隐性知识　　B. 虚拟知识　　C. 实体知识　　D. 显性知识

答案及解析：D。显性知识即可以格式化、文本化、进行编码的知识。

知识点 2

政策学知识应用的主要形式——政策分析☆

政策学知识的应用指的是使用者选择并运用所掌握的政策学知识以分析和解决现实的政策问题或创造新的知识的过程。

政策学知识应用的一个主要形式就是对具体的公共政策进行分析。

1. 政策分析的含义

政策分析指政策研究者和研究组织以及决策者，把科学的知识和方法应用于政策的选择和公共问题的解决，在公共政策领域内创造和应用知识的复杂的社会过程。

小提示

政策分析的首要目的在于寻找解决公共问题的适当方案。

2. 政策分析的价值

政策分析的意义在于发现问题的症结所在、拟订政策方案、建立评估标准，依据这些标准权衡政策方案的利弊得失，设计执行计划，并对政策执行进行评估，以避免或减少政策过程中的消极状况和结果。其意义具体表现在以下几个方面。

（1）通过整合性与科际性的分析，发现问题的要害和症结所在。

（2）帮助决策者减少决策失误。

（3）改善公共部门在决策上的低效状况。

（4）增强决策的预期性和取向性。

知识解读

本知识点一般考查单选题和简答题。

重点掌握政策分析的含义和价值。

真题小练

单选题

（2013 年 4 月全国）政策学知识应用的主要形式是（　　）

A. 理论创新　　B. 政策研究　　C. 政策分析　　D. 概念界定

答案及解析：C。政策学知识应用的一个主要形式就是对具体的公共政策进行分析。

简答题

（2009 年 7 月全国）简述公共政策分析意义的具体表现。

答案及解析：政策分析的意义在于发现问题的症结所在、拟订政策方案、建立评估标准，依据这些标准权衡政策方案的利弊得失，设计执行计划，并对政策执行进行评估，以避免或减少政策过程中的消极状况和结果。其意义具体表现在以下几个方面。（1）通过整合性与科际性的分析，发现问题的要害和症结所在。（2）帮助决策者减少决策失误。（3）改善公共部门在决策上的低效状况。（4）增强决策的预期性和取向性。

小试牛刀

单选题

1. 政策分析的首要目的是（　　）

A. 寻找解决公共问题的适当方案　　B. 提高政策效率

C. 节省政策资源　　D. 树立政府形象

答案及解析：A。政策分析的首要目的是寻找解决公共问题的适当方案。

2. 政策学知识应用的一个主要形式就是对具体的公共政策进行分析。

A. 正确　　B. 错误

答案及解析：A。政策学知识应用的一个主要形式就是对具体的公共政策进行分析。

简答题

简述政策分析的价值。

答案及解析：（1）通过整合性与科际性的分析，发现问题的要害和症结所在。（2）帮助决策者减少决策失误。（3）改善公共部门在决策上的低效状况。（4）增强决策的预期性和取向性。

名词解释题

名词解释：政策学知识应用

答案及解析：政策学知识的应用指的是使用者选择并运用所掌握的政策学知识以分析和解决现实的政策问题或创造新的知识的过程。

知识点 3

政策分析的要素和原则☆

1. 政策分析的要素

问题、目标、方案、模型、评估标准、实施效果、环境、信息。

2. 政策分析的原则

民主化原则、系统性原则、协调性原则、多样性原则、分合原则、预测性原则。

小拓展

（1）系统性原则。在政策分析过程中，政策研究者和研究组织要对整体利益与局部利益、内因与外因、眼前利益与长远利益、主要目标与次要目标进行全面的考虑。要善于把一项政策置于宏观的政策体系中考虑，梳理清楚它与其他政策项的关系。

（2）协调性原则。协调性原则即根据政策大系统总任务、总目标的要求，使各子系统相互协同配合，并以各个子系统局部最优化为基础，通过调节控制，实现大系统的最优化。政策协调基本上是利益的协调。协调的目的是为了达到或保持某种平衡。

（3）预测性原则。制定政策是对公共部门的未来行为所做的一种预先分析与选择，具有明显的预测性，预测是根据过去、现在的相关信息，探求和推测政策分析工作所关心的领域在未来的可能发展趋势，并估计和评价各种可能产生的结果。

（4）多样性原则。政策分析过程中经常出现的只注重表面现象，而忽视系统结构，是对多样性原则理解模糊的表现。

知识解读

本知识点一般考查单选题和多选题。

重点掌握政策分析的原则，着重注意系统性、协调性和预测性原则的内涵。

真题小练

单选题

1.（2012 年 7 月全国）在进行政策分析时，根据政策大系统总任务、总目标的要求，使各子系统相互协同配合，并以各个子系统局部最优化为基础，通过调节控制，实现大系统的最优化。这属于政策分析原则中的（　　）

A. 系统性原则　　B. 协调性原则　　C. 分解原则　　D. 整合原则

答案及解析：B。协调性原则即根据政策大系统总任务、总目标的要求，使各子系统相互协同配合，并以各个子系统局部最优化为基础，通过调节控制，实现大系统的最优化。

2.（2016 年 4 月全国）在政策分析过程中，要对主体和客体、内因和外因、眼前利益和长远利益全面考虑，这是遵循政策分析基本原则中的（　　）

A. 民主化原则　　B. 系统性原则　　C. 预测性原则　　D. 多样性原则

答案及解析：B。系统性原则指在政策分析过程中，政策研究者和研究组织要对整体利益与局部利益、内因与外因、眼前利益与长远利益、主要目标与次要目标进行全面的考虑。

多选题

（2015 年 10 月全国）政策分析的原则包括（　　）

A. 系统性原则　　B. 精英化原则　　C. 协调性原则

D. 集中性原则　　E. 预测性原则

答案及解析：ACE。政策分析的原则包括民主化原则、系统性原则、协调性原则、多样性原则、分合原则、预测性原则。

小试牛刀

单选题

1. 在政策分析中，根据过去、现在的相关信息，探求和推测政策分析工作所关心的领域在未来的可能发展趋势，这里所遵循的是（　　）

　A. 协调性原则　　B. 系统性原则　　C. 预测性原则　　D. 多样性原则

答案及解析：C。预测性原则指制定政策是对公共部门的未来行为所做的一种预先分析与选择，具有明显的预测性，预测是根据过去、现在的相关信息，探求和推测政策分析工作所关心的领域在未来的可能发展趋势，并估计和评价各种可能产生的结果。

2. 政策分析过程中经常出现的只注重表面现象，忽视系统结构是对下列哪个原则理解模糊的表现（　　）

　A. 多样性原则　　B. 系统性原则　　C. 分合原则　　D. 预测性原则

答案及解析：A。政策分析过程中经常出现的只注重表面现象，而忽视系统结构，是对多样性原则理解模糊的表现。

知识点 4

政策分析的过程☆

作为一种创造和应用知识的过程，政策分析包括定义、预测、规定、描述和评估五个程序。

知识解读

本知识点一般考查单选题和多选题。

注意掌握政策分析的过程。

真题小练

多选题

（2014 年 4 月全国）政策分析包含如下程序（　　）

A. 定义　　B. 预测　　C. 规定

D. 描述　　E. 评估

答案及解析：ABCDE。政策分析包括的程序是，定义、预测、规定、描述和评估。

简答题

（2011 年 7 月全国）简述政策分析的过程。

答案及解析：定义、预测、规定、描述、评估。

小试牛刀

单选题

以下哪一项不属于政策分析的程序（　　）

A. 定义　　B. 预测　　C. 规定　　D. 协调

答案及解析：D。政策分析包括的程序是，定义、预测、规定、描述和评估。

知识点 5

政策分析的注意事项☆

政策分析应当遵循正确和适当的方法，同时也要避免采取不当的方式。阿诺德·梅尔斯纳提出七种政策分析者常犯的致命过错。

1. 墨守成规式的政策建议

这种错误在于总遵照惯例、按照老样子来开展相关的政策分析工作，或者经常受到某种解决办法的束缚。

2. 生搬硬套式的政策建议

这种建议主要是政策分析者没有认真分析问题本身的实质和特点，造成对于问题的无知，忽略了客观的事实。

3. 姗姗来迟式的政策建议

这种情况尤其会发生在组织领导人发生变动的情况下。

4. 一知半解式的政策建议

这种建议往往是由于政策分析者没有充分对问题的根源进行分析，进而形成了肤浅的建议。

5. 狗急跳墙式的政策建议

这种建议多是一种应急性的，也就是发生危机后，才开始进行政策的分析，而由于时间等方面的要求，政策分析者就匆匆忙忙提出建议，犯下一知半解、生搬硬套的错误。

6. 反复无常式的政策建议

这种政策建议的变化频率过高、幅度过大，而如果不让一项政策建议运行一段时间，是难以有效地评估这项政策的有效性的。

7. 脱离政治式的政策建议

这指的是政治上的建议与实质性的政策建议缺乏适当的关联和整合。

知识解读

本知识点一般考查单选题。

了解政策分析的注意事项，并掌握每个注意事项的具体内容。

真题小练

单选题

1.（2014 年 7 月全国）在发生危机后，才开始进行政策的分析，而由于时间等方面的要求，政策分析者就匆匆忙忙提出建议，犯下一知半解、生搬硬套的错误。这种类型的政策建议称为（ ）

A. 姗姗来迟式的政策建议　　B. 一知半解式的政策建议

C. 反复无常式的政策建议　　D. 狗急跳墙式的政策建议

答案及解析：D。狗急跳墙式的政策建议多是一种应急性的，也就是发生危机后，才开始进行政策的分析，而由于时间等方面的要求，政策分析者就匆匆忙忙提出建议，犯下一知半解、生搬硬套的错误。

2.（2017 年 10 月全国）变化频率过高、幅度过大的政策建议属于（ ）

A. 墨守成规式政策建议　　B. 生搬硬套式政策建议

C. 反复无常式政策建议　　D. 一知半解式政策建议

答案及解析：C。反复无常式的政策建议的变化频率过高、幅度过大，而如果不让一项政策建议运行一段时间，是难以有效地评估这项政策的有效性的。

小试牛刀

单选题

以下哪种政策建议尤其会发生在组织领导人发生变动的情况下（ ）

A. 反复无常式的政策建议　　B. 墨守成规式的政策建议

C. 生搬硬套式的政策建议　　D. 姗姗来迟式的政策建议

答案及解析：D。姗姗来迟式的政策建议尤其会发生在组织领导人发生变动的情况下，有时候前任需要的信息和政策建议，在人事变更之后，迟到的政策建议在继任的领导者看来已经不重要了。

第二节　应用性政策研究组织与政策分析师

本节内容提要

本节内容主要介绍应用性政策研究组织与政策分析师的相关内容。

知识点 1

应用性政策研究组织☆

1. 应用性政策研究组织的含义与特征

（1）含义：应用性政策研究组织指的是那些在系统调查的基础上，为政府、企业或社会团体出谋划策，提供政策依据，以期影响其决策行为的社会组织。

（2）特征：与学术性政策研究组织相比较，应用性政策研究组织是应用有关政策学知识以解决政策问题为导向和主要特征的。

2. 应用性政策研究组织的作用

内容解读 政策研究组织现已深入社会政治经济生活的各个方面、各个领域，其最主要和直接的作用就是为公共决策者或公共权力机构服务。一方面是直接填补掌权者的职责与实际能力之间的差距，另一方面是间接起到补强政府职能的作用，为政府机构的有效运行服务。

其具体作用包括以下几方面。

（1）作为辅助决策的咨询机构，向决策者提供政策建议。

（2）作为政策学知识的应用者和创造者，提供新的观念、理论和方法。

（3）作为评估性机构，提出解决问题的方案。

（4）作为人才成长、储备的机构，源源不断地向政府输送高质量的官员和专家。

（5）作为思想和知识传播机构，通过传播其思想和观点，对公众进行政策教育。

3. 应用性政策研究组织的类型（以与政府的关系为依据划分）

（1）行政型政策研究组织。

（2）事业单位法人型政策研究组织。

（3）学术型政策研究组织。

（4）产业型政策研究组织。

（5）民办非企业法人型政策研究组织。

小提示

学术型政策研究组织是以公共政策基础理论及其相关实践为学术研究对象的政策研究组织。

知识解读

本知识点一般考查单选题、多选题和简答题。

本知识点内容较为重要，建议通篇掌握。

真题小练

单选题

1.（2018 年 4 月全国）在系统调查的基础上，为政府出谋划策，提供决策依据，以期影响其决策行为的政策研究组织，被称作（　　）

A. 理论性政策研究组织

B. 行政型政策研究组织

C. 学术型政策研究组织

D. 应用性政策研究组织

答案及解析：D。应用性政策研究组织指那些在系统调查的基础上，为政府、企业或社会团体出谋划策，提供政策依据，以期影响其决策行为的社会组织。

2.（2016 年 4 月全国）与学术性政策研究组织相比，应用性政策研究组织的主要特征是（　　）

A. 以创建政策理论为导向

B. 以运用政策学知识解决政策问题为导向

C. 以学习政策知识为导向

D. 以构建政策过程模型为导向

答案及解析：B。与学术性政策研究组织相比，应用性政策研究组织的主要特征是以运用政策学知识解决政策问题为导向。

简答题

（2016 年 4 月全国）简述应用性政策研究组织的类型。

答案及解析：（1）行政型政策研究组织。（2）事业单位法人型政策研究组织。（3）学术型政策研究组织。（4）产业型政策研究组织。（5）民办非企业法人型政策研究组织。

论述题

（2014年10月全国）试述应用性政策研究组织的含义及其作用。

答案及解析：（1）应用性政策研究组织在实践中多被称为智库、思想库、智囊团等，指那些在系统调查的基础上，为政府、企业或社会团体出谋划策，提供政策依据，以期影响其决策行为的社会组织。（2）应用性政策研究组织最主要和直接的作用就是为公共决策者或公共权力机构服务，一方面是直接填补掌权者的职责与实际能力之间的差距，另一方面是间接起到补强政府职能的作用，为政府机构的有效运行服务。（3）应用性政策研究组织的作用主要体现在以下几个方面。①作为辅助决策的咨询机构，政策研究组织向决策者提供政策建议，为社会各界提供沟通信息、集中意见并进行表达的系统功能。②作为政策学知识的应用者和创造者，政策研究组织提供新的观念、理论和方法，探寻社会发展的方向，推动决策者的思想和知识更新。③作为评估性机构，政策研究组织提供有关政策实践的信息，并从中不断地发现存在的问题，提出解决问题的方案，改进政策的实施程序和工具，起着一种诊断社会机能和运行状态的作用。④作为人才成长、储备的机构，政策研究组织源源不断地向政府输送高质量的官员和专家。政策研究组织是知识精英荟萃之地，其存在和发展表现了知识界以其智力资源干预和介入社会政治生活的追求。⑤作为思想和知识传播机构，政策研究组织通过传播其思想和观点，对公众进行政策教育，使大众对公共政策有更全面、系统的了解。

小试牛刀

单选题

1. 以公共政策基础理论及其相关实践为学术研究对象的政策研究组织称为（　　）

A. 行政型政策研究组织

B. 产业型政策研究组织

C. 学术型政策研究组织

D. 民办非企业法人型政策研究组织

答案及解析：C。学术型政策研究组织是以公共政策基础理论及其相关实践为学术研究对象的政策研究组织。

2. 应用性政策研究组织最主要和直接的作用是（　　）

A. 为公共决策者服务

B. 为政策教育与宣传服务

C. 充当政策执行的马前卒

D. 为政策目标的达成配置资源

答案及解析：A。政策研究组织现已深入社会政治经济生活的各个方面、各个领域，其最主要和直接的作用就是为公共决策者或公共权力机构服务。

简答题

简述公共政策研究组织的作用。

答案及解析：（1）作为辅助决策的咨询机构，政策研究组织向决策者提供政策建议。（2）作为政策学知识的应用者和创造者，政策研究组织提供新的观念、理论和方法。（3）作为评估性机构，政策研究组织提供有关政策实践的信息。（4）作为人才成长、储备的机构，政策研究组织源源不断地向政府输送高质量的官员和专家。（5）作为思想和知识传播机构，政策研究组织通过传播其思想和观点，对公众进行政策教育，使大众对公共政策有更全面、系统的了解。

知识点 2

应用性政策研究的从业者或政策分析师☆

一般情况下，政策分析师应作为高级行政首长或高层领导的顾问，并且与他们形成共生而非寄生的合作关系。

1. 政策分析师的角色定位

重点解读 叶海卡·德洛尔认为，关于政策分析师的角色定位，需要注意以下几点。

（1）政策分析师不应定位为全知全觉的主体，而应该是作为在集体政策制定中的补充单元，向制定过程贡献更好的分析和新颖的观点，以及非传统的、合乎未来的导向和系统的思考。

（2）政策分析师应是科学与政治之间的一座桥梁，他们并不改变政治和组织行为的基本特性。

（3）为了给政策制定做出贡献，政策分析师应通过引入相互竞争的不同利益和其他因素之间的博弈和互动，作为提高集体政策制定质量的方式。

（4）政府中的政策分析师的主要角色，应是向公共决策贡献更多样的职业化意见建议或方案，且这些意见、建议或方案是建立在系统分析和定量决策理论，以及对政治科学和公共行政认识的新视角之上的。

2. 政策分析师的素质要求

（1）具有政治头脑。　（2）具有总体观念。　（3）致力于创新。

（4）具有洞察力。　（5）着眼于未来。　（6）有弹性的思维。

知识解读

本知识点一般考查单选题和简答题。

重点掌握政策分析师的角色定位。

真题小练

单选题

（2017 年 4 月全国）政策分析师的正确角色定位是（　　）

A. 作为公共决策者的驯服工具　　B. 与公共决策者形成寄生的依赖关系

C. 作为公共决策者全知全能的指导者　　D. 与公共决策者形成共生的合作关系

答案及解析：D。一般情况下，政策分析师应作为高级行政首长或高层领导的顾问，并且与他们形成共生而非寄生的合作关系。

简答题

（2015 年 10 月全国）简述政策分析师的角色定位。

答案及解析：（1）政策分析师应是作为在集体政策制定中的补充单元，向制定过程贡献更好的分析和新颖的观点，以及非传统的、合乎未来的导向和系统的思考。（2）政策分析师应是科学与政治之间的一座桥梁，他们并不改变政治和组织行为的基本特性。（3）为了给政策制定做出贡献，政策分析师应通过引入相互竞争的不同利益和其他因素之间的博弈和互动，作为提高集体政策制定质量的方式。（4）政府中的政策分析师的主要角色，应是向公共决策贡献更多样的职业化意见建议或方案。政策分析师提出的意见、建议或方案是建立在系统分析和定量决策理论，以及对政治科学和公共行政认识的新视角之上的。

小试牛刀

多选题

以下内容属于叶海卡·德洛尔所认为的政策分析师应该具备的素质的是（　　）

A. 具有政治头脑　　B. 具有总体观念　　C. 致力于创新

D. 具有洞察力　　E. 着眼于未来

答案及解析：ABCDE。叶海卡·德洛尔认为，政策分析师应该具备六个方面的素质。（1）政策分析师应当具有政治头脑。（2）政策分析师应当具有总体观念。（3）政策分析师应当致力于创新。（4）政策分析师应当具有洞察力。（5）政策分析师应当着眼于未来。（6）政策分析师应当具有弹性的思维。

知识点 3

应用性政策研究组织与分析师的职业伦理☆

重点解读 政策分析职业伦理的基本内容。

（1）道德品质要求。政策决策者和研究者既要具备社会成员的一般道德，又要具备作为政治角色的职业道德。这种职业道德实质上就是责任和义务的表现，它要求决策者和研究者对国家和人民负责，为国家和人民的利益服务，实现目的性和责任性的统一。

（2）行为规范要求。政策过程具有很强的实践性，政策主体在决策和执行过程中都要依法行事，从实际出发，为政策目标的实现创造有利的条件。任何一个政策选择都要注意体现广大人民的利益并协调好各方面的利益关系。

（3）价值判断要求。价值判断要以事实为依据，决策者和研究者要把价值判断和事实判断有机地统一起来。价值判断要以公共利益为重。政策是否具有权威性，是否具有规范和命令的功能，与其能否反映公共利益密切相关。价值判断还应是责、权、利的统一。

知识解读

本知识点一般考查多选题和简答题、论述题。

掌握政策分析职业伦理的基本内容即可。

真题小练

多选题

（2012 年 4 月全国）政策分析者的职业伦理的基本内容有（　　）

A. 道德品质要求　　B. 决策者的要求　　C. 价值判断要求

D. 行为规范要求　　E. 利益集团的要求

答案及解析：ACD。政策分析职业伦理的基本内容有道德品质要求、行为规范要求、价值判断要求。

论述题

（2017 年 4 月全国）试述政策分析师职业伦理的基本内容。

答案及解析：（1）道德品质要求。政策分析师既要具备社会成员的一般道德，又要具备作为政治角色的职业道德。这种职业道德实质上就是责任和义务的表现，它要求政策分析师对国家和人民负责，为国家和人民的利益服务，实现目的性和责任性的统一。（2）行为规范要求。政策过程具有很强的实践性，政策主体在决策和执行过程中都要依法行事，从实际出发，为政策目标的实现创造有利的条件。任何一个政策选择都要注意体现广大人民的利益并协调好各方面的利益关系。（3）价值判断要求。价值判断要以事实为依据，决策者和研究者要把价值判断和事实判断有机地统一起来。价值判断要以公共利益为重。政策是否具有权威性，是否具有规范和命令的功能，与其能否反映公共利益密切相关。价值判断还应是责、权、利的统一。

模拟卷（一）

课程代码：00318

总分：100

第一部分　选择题

一、单项选择题（本大题共 20 小题，每小题 1 分，共 20 分）

1. 决策科学与公共政策学的关系是（　　）

A. 一般与个别的关系　　B. 互补关系

C. 现象与本质的关系　　D. 直接与间接的关系

2. 公共政策学的开山之作是（　　）

A.《政策科学：视野与方法的近期发展》

B.《重新审查公共政策的制定过程》

C.《政策科学探索：概念与适用》

D.《政策科学构想》

3. 以同一政策体系内的各项政策相互间是否存在着涵盖与衍生的关系为标准，公共政策可以划分为（　　）

A. 战略、战术、策略　　B. 政治政策、经济政策、文化政策

C. 元政策、基本政策、部门政策　　D. 单目标政策和多目标政策

4. 当代中国不具有政策制定一般功能的一级政府是（　　）

A. 省政府　　B. 乡政府　　C. 市政府　　D. 县政府

5. 下列关于公共决策规则的说法正确的是（　　）

A. 绝对多数规则又称“一票否决制”

B. 简单多数规则也称“比例多数制”

C. 多数规则的决策成本低于全体一致规则的成本

D. 简单多数规则一般要求决策群体的成员数量为偶数

6. 属于象征性联邦制的国家是（　　）

A. 美国　　B. 巴西　　C. 加拿大　　D. 德国

7.“上下来去”决策模型的根本追求是（　　）

A. 中国化　　B. 科学决策　　C. 民族化　　D. 大众化

8. 决策者有限理性命题的提出者是（　　）

A. 林德布洛姆　　B. 杜鲁门　　C. 贝塔朗菲　　D. 西蒙

9. 内在创始模型通常出现在（　　）

A. 民主和平等的社会　　B. 不太民主的社会

C. 财富和权力高度集中的社会　　D. 财富和权力高度分散的社会

10. 政府议程又被称为（　　）

A. 系统议程　　B. 公众议程　　C. 正式议程　　D. 权威议程

11. 能克服代议民主制的不足，实现各方利益主体、官员、专家与百姓之间面对面的直接沟通的政府政策过程的重要制度形式称作（　　）

A. 科层制　　B. 集中制　　C. 听证制　　D. 多党制

12. 针对政策问题而提出各种可能解决方案的过程是（　　）

A. 系统议程　　B. 政策评估　　C. 政策规划　　D. 政策监控

13. 公共政策对象不具有的特点是（　　）

A. 政策规定性　　B. 主观差异性　　C. 受动性　　D. 主动性

14. 美国学者雷恩和拉宾诺维茨提出的政策执行理论模型是（　　）

A. 过程模型　　B. 互适模型　　C. 循环模型　　D. 博弈模型

15. 衡量公民对于某一政策满意程度的评估指标称之为（　　）

A. 主观性福利指标　　B. 客观性福利指标

C. 效益性福利指标　　D. 效率性福利指标

16. 对政策规划和政策实施计划进行的监控称之为（　　）

A. 过程性监控　　B. 结果监控　　C. 预防性监控　　D. 经常性监控

17. 公共政策终结的对象中最难终结的是（　　）

A. 功能　　B. 组织　　C. 政策　　D. 计划

18. 由萨巴提尔等人提出来的公共政策变动的模式是（　　）

A. 周期型　　B. Z 字形　　C. 学习型　　D. 移植型

19. 在系统调查的基础上，为政府出谋划策，提供决策依据，以期影响其决策行为的政策研究组织，被称作（　　）

A. 理论性政策研究组织　　B. 行政型政策研究组织

C. 学术型政策研究组织　　D. 应用性政策研究组织

20. 变化频率过高、幅度过大的政策建议属于（　　）

A. 墨守成规式政策建议　　B. 生搬硬套式政策建议

C. 反复无常式政策建议　　D. 一知半解式政策建议

二、多项选择题（本大题共 5 小题，每小题 2 分，共 10 分）

21. “三论”的产生为政策科学的形成创造了历史条件，“三论”主要是指（　　）

A. 矛盾论　　B. 控制论　　C. 系统论

D. 信息论　　E. 实践论

22. 关于公共利益，下列说法正确的是（　　）

A. 谋求和增进公共利益是一切政策的出发点

B. 公共利益首先是利益获得者的群体范围

C. 公共利益首先是利益实现的程度

D. 公共利益是最大多数公民的利益

E. 公共利益是最大多数公民利益的最大化

23. 金登提出的政策议程模型中的三源流包括（　　）

A. 问题流　　B. 经济流　　C. 政策流

D. 政治流　　E. 文化流

24. 政策方案的要素之间需要一定的机制互相联系，政策要素的联系机制主要有（　　）

A. 规则　　B. 工具　　C. 假定

D. 目标人群　　E. 执行机构

25. 影响公共政策评估的重要因素包括（　　）

A. 政策信息、资料　　B. 政策制定者与执行者　　C. 政策目标

D. 政策的沉淀成本　　E. 政策稳定

第二部分　非选择题

三、简答题（本大题共 4 小题，每小题 5 分，共 20 分）

26. 简述政策链的基本含义。

27. 简述我国人民代表大会制度作为公共决策体制的特点。

28. 简述集团主义政策过程模型的基本命题。

29. 简述确定政策目标的原则。

四、论述题（本大题共 2 小题，每小题 10 分，共 20 分）

30. 试述政策问题的基本属性。（10 分）

31. 试述公共政策评估的标准。（10 分）

五、综合题（本大题共 2 小题，每小题 15 分，共 30 分）

32. S 市的市民不再盼拆迁

李先生原先住 S 市黄金地段的一个棚户区，他家已被纳入政府的棚户区改造的范围。但李先生却放弃了将来棚户区改造时可以得到的拆迁补偿，选择了申请经济适用房。他卖掉了老房子，买了地铁附近的一套经适房，房价比同地段的商品房每平方米便宜 2 万多元。为什么李先生不等拆迁补偿，而选择购买经适房呢?

10 年前 S 市政府希望市民动迁，以便给市中心腾出地方盖大楼。当时的市民眷恋繁华而不愿拆迁，所以市政府千方百计满足拆迁户的要求。如在市区边上或原居住地段给一大套安置房，或给高额的现金补偿以另购中意的商品房等。市民看到这种情况，纷纷要求政府拆迁。

现在市政府的政策却调整为拆迁户需接受一些条件才能够拆迁。例如政府提供的安置房位于非常偏远地区，而且必须是小区全体业主同意拆迁。这意味着，市民靠拆迁获得高额补偿的日子已成过去。

另一方面，对有刚性住房需求且满足一定条件的市民，市政府可以提供物美价廉的经适房。于是，越来越多的市民，纷纷开始选择经适房，不再苦盼政府拆迁。

（1）什么是公共政策的调控功能？

（2）试利用公共政策调控功能的概念，解释S市的市民为何不再盼拆迁。

33. 一场媒体问政直播活动

最近，一场由H省纪委主办的“落实责任、教育惠民”媒体问政直播活动在省电视台800平方米演播大厅举行，电视、广播、网络同步直播。

10部暗访短片揭露的一幕幕乱象令观众揪心，让现场接受问政的教育官员表情尴尬：荷载32人的校车载着至少60个孩子超速行驶在乡间道路上；校长编书，学生购买；上了4年学，被要求买了10套校服；学生伙食费被克扣到老师饭碗里……

有一部短片受到特别关注：超载30多人的该省Y市银河幼儿园校车以超过80公里的速度行驶。采访到这一幕的记者询问陪车老师是否知道这种情况的危险性，这位老师竟说自己刚来，不清楚情况。记者介绍说，省纠风办去年就接到对这一问题的举报并要求立即解决，后来教育部门反馈说已责成当地解决。但是，时隔一年问题仍在。

在演播大厅，电视主持人向分管学校安全工作的省委高校工委副书记提问，究竟何时能够真正解决这一问题。这位副书记坦言深感自责，校车安全问题屡禁屡发，表明我们的工作没有落实到位。他表示将责成当地立即整改，并将对学校负责人和当地教育行政部门进行问责。

节目结束后，省教育厅长坦言，这是一次“赶考”，能打60分就不错了。媒体问政对于教育战线的领导者来说，是一种难得的警醒机制。接着，教育厅厅长就组织在场的教育系统干部开了个短会，要求在第一时间解决媒体问政提出的问题。

（1）什么是政策反馈系统？

（2）结合本案例，分析媒体问政直播活动对政策反馈的意义。

模拟卷（一）答案及解析

一、单项选择题（本大题共 20 小题，每小题 1 分，共 20 分）

1. 答案及解析：A。决策科学与公共政策学的关系是一般与个别的关系。

2. 答案及解析：A。1951 年，由美国著名的政治学家勒纳和拉斯韦尔共同主编的《政策科学：视野与方法的近期发展》一书面世。该书首次提出并界定了“政策科学”这一概念，指出“政策科学是用于解决社会问题、特别是解决那些结构和关系都很复杂的社会问题的工具”。书中所收论文对公共政策的概念、政策科学的学科特点和基本范畴、科学的决策方法等，都做了比较深刻的探讨，奠定了公共政策学的学科基础。这本书被誉为“政策科学的开山之作”“公共政策学的经典著作”，被人们认作公共政策学诞生的标志。

3. 答案及解析：C。根据同一政策体系中各项政策间是否存在着涵盖与衍生关系，可以将公共政策划分为元政策、基本政策、部门政策。

4. 答案及解析：B。以决策者即公共权力机关的层级或纵向结构为标准，公共政策类型可划分为中央政策（国家政策）、地方政策与基层政策等类型。与地方政府的层级相一致，地方政策可划分为省政策、市政策、县政策、乡政策。鉴于处于最低层级的乡政府不具有政策制定的功能，或者说决策功能不完全，而基本上是执行政策，所以我们将乡政策从地方政策中划出，另称为“基层政策”。

5. 答案及解析：C。全体一致规则因决策成本过高，在很多情况下难以实施，这种情况下就只能退而求其次，采取多数规则以最大限度地照顾多数的利益，由此可见，多数规则的决策成本低于全体一致规则的成本。全体一致规则又称“一票否决制”；一般而言，简单多数规则要求决策群体的成员数量为奇数；绝对多数规则也称“过半数规则”“比例多数制”。

6. 答案及解析：B。巴西属于象征性联邦制的国家。

7. 答案及解析：B。“上下来去”政策过程是一个具有鲜明的中国化、民族化特色的政策过程模型。但是，由于科学决策是这个模型的根本追求，所以乐于容纳从国外引进的以科学决策为根本诉求的任何决策理论、决策模型和决策手段。

8. 答案及解析：D。西蒙提出了决策者有限理性命题。他认为“理性指的是一种行为方式，是指在给定条件和约束的程度内适于达到给定目标的行为方式。”

9. 答案及解析：C。内在创始模型属政府因解决纯政府内部的事务而提出政策问题且不愿将该问题扩散到公众议程当中的过程。在该模型下，仅限于政府内部的单位或接近于决策者的团体才能提出此类政策问题；问题最多会扩散到一些认同性团体，以争取更多力量的支持。该模型在财富和权力高度集中的社会较为流行。

10. 答案及解析：C。政府议程指政府组织正式讨论和认定有关公共政策问题的过程。就具体种类而言，它有议会的、行政机关的、司法机关的和军事机关的等。还可以按区域、层级和行业等来区分。由于政府议程通常比系统或公众议程要正规，所以又称正式议程。

11. 答案及解析：C。听证制的核心要求是政府在规划政策方案时要听取有关专家、管理主体、利益代表和公众的意见，以利于政策规划和抉择的透明化、科学化、民主化、公正化和规范化，最大的优点就是能克服代议民主制的不足，实现各方利益主体、官员、专家与百姓之间面对面的直接交流和沟通，从而发扬民主，维护公平，达成共识，并提高决策的质量与水平。

12. 答案及解析：C。政策规划是针对政策问题而提出各种可能解决方案的过程。

13. 答案及解析：D。公共政策对象的特点有政策规定性、受动性和主观差异性。

14. 答案及解析：C。循环模型构建者是美国公共政策学者雷恩和拉宾诺维茨。

15. 答案及解析：A。主观性福利指标是衡量公民对于某一政策满意程度的评估指标。

16. 答案及解析：C。预防性监控是对政策规划和政策实施计划进行的监控。

17. 答案及解析：A。功能是公共政策终结的对象中最难终结的。

18. 答案及解析：C。学习型“政策学习”模式是由萨巴提尔等人提出来的，其灵感一方面来自政治学研究中的集团理论，另一方面来自赫克罗在 20 世纪 70 年代对政策学习的研究。

19. 答案及解析：D。应用性政策研究组织指那些在系统调查的基础上，为政府、企业或社会团体出谋划策，提供政策依据，以期影响其决策行为的社会组织。

20. 答案及解析：C。反复无常式政策建议的变化频率过高、幅度过大，而如果不让一项政策建议运行一段时间，是难以有效地评估这项政策的有效性的。

二、多项选择题（本大题共 5 小题，每小题 2 分，共 10 分）

21. 答案及解析：BCD。系统论、信息论、控制论（“三论”）是三门相互联系的交叉学科。20 世纪前半期产生的系统论、信息论和控制论提供了一种新型的、科学的思维方式。

22. 答案及解析：ABD。谋求和增进公共利益是一切政策的出发点，也是公共政策的灵魂和归宿，是公共政策获得合法性的基础。公共利益首先是利益获得者的群体范围，其次才是利益实现的程度。公共利益是最大多数公民的利益，而非最大多数公民利益的最大化。

23. 答案及解析：ACD。金登提出的政策议程模型中的三源流包括问题流、政策流、政治流。

24. 答案及解析：ABC。政策方案的要素之间需要一定的机制相互联系。政策的联系机制分别由规则、工具和假定构成。

25. 答案及解析：ABCD。影响公共政策评估的重要因素包括，政策信息、资料；政策制定者与执行者；政策目标；政策的沉淀成本；政策评估方式、方法和规范。

三、简答题（本大题共 4 小题，每小题 5 分，共 20 分）

26. 答案：政策链是指国家、政府和一定类型的政治体制中的执政党为解决同一政策问题而先后制定的在内容上具有一致性、在形态和功能上具有差别性的一系列政策。同一系列的决策相互衔接、相互补充。其中一二项政策在形态上更具有完整性，在内容和功能上更具有全面性和系统性，起着统摄全系列政策的作用，从而使得同一系列政策环环相扣，如同一个链条。

27. 答案：（1）当代中国实行的公共决策体制是由中国共产党领导的人民代表大会制。（2）这一决策体制的主要特点是，全国人大是国家最高权力机关，不仅行使立法权，而且国家行政机关、审判机关、检察机关都由它产生，对它负责，受它监督。（3）民主集中制既是人大制度的组织原则，也是人大及其常委会行使决策权必须遵循的原则，即实行集体决策，按多数规则做出决定。

28. 答案：（1）制定政策是政治过程的决定性阶段，而政治过程则是各集团争取影响公共政策的行为过程。（2）公共政策的制定过程是相互竞争着的集团之间达成力量平衡的过程。（3）在现代政治生活中，集团获取公共政策资源的竞争是不可避免的。（4）在任何时候，公共政策都反映占支配地位的集团的利益。（5）随着各集团的力量和影响的消长，公共政策将变得有利于其影响增加的那些团体的利益，而不利于其影响下降的那些团体的利益。

29. 答案：（1）实事求是。（2）面向未来。（3）系统协调。（4）明确具体。（5）伦理考量。

四、论述题（本大题共 2 小题，每小题 10 分，共 20 分）

30. 答案：（1）关联性与公共性。任何一个政策问题都不是孤立的，而是整个政策问题体系的一个组成部分，会与其他领域、地区或部门的政策问题有不同程度的相关性，彼此相互作用、相互影响。政策问题的公共性表现在政策问题是发生在社会公共领域，一般都影响到国家或某一地区的大多数人，与多数人的生活息息相关，并且它必须通过公共权力机构来加以解决。（2）客观性与主观性。任何政策问题都基于一定的客观社会现实而得以成立，所以它具有客观性。同时它们又都是基于人们的主观价值判断、切身感受以及分析研究和其他主动行为才得以上升到政策问题的高度，因而必然更具有主观性。（3）历史性与动态性。历史性指公共政策问题从它的成因来看都不是突发的，而是要经过一个逐步发展的过程才会达到普遍化和严重化的程度。动态性指一定的政策问题的性质及其严重程度，是随着成因的变化而变化的。

31. 答案：评估标准是衡量有关政策的利弊优劣的指标或准则。政策评估既是一个事实判断和技术判断的过程，又是一个价值判断的过程，价值判断以事实判断和技术条件为基础。（1）事实标准能够用数量值、比率关系、统计结果等手段来反映事物过去、现在和将来的存在状况。政策评估中的事实标准主要包括政策效率、政策效益、政策影响和回应性。（2）技术标准是以技术手段、技术规范和技术工具为手段来服务整个政策评估活动，使评估活动建立在科学、客观与可信的基础之上。政策评估的技术标准的内容包括多样化、系统化和数量化。（3）价值标准反映评估主体在评估活动中的倾向性准则和原则，建立在一个国家特定的历史与现实、伦理与文化、社会和经济价值取向的基础之上。价值标准的内容包括社会生产力的发展、社会公正和社会可持续发展。

五、综合题（本大题共 2 小题，每小题 15 分，共 30 分）

32.（1）答案：政策的调控功能，指的就是政府运用政策，在对社会公共事务所出现的各种社会矛盾进行调节和控制的过程中所起的作用。它主要体现在调控社会各种利益关系，尤为重要的是物质利益关系上。且常常表现出特有的倾斜性。因为政府目标在不同时期有不同的侧重点，政策要围绕政府目标的侧重点，鲜明地倾向于政府工作的某一方面。

（2）答案：政府的政策目标在不同时期有不同的侧重点，10 年前，S 市政府为了城市发展，千方百计动员市民接受拆迁并给予高额补偿，由此诱发了众多市民盼望拆迁。现在政府运用政策的调控能力，出台新的政策以调控社会各种利益关系，尤其是物质利益关系。这就必然影响到当地市民做出不同以往的选择，从根本上说，市民不再盼拆迁，是因为政府利用政策的调控能力，切断了市民靠拆迁获得高额补偿的途径。

33.（1）答案：政策反馈系统是将政策的主体系统与客体系统、政策系统与政策环境连接起来的一个特殊子系统。

（2）答案：①及时收集和反馈公众对政策的意见。②以自己特有的方式进行政策评估。③推动公共政策的及时调整。大众传播对于扩大公民的政策参与、提升政策的公共性具有重要作用。强大的影响力也有助于这些政策反馈信息及时地被政府所关注。事实证明，很多政策都是在大众传播的作用和影响下调整的。

模拟卷（二）

课程代码：00318

总分：100 分

第一部分 选择题

一、单项选择题（本大题共 20 小题，每小题 1 分，共 20 分）

1. 标志着公共政策学进入第二个发展阶段的著作之一是（　　）

A.《重新审查公共政策的制定过程》　B.《政策方向》

C.《政策科学：视野与方法的近期发展》　D.《逆境中的政策制定》

2. “政策分析”作为学术术语，其第一个提出者是（　　）

A. 兰尼　B. 邓恩

C. 林德布洛姆　D. 拉斯韦尔

3. 针对某一社会领域或社会生活某个基本方面制定的、在该领域或方面起全局性与战略性作用的政策是（　　）

A. 元政策　B. 基本政策　C. 部门政策　D. 总政策

4. 依据政策内容的社会领域来划分，医疗卫生政策属于（　　）

A. 经济政策　B. 社会政策　C. 政治政策　D. 文化政策

5. 在公共决策权的配置类型中，最高决策权为某人所独掌，并由其承担全部决策责任的组织体制是（　　）

A. 集权制　B. 首长制　C. 委员会制　D. 分权制

6. 实行中央集权型单一制的典型国家是（　　）

A. 英国　B. 德国　C. 法国　D. 加拿大

7. 提出规范最适模型的是（　　）

A. 林德布洛姆　B. 埃齐奥尼　C. 德洛尔　D. 贝塔朗菲

8. 在公共政策分析中，应用最广泛而又最缺乏理论色彩的一个决策模型是（　　）

A. 机构—制度模型　B. 集团模型　C. 精英模型　D. “上下来去”模型

9. 由一定数目的人员，尤其是一些专家学者或利益相关者，从各个角度共同讨论有关的公共问题，并因而激发大量新构想的一种分析过程和方法是（　　）

A. 头脑风暴法　B. 类别分析　C. 层次分析　D. 假设分析

10. 政府直接创始政策问题并将该问题扩散到政策议程的过程是（　　）

A. 外在创始模型　B. 内在创始模型　C. 动员模型　D. 三源流模型

11. 其学习的主要内容是技术、政策制定、过程以及政策工具等，这种政策学习的类型被称为（　　）

A. 问题学习　　B. 概念学习　　C. 工具学习　　D. 社会学习

12. 一个国家采纳其他国家的公共政策、行政体制、制度及思想等来解决本国所面临的政策问题，指的是（　　）

A. 政策采纳　　B. 政策抉择　　C. 政策审议　　D. 政策移植

13. 将公共政策目标转化为政策现实的唯一途径是（　　）

A. 政策制定　　B. 政策执行　　C. 政策监控　　D. 政策评估

14. 美国学者雷恩和拉宾诺维茨提出的政策执行理论模型是（　　）

A. 过程模型　　B. 互适模型　　C. 循环模型　　D. 博弈模型

15. 记者采访中居民对某项政策发表评论，这种形式的政策评估属于（　　）

A. 内部评估　　B. 委托评估　　C. 正式评估　　D. 非正式评估

16. 质化政策评估建立在（　　）

A. 理想主义的基础之上　　B. 实证主义的基础之上

C. 建构主义的基础之上　　D. 逻辑主义的基础之上

17. 公共政策调整必须遵循的首要原则是（　　）

A. 渐进调适原则　　B. 追踪反馈原则　　C. 实事求是原则　　D. 及时评估原则

18. 原有政策的终止和服务于同样政策目标的新政策的产生是政策接续形式中的（　　）

A. 线性接续　　B. 非线性接续　　C. 政策部分终结　　D. 政策分解

19. 应用性政策研究组织最主要和直接的作用是（　　）

A. 为公共决策者服务　　B. 为政策教育与宣传服务

C. 充当政策执行的马前卒　　D. 为政策目标的达成配置资源

20. 政策建议的变化频率过高、幅度过大，会给政策接受者带来疲倦、困惑，甚至是对上级的怀疑与排斥，这属于（　　）

A. 反复无常式的政策建议　　B. 墨守成规式的政策建议

C. 生搬硬套式的政策建议　　D. 姗姗来迟式的政策建议

二、多项选择题（本大题共 5 小题，每小题 2 分，共 10 分）

21. “三论”的产生为政策科学的形成创造了历史条件，“三论”主要是指（　　）

A. 矛盾论　　B. 控制论　　C. 系统论

D. 信息论　　E. 实践论

22. 基于西方经验、揭示社会本质的政策过程模型有（　　）

A. 规范最适模型　　B. 渐进主义模型　　C. 精英模型

D. 集团模型　　E. 机构—制度模型

23. 政策目标一般主要具有（　　）

A. 问题的针对性　B. 内容的综合性　C. 对象的虚拟性

D. 未来的预期性　E. 目的的多元性

24. 政策执行机关的特性包括（　　）

A. 执行性　B. 服务性　C. 受动性

D. 法制性　E. 权威性

25. 政策分析包含如下程序（　　）

A. 定义　B. 预测　C. 规定

D. 描述　E. 评估

第二部分　非选择题

三、简答题（本大题共 4 小题，每小题 5 分，共 20 分）

26. 简述公共政策评估的作用。

27. 简述政策接续的含义及其在政策过程中的意义。

28. 简述知识的特征。

29. 简述政策分析师的角色定位。

四、论述题（本大题共 2 小题，每小题 10 分，共 20 分）

30. 试述“上下来去”政策执行模型的内涵。

31. 试述公共政策执行的含义及其特点。

五、综合题（本大题共 2 小题，每小题 15 分，共 30 分）

32. B 市政府的网站

33 岁的软件工程师阿布本来不大关心政府的政策，可是一次偶然的上网经历使他有了很大改变，当时他在网上搜索自己老家的情况，无意中看到了 B 市政府网站上关于政府解决困扰其家乡的很多社会、经济问题的具体方案，他认为这些政策设计切实可行。这让阿布很感动，使他从此成为该政府网站的粉丝。

B 市政府网站虽已创建多年，但因很少在网上公布政府重大决案的过程和细节，所以网民对它态度冷淡，点击量一直不大。前不久市政府主要领导人指示对该网站改版，从此通过搜索或点击同站内的链接，就可以了解到辖区内各个地方甚至一些村庄的现状和问题，以及具体发展和建设方案。该网站是一个开放平台，任何人都可以编辑其中的词条，经专家确认后发出。

阿布老家在该市的偏远市县，政府网站有关那里的词条涵盖工业、农牧业、民生、教育培训、医疗卫生、文体娱乐等十几个方面，针对该地区人口外流严重的情况，网站公布了政府一系列解决方案，包括提供免息贷款扶植农牧业、改善灌溉设施以提高果园和农田产量，发展旅游和手工艺品行业、改善女性就业等。网站甚至还提到那里某个地方缺少药店，自来水供水系统水压不足等细小、具体但与百姓生活息息相关的情况。

阿布逢人便讲，B 市政府为那些最不起眼的小村镇都制定了很好的发展方案，政府网站让我看到了家乡的美好未来，看到了政府为人民服务的具体行动。

（1）什么是大众传播？

（2）结合本案例，分析新电子媒体（即新媒体）在为政策提供舆论支持方面的作用。

33. 9.5 秒绿灯怎过 40 米宽路口

2012 年 6 月 9 日 13 点 05 分，记者来到 w 市中山路栅栏口，市交管局设定行人通过该路口的时间是 9.5 秒。来往的车辆、行人交织在一起，路口显得很拥挤。双向 8 股车道，加上中间 7 米宽的花坛路口，在行人严格遵守信号灯指示的情况下，9.5 秒的绿灯时长很难顺利通过。

“我等着绿灯亮时赶紧过，哪知走到一半，右转的车都过来了。等车开走，绿灯就变红灯了，只有硬闯。”一位刚从菜市场买完菜的大姐，气喘吁吁地说。附近开小超市的老板介绍，该路口绿灯时间特别短，每次通过都是一路小跑，即使这样也不一定能顺利通过。“时间太短，车又多，除非刘翔附体，不然谁过得去啊！”等着过马路的吴女士说：“有时等三个绿灯都过不去。”而且，到附近菜市场买菜的很多是老年人，他们腿脚不够利索，往往还没开始走，等右转车辆过完，就已经变成红灯了。所以，总可以看到老人战战兢兢地站在滚滚车流之中，想过又不敢过。行人纷纷向记者表示，希望相关部门能相应调整红绿灯时长，右转车辆也能禁行，多给行人一点时间过马路。

（1）什么是公共政策的可行性评估？

（2）分析上述案例中政策失误在可行性评估方面的原因。

模拟卷（二）答案及解析

一、单项选择题（本大题共 20 小题，每小题 1 分，共 20 分）

1. 答案及解析：A。公共政策学进入第二个发展阶段的标志是德洛尔的《重新审查公共政策的制定过程》《政策科学探索：概念与使用》和《政策科学构想》的出版。

2. 答案及解析：C。“政策分析”作为学术术语是由美国耶鲁大学教授林德布洛姆于 1956 年出版的《政策分析》一书中首先提出的。

3. 答案及解析：B。针对某一社会领域或社会生活某个基本方面制定的、在该领域或方面起全局性与战略性作用的政策，就是基本政策，又被称作基本国策、方针性政策、纲领性政策、根本政策。

4. 答案及解析：B。社会政策类型包括，劳动政策、医疗卫生政策、社会保障政策、公共救助政策、弱势群体优惠政策、人口政策、环境政策、宗教政策和移民政策等。

5. 答案及解析：B。根据最高决策权所属人数的多少，分为首长制和委员会制。最高决策权为某人所独掌的是首长制。

6. 答案及解析：C。法国是中央集权型单一制的典型。

7. 答案及解析：C。德洛尔提出的综合模型称为规范最适模型。

8. 答案及解析：A。机构—制度模型是在公共政策分析中应用最广泛而又最缺乏理论色彩的决策模型。

9. 答案及解析：A。头脑风暴法又称脑力激荡法，指由一定数目的人员，尤其是一些专家学者或利益相关者，从各个角度共同讨论有关的公共问题，并因而激发大量新构想的一种分析过程和方法，包含组建团体、意见产出、意见评估和意见排序几个阶段。

10. 答案及解析：C。动员模型属政府直接创始政策问题并将该问题扩散到政策议程的过程。

11. 答案及解析：C。工具学习指学习的内容主要是技术、政策制定、过程以及政策工具等。政策水平和质量与政策所采用的具体技术、政策过程以及工具等有关。

12. 答案及解析：D。政策移植是一个国家采纳其他国家的公共政策、行政体制、制度及思想等来解决本国所面临的政策问题。

13. 答案及解析：B。公共政策执行是政策过程的实践环节，是将公共政策目标转化为政策现实的唯一途径。

14. 答案及解析：C。循环模型的构建者是美国公共政策学者雷恩和拉宾诺维茨。

15. 答案及解析：D。在非正式评估活动中，政策评估方式多种多样，既可以是记者采访中居民对某项政策的随意评论，也可以是政府领导人视察某地的即兴评说。

16. 答案及解析：C。质化政策评估建立在建构主义的基础之上。

17. 答案及解析：C。实事求是原则是公共政策调整过程所必须遵循的首要原则。
18. 答案及解析：A。线性接续是原有政策的终止和服务于同样政策目标的新政策的产生。
19. 答案及解析：A。政策研究组织现已深入社会政治经济生活的各个方面、各个领域，其最主要和直接的作用就是为公共决策者或公共权力机构服务。
20. 答案及解析：A。反复无常式的政策建议的变化频率过高、幅度过大，会给政策接受者带来疲倦、困惑，甚至是对上级的怀疑与排斥。

二、多项选择题（本大题共 5 小题，每小题 2 分，共 10 分）

21. 答案及解析：BCD。系统论、信息论、控制论（“三论”）是三门相互联系的交叉学科。20 世纪前半期产生的系统论、信息论和控制论提供了一种新型的、科学的思维方式。
22. 答案及解析：CDE。揭示社会本质的政策过程模型有精英模型、集团模型和机构—制度模型。
23. 答案及解析：ADE。政策目标的特征是问题的针对性、未来的预期性和目的的多元性。
24. 答案及解析：ABDE。政策执行机关的特性有执行性、服务性、法制性和权威性。
25. 答案及解析：ABCDE。政策分析包括的程序有定义、预测、规定、描述和评估。

三、简答题（本大题共 4 小题，每小题 5 分，共 20 分）

26. 答案：（1）政策评估是获取政策运行可靠和有效信息的重要手段。（2）政策评估是进行政策调整、提出政策建议的重要依据。（3）政策评估是检验政策结果的必要途径。（4）政策评估是重新配置政策工具和政策资源的基本前提。（5）政策评估是构建良好公共关系的有效策略。（6）政策评估是管理科学化和民主化的必要保证。
27. 答案：（1）含义。以政策问题为中心，努力保持政策目标稳定和连续的行为和过程，其形式通常表现为旧的政策、政策执行程序或执行组织被新的政策、政策执行程序或执行组织所替代。（2）意义。①政策接续有利于保持政策的稳定。②政策接续有利于政策变动的实现。③政策接续有利于获得社会对政策的认同。
28. 答案：（1）不可逆性。（2）共享性。（3）非磨损性。（4）交换的不对称性。（5）可传播性。
29. 答案：（1）政策分析师应是作为在集体政策制定中的补充单元，向制定过程贡献更好的分析和新颖的观点，以及非传统的、合乎未来的导向和系统的思考。（2）政策分析师应是科学与政治之间的一座桥梁，他们并不改变政治和组织行为的基本特性。（3）为了给政策制定做出贡献，政策分析师应通过引入相互竞争的不同利益和其他因素之间的博弈和互动，作为提高集体政策制定质量的方式。（4）政府中的政策分析师的主要角色，应是向公共决策贡献更多样的职业化意见建议或方案。（5）政策分析师提出的意见、建议或方案是建立在系统分析和定量决策理论，以及对政治科学和公共行政认识的新视角之上的。

四、论述题（本大题共 2 小题，每小题 10 分，共 20 分）

30. 答案：公共政策过程模型须借助于两种资源。第一是理论，特别是认识论和历史理论；第二是公共政策的经验认识，在中国共产党领导中国新民主主义革命和社会主义建设的过程中，这两种资源往往能够以主观与客观、理论与实践、知与行的统一获得某种一致性。这样，我们就可以考虑做出这样的尝试，即通过整理毛泽东思想关于认识论、思想方法论、工作方法论的思想资料，构建一个新的政策过程模型。鉴于政策制定过程在认识论上是一个从“形而下”到“形而上”的过程，政策执行过程在认识论上是一个从“形而上”到“形而下”的过程，与此同时整个政策过程在政策主体与政策客体的关系上则是“从群众中来，到群众中去”的过程，所以我们从总体上称之为“上下来去”政策过程模型。政策过程是主体认识世界、改造世界的过程。公共政策的主体是执政党和公共权力机关，它们只有在独立自主的条件下才可能真正地、完全地按照“上下来去”——基于中国经验的政策过程理论模型决策路线去制定和执行政策。这里说的“独立自主”，既包括主权国家能够完全独立地根据自己民族的具体情况和特殊条件决定自己的政治方针、政策和行动，也包括地方政府和中央政府下属的其他公共权力机关在统一的战略、策略之下，因地制宜，因时制宜，从不同地区、不同历史条件的具体情况出发，决定当时当地的工作任务和工作方法。

31. 答案：（1）公共政策执行的含义。所谓公共政策执行就是政策执行主体为了实现公共政策目标，通过各种措施和手段作用于公共政策对象，使公共政策内容变为现实的行动过程。公共政策执行的本质是遵循政策指令所进行的变革，是将一种政策付诸实施的所有行动的总和。（2）公共政策执行的特点。①目标的导向性。②内容的务实性。③行为的能动性。④手段的权威性。

五、综合题（本大题共 2 小题，每小题 15 分，共 30 分）

32.（1）答案：大众传播指特定社会集团利用报纸、杂志、书籍、广播、电影、电视等大众媒介向社会成员传送信息、知识的过程。

（2）答案：大众传播对于民众了解和接受政策、营造良好的舆论环境以及监督政策的有效实施，具有重要作用，大众传播为政策执行提供良好的舆论支持，大众传播能够通过及时、有效的报道和解读，使政策内容迅速而准确地抵达政策对象，提高公众对决策的知晓度和认同感，保证政策的有效执行。首先，主要是通过如实介绍政策的内容和背景，宣传政策的意义、目标、原则、方法和步骤等，使政策为民众所认知。案例中 B 市政府网站建立多年，因很少公布政策决案细节而为市民漠视，可见如实介绍政策的重要性。其次，大众传播在政策宣传中还经常充当“意见领袖”的作用，或以典型报道、评论等形式充当政府代言人，为政策宣传造势；或通过邀请专家、民意调查、实例讲解等形式，劝告或说服公众接受特定的政策目标。案例中 B 市政府网站的内容均在专家确认后才发出，正体现了这一点。第三，通过持续的政策宣传，引领和规范公众的观念和行动，间接地推动政策目标的实现。案例中B市政府的网站在市民（如案例中的阿布等）口中传播出来，得到了广大民众的响应，这正体现了这一内容，也体现了政策目标的最终实现。

33.（1）答案：公共政策的可行性评估，指的是在政策制定过程中，对拟采用的政策方案进行技术可行性、经济可能性、政治可行性和行政可操作性等方面的评估。技术可行性，主要衡量政策的具体产出能否达到预期目的。经济可能性，主要关心政策实施的成本大小、产出的收益多少。政治可行性，主要考量政策规划对相关权力或利益集团的影响来衡量政策的效果。行政可操作性，主要关注在特定的行政环境下实施某项政策的可行性。

（2）答案：①案例中政策出现失误的原因在于没有对政策制定过程中政策方案认真进行可行性评估。行人通过红绿灯的时间间隔，首先要考虑技术可行性，即能否在既可以使行人接受，又可以使司机接受的情况下确定一个合理的政策方案，以此衡量政策的具体产出能否达到预期目的。②该政策方案在政治可行性方面也值得推敲，在马路上，相对于机动车来说，行人是弱势群体和多数群体。如果这个群体长期存在怨气，将会对当地政府职能部门的行政权力产生意想不到的副作用。